教育评估文库

U0615248

教育评估的可靠性研究

上海市教育评估院　组织编写

张伟江　孙祝岭　郭朝红　著

高等教育出版社
HIGHER EDUCATION PRESS

内容提要

　　本书简明介绍了教育评估发展概况、概率论的一些基础知识,包括随机事件的概念和关系,概率的概念、性质和计算;还简单介绍了可靠性的概念,一些常用的可靠性模型;提出了教育评估的可靠性概念,介绍了教育评估可靠性模型的建模和分析方法,并列举了一些评估实例来说明如何建模和分析。本书可供教育部门的管理人员、从事教育评估的工作人员、研究教育评估的专家参考,也可作为教育相关专业的教材,对教育评估工作和发展感兴趣的人也有阅读价值。

图书在版编目(CIP)数据

　　教育评估的可靠性研究/张伟江,孙祝岭,郭朝红著.
北京:高等教育出版社,2009.9
　　(教育评估文库/上海市教育评估院组织编写)
　　ISBN 978 - 7 - 04 - 025219 - 4

　　Ⅰ. 教…　Ⅱ.①张…②孙…③郭…　Ⅲ. 教育评估 - 可靠
性估计 - 研究　Ⅳ. G449

　　中国版本图书馆 CIP 数据核字(2009)第 158276 号

策划编辑	孔全会　　杨晓娟	**责任编辑**	张晓晶	**特约编辑**	卢　琛
封面设计	王　雎　　**版式设计** 范晓红	**责任校对**	金　辉	**责任印制**	韩　刚

出版发行	高等教育出版社	购书热线	010 - 58581118
社　　址	北京市西城区德外大街 4 号	咨询电话	400 - 810 - 0598
邮政编码	100120	网　　址	http://www.hep.edu.cn
总　　机	010 - 58581000		http://www.hep.com.cn
经　　销	蓝色畅想图书发行有限公司	网上订购	http://www.landraco.com
印　　刷	中原出版传媒投资控股集团		http://www.landraco.com.cn
	北京汇林印务有限公司	畅想教育	http://www.widedu.com
开　　本	787×1092　1/16	版　　次	2009 年 9 月第 1 版
印　　张	17.75	印　　次	2009 年 9 月第 1 次印刷
字　　数	340 000	定　　价	37.00 元

本书如有缺页、倒页、脱页等质量问题,请到所购图书销售部门联系调换。
版权所有　侵权必究
物料号　25219 - 00

建立科学的教育评估理论
——《教育评估文库》总序

在人类发展的长河中,教育出现之际,教育的评估也就伴之而生。其评估不外乎由家庭、社会、政府或是由受教者、育人者、专家学者作为,或是对学生、教师、设施、课程等的微观性评估,或是对教育过程、教育内容、教育效果、教育策略等的宏观性评估。其范围之广与教育步步相应。就评估本身而言,又涉及评估标准、评估人员、评估方法、评估技术、评估结果、评估自身估计等内容,并涉及许多学科和技术。但评估不外乎是运用各种合理的手段对教育的各个方面进行评估,以发现优良之举,找出不足之处,继而以公布排名、分级或评估分析报告的形式让公众知晓,以供选学之用;让教育方得知,以改进教学;让政府了解,以供决策之依据。

教育的重要性也就决定了人们对教育评估的关注度。目前,世界上许多国家都有专门的评估机构,国际上还成立了国际高等教育质量保障组织联盟(INQAA-HE),亚太地区也成立了教育质量保障组织联盟(APQN),每年召开会议研讨教育评估的开展。

教育管理结构科学化决定了世界上大部分国家和地区教育管理和服务的"1+3"形式,即政府教育主管部门加上教育科学研究、教育评估和教育考核。我国许多省市自20世纪90年代中期开始就形成了这样的科学框架,并发挥了很好的作用。

教育本身的开放性和当今国际交流的发展要求每个国家和地区的教育要参与到相应的国际活动中去,并提出有水平的建议,共同提高教育水平。教育评估也是如此。

上海市教育评估院成立于2000年,前身是成立于1996年的上海市高等教育评估事务所。现在,上海市教育评估院已发展为拥有基础教育评估所、职成教评估所、高等教育评估所、医学教育评估所和综合教育事务评估所共五大评估所的从事各级各类教育评估的专门机构。为适应教育评估的发展与提升,上海市教育评估院除了参与评估、参与国内外交流外,还意在教育评估的理论和应用研究上建立更系统的内涵,于是决定出版《教育评估文库》。

《教育评估文库》是教育评估理论和应用研究成果的汇集,包含了教育评估的基础内容,如《中国教育评估史》等一系列著作;也包括了涉及教育评估应用技术的汇编,如"教育评估标准"、"教育评估规程"等;还包括教育评估的专业理论,如

"跨境教育认证"等;并有涉及评估本身评价的《教育评估的可靠性研究》等著作;当然也可包含对境外著作的翻译。总之,它涉及了教育评估的基础理论、专业基础、专业科学、应用技术等多个方面。我们的期望是一册又一册的出版,不断丰富文库。

《教育评估文库》将是众多学者的知识贡献,我们非常热忱地欢迎各方学人参与文库建设,共同托起教育评估的辉煌。

教育犹如奔腾不息之江,前浪不止,后浪又涌;教育又如连绵的山脉,一峰才登,又见高山。作为一名教育人,为此事业而奉献,无限欣慰;为此而建树,无限光荣。人们将永远感谢为教育而为的人,当然也包括为教育评估而为的人。以此为序,愿教育评估成功!

张伟江

上海市教育评估院　院长

2009 年 3 月

前　　言

　　随着时代的发展和教育的进步,教育评估的结果日益受到人们的重视,而教育评估的质量问题也受到人们的高度关注。

　　可靠性可以看作广义质量的代名词。纵观历史,一个国家或一个行业若重视可靠性技术的研究、推广和普及工作,则整体的产品质量面貌会大大改观,取得令人瞩目的非凡成就。虽然可靠性学科发展的历史还不长,但这门学科应用之广泛、效果之显著、受社会之重视均非一般应用科学所能比拟。我国在教育评估实践中,若能应用可靠性分析、管理技术,则会使教育评估工作呈现崭新的面貌,并对于提高教育评估水平、规范教育评估工作,从而保证教育评估质量具有非常积极的现实意义。

　　本书的核心内容是上海教育评估院立项的研究课题"教育评估的可靠性分析研究"的总结。教育评估的可靠性建模方法是一项具有首创性的研究成果,这项新成果还有待在实践应用中探索总结,不断完善。这一研究方向还有很多问题有待继续深入分析研究,我们希望本书的出版能起到抛砖引玉的作用,在教育评估的研究之路上发出耀眼的光芒。

　　可靠性理论的基础是概率论。为方便读者顺利阅读此书,我们在内容上作了如下安排:第一章介绍了教育评估的历史和现状,第二章介绍了有关的概率基础知识,第三章介绍了有关的可靠性预备知识,前三章内容起铺垫作用;第四章介绍了本书的主题内容,即教育评估的可靠性建模和评定方法;第五章是一些可靠性建模的实例分析,阅读第五章将有助于理解和掌握可靠性建模方法。我们建议读者按照章节的顺序循序渐进地阅读此书。

　　本书第一章由张伟江、郭朝红撰写;第二、三、四章由孙祝岭撰写;第五章由郭朝红、查正和、汪建华、李钰、杨琼、方乐、范露露、杨雪、俎媛媛撰写;全书由张伟江统稿。本书可以说是集体智慧的结晶。在本书即将出版之际,我们要特别感谢三位聪明好学的学生,他们是上海交通大学本科毕业生夏迪、杨栋和赵睿之。他们参加了"教育评估的可靠性分析研究"课题并付出了很多辛苦和努力。同时,还要真诚地感谢上海市教育评估院的有关评估工作人员,他们为教育评估可靠性的建模提供了丰富的评估素材和信息资料。

由于我们水平有限,缺点和错误在所难免,恳请读者批评指正。

张伟江

上海市教育评估院　院长

2009 年 3 月

目　录

I

第一章　教育评估系统概述

20 世纪末以来,创新成为时代发展的主题。与此同时,变革也日益成为社会发展的常态,历史上没有哪一个时期像今天这样重视变革。社会各级各类组织与个人也充分认识到,要有效地保持其社会竞争的主动地位,每一个个体与组织都必须以其所拥有的知识与技能作为核心竞争能力来加以培养。由此,人类被带进了一个知识爆炸的时代,新的理论、新的思想、新的方法、新的技术不断涌现,它使我们的科学研究活动得到了进一步繁荣,也让当今的知识体系得到了空前的完善与发展,科学研究活动正在纵深与广度两个方向上不断向前推进,并出现了不断分化与融合的趋势。学科分化使人类的实践与认识得到进一步深入,使原来学科的内涵得到进一步发展与延伸,也导致更加专门化的方法与理论不断出现。学科融合使人们能从不同类的对象中,更加深刻地认识到共同的本质,导致更为一般的方法、数学工具和符号语言的出现,从而形成了新的综合学科。

教育评估学一直被认为是教育学中的一门分支学科,但是随着公共管理研究视野的不断扩展与完善,教育作为一项公共事业,也被纳入了公共管理研究的范畴,教育评估作为教育管理活动中的一种重要手段,近些年来正被越来越多的研究者与管理实践者关注和运用。由于教育评估学在我国还属于教育学门类中比较年轻的一门分支学科,因此,它迫切需要人们为之注入更为丰富的内涵。而从系统科学的角度去研究教育评估,正是遵循现代学科发展的规律,促进教育评估学完善与发展的有益尝试。

§1.1　系统科学概述

系统科学诞生于 20 世纪 20 年代,其创始人是美籍奥地利理论生物学家贝塔朗菲(Ludwig von Bertalanffy,1901—1972),他最早提出了一般系统理论。该系统理论尽管源于生物学研究,但后来被扩展到了社会系统、工程系统、经济系统等各种系统的研究,应用非常广泛,现在它已经成为许多学科研究的重要思维基础与研究方法之一。

一、了解系统

系统(system)一词最初产生于古代哲学,源于古希腊语 $\delta\nu\delta\gamma\eta\mu\alpha$,其原意为部

1

分组成的整体、集合,有"共同"给以"位置"的含义,即相同或类似事物按一定结构、秩序相联系构成系统。古希腊的赫拉克利特、德谟克利特和亚里士多德等都是古代西方整体论或系统论的代表人物[1]。

从 19 世纪末至 20 世纪初,随着相对论、量子论、结构语言学等学科的建立,系统观点开始被自觉或不自觉地引入到了具体学科的不同领域中。直到 20 世纪 40 年代,生物学家兼哲学家贝塔朗菲提出了"一般系统论",才开始给"系统"以严格的科学定义。[2]贝塔朗菲认为"系统是处于一定相互联系中的与环境发生关系的各组成成分的总体"[3]。从此以后,系统一词开始被更多的科学研究活动所引用,不同的学科可以从某一个侧面,如系统的结构方面、功能方面、自我调节方面、信息方面等对系统进行专门的研究,从而形成了关于系统的不同学科。系统是无所不在的,小至一个原子、分子,大到一个国家、地球乃至整个太阳系,都可以分别作为一个系统来看待。

目前,系统一词已频繁出现在社会生活和学术领域中,人们对它并不陌生,但是严格从科学角度讲,还存在着一些争议。就字面意义上来看,该词至少存在着两种解释[4]。如果从现代系统科学角度来说,"系统"一词作为系统科学的最重要的基石,那就存在着更多不同的定义,因为不同研究者从不同学科出发、从不同角度给予了许多不同的解释。关于"系统"的定义,主要有以下几种观点:

1. 系统是由相互联系的各要素所组成的具有一定结构和功能的有机的整体集合。[5]

2. 系统是由相互作用的要素构成的有机整体。一个对象群体若满足以下两个条件就可称它为系统:① 至少包含两个可以相互区分的对象(要素)。② 这些对象(要素)之间存在特定的相互联系。[6]

3. 我国著名科学家钱学森则提出,可"把极其复杂的研究对象称为系统,即由相互作用和相互依赖的若干组成部分结合成具有特定功能的有机整体,而且这个系统本身又是它所从属的更大系统的组成部分"[7]。

4. 系统尽管源于生物学研究,但是,现代生物学对之的定义要远比当初贝塔朗菲的定义要精细多了。比如,"生物体内共同完成一种或几种生理功能、有一定联系的各器官的总称,如口腔、咽、食管、胃、肠、肝、胰等总称消化系统"[8]。

〔1〕 李淮春.马克思主义哲学全书.北京:中国人民大学出版社,1996:737 – 738.
〔2〕 李庆臻.简明自然辩证法词典.济南:山东人民出版社,1986:372 – 374.
〔3〕 何盛明.财经大辞典·下卷.北京:中国财政经济出版社,1990:1 579.
〔4〕 根据中华大词典,它有两种解释。解释一:同类事物按一定的关系组成的整体;例如,组织系统,灌溉系统。解释二:有条有理的;例如,系统学习,系统研究。
〔5〕 刘树成.现代经济词典.南京:凤凰出版社,江苏人民出版社,2005:1 060.
〔6〕 李庆臻.简明自然辩证法词典.济南:山东人民出版社,1986:372 – 374.
〔7〕 何盛明.财经大辞典·下卷.北京:中国财政经济出版社,1990:1 579.
〔8〕 袁世全,冯涛.中国百科大辞典.北京:华夏出版社,1990:928.

5. 系统是由若干相互作用、相互联系的要素组成,并具有一定结构与功能的整体;该整体具有不同于各个组成部分之和的特殊运动规律和功能。在自然界和社会中有各种类型的系统,如呼吸系统、交通系统、通信系统等。此概念具有重要的哲学方法论意义,并逐渐成为专门的科学概念,与整体性、结构、要素、联系、子系统等概念有密切联系[1]。

6. 系统是指由两个以上的有机联系、相互作用的要素所组成的具有特定结构和功能的整体。组成系统的要素可以是单个事物,也可以是事物群组成的小系统,因而每个系统又可成为一个大规模系统中的一个组成部分。系统的概念涉及面广,适用于自然和社会的各个领域,因而系统的种类也名目繁多。如自然系统中有气象系统、森林系统、草原系统、海洋系统等;又如,根据分类的方法或角度的不同,还有实体－概念系统、动态－静态系统、开放－封闭系统等。研究系统这一概念,对于开展系统管理等实践活动有积极的意义[2]。

尽管众多学者对系统的定义有不同的表述,但归纳起来可以发现,系统存在的基本条件和基本特性都非常明显。

其存在的基本条件主要有以下5个方面:一是有一定的要素;二是有一定的结构和功能;三是有一定的状态和过程;四是有相互作用;五是有一定的环境。

其基本特性主要表现在6个方面:一是集合性。系统是由多种要素按一定方式组合起来的集合体,而不是单一的质点组合,不是铁板一块的"整体"事物。这些要素可能是一些个体或一个零件,也可能其本身就是一个系统(或称之为子系统)。例如,运算器、控制器、存储器、输入/输出设备等组成了计算机的硬件系统,而硬件系统本身又构成了计算机系统的一个子系统。二是有机关联性。系统不是一些要素的简单相加,而是系统内部各要素之间及其与外部环境之间相互依存、相互作用、相互制约、相互联系的有机整体。系统内部各要素之间相对稳定的联系方式、组织秩序及失控关系的内在表现形式,就形成了系统的结构。例如,钟表是由指针、齿轮、发条等零部件按一定的方式组装而成的,但如果把一堆指针、发条、齿轮随意放在一起却不能构成钟表。三是整体性。系统是按一定逻辑要求,为实现系统整体目标而构成的。系统的"质"不同于要素的"质",也不等同于各组成要素"质"的机械组合。所有组成要素通过相互联系、相互作用而形成了整体的世界、整体的结构、整体的功能、整体的特性、整体的行为等。四是目的性。任何系统的存在都有其特定的目的,这是区别于其他系统的重要标志。系统目的的实现是一系列系统行为积累的结果。五是层次性。系统都是有层次的,即主系统可以包括若干个分系统、子系统,而主系统本身又可能被包括在各大系统之内。六是环境适应性。即系统随环境的改变而改变其结构和功能的能力。系统内各部分之间、系

〔1〕 袁世全,冯涛.中国百科大辞典(科学方法论分册).北京:华夏出版社,1990:66.
〔2〕 邓明,向洪,张来培.管理学辞典.成都:西南交通大学出版社,1992:179.

统内外部之间在存在相互联系的同时,也具有能够对外部环境的变化及时作出反应,并作出相应调整的能力。上述系统特性中,整体性是系统最基本的特性。

综上所述,本研究认为,系统是由相互联系、相互作用的诸要素构成的具有特定功能的有机整体。

根据不同的需要和研究目的,系统可被划分成不同的类型。文献研究表明,系统一般有以下几种类型。

按照组成要素的性质,系统可分为自然系统、人工系统和复合系统。按照在时空中的存在状态,系统可分为动态系统和静态系统、稳态系统和非稳态系统。动态与静态的区分以系统状态同时间的关系为参照;稳态与非稳态的区分以系统状态同外部干扰的关系为参照。稳态系统在特定范围内具有保持某种平衡状态的恒定性,即在外部干扰作用下,能够从初始偏离目标状态恢复到平衡状态;而非稳态系统在受到外部干扰时,便会发生目标偏离而无法恢复常态,这时,系统既可能趋于新的稳态,也可能趋于瓦解。按照与外部环境的关系,系统还可分为开放系统和封闭系统。客观世界中并不存在绝对的封闭系统,但它可以作为开放度微弱到相对于一定目的可以忽略不计程度的系统的一种理论抽象,因此封闭系统是开放系统的一种特殊表现。按照其自然属性,系统大致又可分为5类:① 自然系统:即自然界本来存在的系统,如太阳系、生态系统等。② 社会系统:即社会领域存在的系统,如国家、部门、团体等。③ 思维系统:即人类思维领域存在的系统,如大脑、感觉等。④ 人工系统:即为达到人类某种目的而建立起来的系统,如信号系统、传递系统、防护系统等。⑤ 复合系统:即人工系统和自然系统组合而成的系统,如人－机系统、城市系统等。另外,从哲学角度系统还可分为物质系统和概念系统等。

由于分类标准是相对的,所以不同类型系统之间存在相互交叉,而且它们之间的界限也不是固定不变的。

值得关注的是,要了解系统,对于"系统的边界"也必须有所了解。任何一个特定对象被当作一个系统来进行研究时,都必须作出明确的界限定义,划清系统边界是开展正确科学研究的前提。作为一个独立的系统,它存在着输入与输出、处理与反馈等组成部分,系统实际上是一个具有将输入转换成输出的功能结构,构成系统的要素之间相互联系与作用形成了处理器。处理是使输入变为输出的活动,输出是输入经过处理后得到的结果,代表了系统的目的性。输入、输出、处理及反馈构成了一个完备的系统,如图1.1.1所示。

另外,系统在实际应用中总是以特定系统出现的,如消化系统、生物系统、教育系统等,其前面的修饰词描述了研究对象的物质特点,即"物性",而"系统"一词则表征所述对象的整体性。对某一具体对象的研究,既离不开对其物性的描述,也离不开对其系统性的描述。系统科学研究将所有实体作为整体对象的特征,如整体与部分、结构与功能、稳定与演化等。

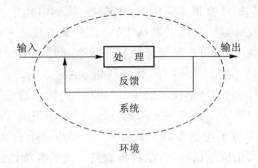

图 1.1.1　系统示意图

二、了解系统科学

由于系统的普遍存在性和系统思想的广泛适应性,系统科学的原理与方法已渗透到政治、军事、经济以及社会、文化、教育等各个方面。自 20 世纪 40 年代起,系统科学以它独特的思想、理论和方法深深地影响了现代科学技术的发展。系统科学被认为是整个 20 世纪科学发展的重大事件之一,它为人们认识世界、改造世界提供了富有成效的、现代化的"新工具"。一般认为,系统科学是指随着现代科学研究的发展而不断壮大起来的,研究"系统"一般理论的新兴边缘学科。

（一）贝塔朗菲与系统科学

1925 年,美籍奥地利理论生物学家、哲学家路德维格・贝塔朗菲首先提出生物学中的"机体"概念,强调要把这个"机体"当作一个系统来研究。1934 年,他出版《现代发展理论》一书,提出了"机体系统论"的概念。1937 年,他在美国芝加哥大学的一次哲学问题讨论会上,第一次提出了"一般系统论"的概念。1945 年,他在《德国哲学周刊》发表《关于一般系统论》一文,但当时未引起人们的重视。1947—1948 年,他积极提倡系统论思想,提出建立系统论学科。在 1948 年出版的《生命问题》一书中,他概括论述了一般系统论,描述了系统思想在哲学史上的发展。由于他积极而不懈的努力,一般系统论逐步形成为一门新学科。1954 年,他和其他科学家一起创办了"一般系统论学会"（后改名为"一般系统研究会"）,并出版了《一般系统论》（年鉴）。从此,系统论便迅速发展起来。

20 世纪 60 年代以后,系统论日益受到人们的重视。1968 年,贝塔朗菲出版了《一般系统论:基础、发展和应用》一书,全面阐述了系统论的思想,该书成为一般系统论的代表著作。1972 年,他出版了《一般系统论历史和现状》一书,试图突破人们对原有系统论的"技术"上和"数学"上的理解,使系统论包括一般系统论、系统技术和系统哲学三方面的内容,以适用于更广泛的领域。这对于开拓系统科学具有重要的启发作用。

在系统科学发展史上,尽管贝塔朗菲为一般系统理论的创立做出了杰出贡献,也使系统科学成为 20 世纪科学发展史上最重要的事件之一。但是,同时期为系统科学做出贡献的科学家还有很多。比如,1967年,比利时化学、物理学家普里高津(Prigogine I.)在研究化学热力学的基础上,提出开放系统远离平衡态与外界进行物质、能量、信息交换时,就可以形成新的有序状态,即"耗散结构理论",他因此而获得1977年诺贝尔化学奖。1969年,德国科学家哈肯(Haken H.)从物理学角度出发,运用现代数学理论和科学技术成果,提出了"协同学理论",从宏观上解决了多参量复杂系统如何从无序到有序的问题。1977年,德国的艾根(Eigen M.)创立"超循环理论"。他在分子生物学研究的基础上,提出一个开放的生化系统,如果由若干个自复制单元组成超循环,它就将形成高一级的复杂性,即提高有序性。这些系统理论的新发展,从不同方面研究了开放系统在内部子系统的相互作用和外界影响下,如何从无序到有序、从低序到高序的演化,深化了人类对物质系统的认识,为系统科学的迅猛发展做出了重大贡献。

（二）系统科学的发展

从20世纪40年代至今,系统科学经历了三个发展阶段。20世纪40至60年代,逐渐形成的系统论、信息论和控制论,是系统科学的奠基阶段。20世纪60至80年代,以耗散结构理论、协同论、超循环和突变论为代表的自组织理论的兴起,将生命性、演化、历史和选择等概念引进科学,从根本意义上架设了生命与非生命之间、物理学与生物学之间、科学与人文之间的桥梁。20世纪80至90年代,分形、混沌等理论迅速发展起来,形成了系统科学发展的第三个阶段。

我国的系统科学研究始于20世纪50年代,主要是在我国导弹研制部门开始其研究与应用的。当时成立的总体设计部,主要负责导弹的研制、生产及其组织管理工作,为使这些活动有序高效开展,开始使用了网络技术、计划评审等系统科学的方法。大规模、有组织地研究和应用系统工程方法是从20世纪70年代后期才开始的。20世纪70年代末,在钱学森等著名科学家的倡导下,召开了一系列有关系统工程的学术会议,于1980年成立了中国系统工程学会,并创办了《系统工程理论与实践》杂志。钱学森发表了《论系统工程》等著作,受到学术界的普遍重视。由此,系统工程在我国得到了迅猛发展。

（三）系统科学的主要研究范畴

系统科学的研究范畴主要包括一般系统论、信息论、控制论、耗散结构理论、协同学论、超循环理论、突变论、混沌理论、系统科学方法等。

一般系统论 是研究系统的一般模式、结构和规律的学科。它通过研究各种系统的共同特征,从而能用数学方法定量地描述其功能,寻求并确立适用于一切系统的原理、原则和数学模型,是具有逻辑和数学性质的一门新兴的学科。一般系统论包括极广泛的研究领域,其中有三个主要的方面。① 关于系统的科学:又称数学系统论。这是用精确的数学语言来描述系统,研究适用于一切系统的根本学说。② 系统技术:又称系统工程。这是用系统思想和系统方法来研究工程系统、生命系统、经济系统和社会系统等复杂系统。③ 系统哲学:它研究一般系统论的科学方法论的性质,并把它上升到哲学方法论的地位。20世纪40年代,尽管贝塔朗菲试图把一般系统论扩展到更广的学科领域,但未能如愿。现代一般系统论的主要研究内容还是局限于系统思想、系统同构、开放系统和系统哲学等方面。而系统工程是专门研究复杂系统的组织管理技术的,已成为一门独立的学科,并不包括在一般系统论的研究范围内。

信息论 信息作为一个科学概念,最早出现在通信领域。但信息论是由香农 Shannon C. E.(被称为"信息论之父")创立的,是运用概率论与数理统计的方法研究信息、信息熵、通信系统、数据传输、密码学、数据压缩等问题的应用数学学科。

控制论 是研究各类系统的调节和控制规律的学科。它是自动控制、通信技术、计算机科学、数理逻辑、神经生理学、统计力学、行为科学等多种科学技术相互渗透形成的一门横断性学科。

耗散结构理论 是比利时物理学家、化学家普里高津(1917—)创立的。该理论探索了远离平衡态系统的非线性相互作用的自组织特性,即一个远离平衡态的开放系统有可能从无序状态转变为新的有序状态。耗散结构理论的基本思想可以简单概括为"非平衡是有序之源"。普里高津认为,有序结构的形成和保持,必须满足下列条件:第一,系统必须是远离平衡态的开放系统;第二,系统内部必须存在某些非线性动力学机制。这种处于不稳定状态的系统,通过涨落波动就可能跃迁到新的稳定有序状态。他把这种开放的、远离平衡的系统,在与外界减缓物质和能量的过程中,通过能量的耗散和内部非线性动力学机制形成和保持的宏观时空有序结构,称为"耗散结构"。

协同学论 是研究系统从一种组态向另一种组态转换过程中各组成部分协同行为规律的学科。该学科是由德国科学家哈肯(Haken H.,1928—)在20世纪60年代创立的关于系统自组织问题的理论。它研究了协同系统从无序到有序的演化规律。协同学一词来源于希腊文,意为共同工作。协同系统是指由许多子系统组成的、能以自组织方式形成宏观的空间、时间或功能有序结构的开放系统。

超循环理论 是德国柏林大学生物学家艾根(Eigen M.,1927—)在1977年正式提出的,是直接从生物领域入手来研究非平衡态系统的自组织理论。艾根把生命的起源和进化分为三个阶段:第一是前生物的化学进化阶段,第二是生物大分子的自组织阶段,第三是达尔文生物进化阶段。艾根的超循环理论主要研究的是从无生命到有生命的进化,即从生物大分子到原生细胞的进化问题,并建立了数学模型。艾根认为,从生物大分子到原生细胞的进化阶段之间,有个分子自组织阶段,即确保功能上相关联的一些自复制单元能够共存的、简单的实际分子组织,也就是形成了今日人们发现的具有统一的遗传密码的细胞结构。这种统一的遗传密码的形成,并不在于它是进化过程中唯一可以进行的选择,而是因为在这一阶段形成了一种超循环式的组织,这种组织具有"一旦建立就永存下去"的选择机制。总之,艾根认为"进化原理可理解为分子水平上的自组织",最终"从物质的已知性来导出达尔文的原理"。艾根等人在上述认识的基础上建立了"超循环"理论,研究了类似生物催化循环系统的自催化系统的非线性模型。

突变论 是法国数学家雷内托姆创立的。他在1972年出版的《结构稳定性和形态发生学》一书中阐述了突变理论,荣获国际数学界的最高奖——菲尔兹奖章。突变论的出现引起各方面的重视,被称之为"是牛顿和莱布尼茨发明微积分300年以来数学上最大的革命"。突变理论是研究客观世界非连续性突然变化现象的一门新兴学科,突变论的主要特点是用形象而精确的数学模型来描述和预测事物的连续性中断的质变过程。突变论与耗散结构理论、协同学论一起,在有序与无序的转化机制上把系统的形成、结构和发展联系起来,成为推动系统科学发展的重要学科之一。

混沌理论 是数学、物理学、天文学、生物学、计算机科学等众多学科与系统科学相互交叉和渗透的产物。它形成于20世纪60年代。混沌理论研究的对象是复杂程度的最高现象——混沌。"混沌"一词译自英文"chaos",原意是紊乱、无序、无规律。但在混沌理论中,它指的不是纯粹的无序,是指一类广泛存在的动力学现象,是发生在确定性系统中的、貌似随机的不规则运动。一个确定性理论描述的系统,其行为却表现为不确定性——不可重复、不可预测,这就是混沌现象。混沌理论的进一步研究表明,混沌是非线性动力系统的固有特性,是非线性系统普遍存在的现象。在现实生活和实际工程技术问题中,混沌是无处不在的。

系统科学方法 是指运用系统科学的观点和理论,把研究对象作为系统来解决认识和实践中的各种问题的方法的总称。它是把研究对象看成一个整体,把事物的普遍联系和永恒运动看作一个总体过程,全面地把握和控制对象,从而探索系统中要素与要素、要素与系统、系统与环境、系统与系统的相互作用和变化规律。系统科学方法主要包括信息方法、控制方法、反馈方法、模型方法、决策方法等。

系统科学方法为人们提供了新的思维模式。它突破了传统的只侧重机械分析的思维,给人们提出了一条在总体上把握科学研究方向、探索科学技术发展的新思路。今天的综合学科、交叉学科和边缘学科的诞生,新型自然观、科学观、方法论的形成,莫不与系统科学方法有关。系统科学的研究方法为人们进行科学研究活动提供了新的视角。不过,在运用系统的观点研究和处理对象时,我们必须把握以下几方面的原则。[1]

一是整体性原则。整体性原则是系统方法的首要原则。它把研究对象视为有机整体,探索其组成、结构、功能及运动变化的规律性。基于要素对系统的非加和性关系,当要素之间存在相干性、协同性时,就会突现新的特质。这种新的特质不是单个要素所具有的,而是系统整体才具有的。因此,在研究这类系统时,必须从整体出发,立足于整体来分析其部分与部分之间的关系,再通过对部分的分析而达

---

〔1〕 常绍舜.系统科学方法概论.北京:中国政法大学出版社,2004.

到对整体的深刻理解。

二是最优化原则。亦称整体优化原则。这是使用系统方法的目的和要求。该原则要求在研究解决问题时应统筹兼顾、多中择优，本着"多利相衡取其重，多害相衡取其轻"的精神进行综合优化和系统筛选，运用线性规划、动态规划、决策论、博弈论等有效方法，达到整体优化的目的。

三是动态原则。系统要随着时间而演化，大至太阳系、银河系、河外星系，小至"基本粒子"，都有一个产生和消灭过程，所以任何系统都经历着实在的历史。系统方法不是把系统看成静态的"死系统"或"死结构"，而应看成动态的"活系统"。尽管人们在进行科学研究时，时常把系统理想地抽象成"孤立系统"或"闭合系统"，但是实际存在的系统，无论是系统内各要素（或子系统）之间，还是在其内环境与外环境之间，都有物质、能量、信息的交换与流通。因此，事实上的系统都是活系统。系统总是动态的，永远处于运动变化之中。因此，在研究系统时，应当把系统发展的各个阶段统一加以研究，以把握其过程与未来趋势。

四是模型化原则。对于复杂系统，需在系统分析的基础上适当进行处理。比如，进行适当放大或缩小，或进行适当的抽象或理论化等，都可能使复杂的问题变得简单，从而建立起恰当的系统模型。只有建立起系统模型，才能进行模拟实验，运用电子计算机进行系统仿真。模型化原则是采用系统方法时求得最优化的保证。

§1.2 教育评估发展概述

了解国内外教育评价的产生与发展，不仅有利于促进教育的民主管理与科学决策，进一步提高教育的质量与水平，而且有助于推动教育评价的发展，为丰富教育评价的理论与实践奠基。

一、我国教育评价的发展历程

（一）古代的教育评价活动

我国古代的教育评价主要表现在人才选拔的思想上和制度创建上。据古代教育史料记载，我国最早的教育评价活动产生于尧舜时代选贤任能的实践。时处原始社会末期，部落首领都是通过举荐，由德才兼备的人来担当的。到了西周和春秋战国时期，人才选拔的思想和实践有了进一步发展，逐步形成了选士或取士制度。"士"是指平民百姓中受过教育、富有知识且具有较高品德素养的阶层。由于西周、春秋战国时期属于奴隶社会和封建社会，贵族享有权力世袭的特权，因此，高一级的官职都是由贵族担任的，而低级官职则是从"士"中选拔产生的。选士制度为平民百姓中的人才提供了施展智慧、步入仕途的渠道。值得关注的是，西周时期的选士方式有三种[1]，即乡里选士、诸侯贡士和学校选士。到了春秋战国，选士的方式发展为张榜招贤纳士、举荐和自荐等多种形式。伴随着选士制度的实施，从中央到地方"养士、育士"之风的逐渐盛行，其间产生了西周"学在官府"以及齐国"稷下学宫"等颇有影响的官学，从而为教师的选聘和士子学生的评价提供了发展机遇。当时，对教师、学生的评价标准主要集中在学术评价、品德评价等方面。而且，通过对教师的评价赋予其不同的称谓，如上卿、客卿、上大夫、大夫等，使教师享受与称谓相应的俸禄。

春秋战国之后，秦王朝的"焚书坑儒"为古代的人才选取制度涂了一抹灰色。到了西汉，人才的评价与选拔开始通过实行"察举制"和太学的培养来进行。察举制取士是指按皇帝指定的科目参加笔试，经考察后对等第位于前列者予以举荐。汉朝的笔试实现了古代人才选拔方式的新突破，为我国古代教育评价事业的发展增添了一道亮色。魏晋南北朝时期，政局动荡，选士制的进展显得较为混乱，其间人才选拔方式突出的改进是三国曹魏时期创立的"九品中正制"，即在推荐人才时要按9个等级进行评价上报。"九品"是指将拟选人才从上到下分为9个评价等级，最高人才为"上上"品。"九品中正制"体现了曹操"唯才是举"的用人方略。

到了隋唐时朝，人才选拔开始实行"科举制"，即由国家设科公开考试，分科选拔人才。科举考试的设立，揭开了我国封建社会长达千年的人才选拔制度的序幕。不过，在不同的朝代，科举的考试形式、设科范围以及考试内容都有所变化。例如，唐朝的科举分为预考（解送试）和正式考（省试）两级，其考试内容有帖经（类似填空）、问义（类似简答题）、策问（类似论述题）和诗赋（即作诗）等。到了宋朝，科举考试发展成了三级，即在原来的省试后增设了殿试环节，并对考试的法规和制度进行了修订和完善。元朝的科举分成了文、武两科，且重视经文。到了明朝，在极端专制主义的统治下科举制日益重文轻武，并开始实行八股文取士，考试的机械化、程式化特征明显，被称为中国古代的"标准化"考试。明清的科举又有了进一步发展，考试分成了四级，即童试、乡试、会试和殿试，考试的标准、方法以及相关规定日益严格。19世纪末至20世纪初，随着列强入侵、人才匮乏，科举考试内容的陈腐和片面以及形式的机械与呆板等弊端暴露无遗，国人要求"废除科举"的呼声日益高涨。1905年，历经一千多年的"科举制"退出了历史的舞台。

"科举制"的开创与实践，既是我国早期教育评价事业的骄傲，也是社会前进的桎梏和羁绊。它的进步性鲜明地表现在：在当时的历史条件下，建立了世界先进的、齐全完备的人才选用制度，这一制度支撑了中国封建社会一千多年的优秀人才发掘，为庶人改变命运、施展抱负创造了条件；同时，对促进我国社会的发展、教育的繁荣以及扩大国际影响也做出了重要贡献。另外，它在教育评价的方法发展方

---

〔1〕 侯光文.教育评价概论.石家庄：河北教育出版社，1996：3.转引自刘虹.中国古代选士制度史.长沙：湖南教育出版社，1992：4.

面也可圈可点,如考试的组织、管理、阅卷、评分等严格的程序一直为人称道。然而,事物的发展并非一成不变的,当其自身存在的问题与缺点过多,不符合时代发展的要求,甚至阻碍社会的进步时,它就不可避免地面临着被废除的命运。

(二)近代的教育评价实践

20世纪初,清政府在改良主义思潮的影响下开始实施新政,进行了"百日维新"。在教育领域设立新的学制,建立新式学堂,对教育的管理与监督、对学生的学业评价方式和标准等方面做出了新规定。如在1903年颁布的《奏定学堂章程》中明确指出,"学堂考试分不定期的临时考试及学期、年终、毕业、升学等5种考试形式,按百分制标准评分。"[1] 1905年,清政府成立了管理全国教育的行政机构"学部",内设视学官,建立起了教育督导制度。视学官的任务是在全国范围内实行督学和督政,撰写视学评价报告,为教育行政部门的决策和奖惩提供依据。

辛亥革命以后,中国深受西方教育思想的影响。20世纪初,西方教育测量运动的兴盛和教育测量研究成果的传播,也为我国学习和翻译国外的教育测量信息提供了机遇。中国学者不仅翻译了当时盛行于西方的多种智力测验量表,而且成立了中国测量学会,在学校开设了教育测量课程等。民国初期,我国的学校教育制度先模仿日本,后移植欧美,最后又逐渐本土化。因此,在学校招生考试制度建设和实践上,西化风格明显。例如,高等院校招生考试,实施的是各大学独立命题、自主招生的政策。

近代的教育评价活动的一个突出特点是进一步强化了行政性的政府评价,即无论是招生考试、学业评价还是学校督导,其评价的主体、组织、标准、结果处理等均由行政部门来决定,学校、教师、学生等均是评价受体。在这一时期,评价的方法和技术除了考试以及接受西方的智力测量经验外,具有明显突破的理论与实践成果均不够丰厚。

(三)1949年后教育评价的发展

1949年新中国成立后,我国的教育发展照搬了苏联模式。学业评价一改民国时期的百分制,开始模仿苏联学校教育的成绩考评法,即5分制评分法。对于当时西方已比较成熟的、基于目标行为导向的泰勒评价模式,则由于种种原因在我国未能得到有效的学习和借鉴。关于人才选拔考试,1952年,我国首次明确规定,高等学校招生实行全国统一招生考试,即高考。至此,废除科举制度后一直施行的高校自主招生政策彻底宣告结束。随着20世纪50年代末至60年代初中苏关系的恶化,我国的学业评价又开始恢复了百分制,并十分注重对学生的全面评价,特别是对学生的政治表现尤为看重。"文革"十年,我国学校教育呈现无序状态,高考废除,高校停止招生。我国的教育评价发展几乎停滞。

1977年恢复高考后,特别是党的十一届三中全会以后,教育改革的春风吹遍

---

〔1〕 侯光文.教育评价概论.石家庄:河北教育出版社,1996:44.

了祖国的大地。国务院在《关于第七个五年计划的报告》里提出"要加强教育事业的管理,逐步建立系统的教育评估和监督制度"。从此,教育评价进入了大发展阶段。

第一,加强了国家教育评价的法律法规建设

1985 年,颁布了《中共中央关于教育体制改革的决定》,提出了"要扩大高等学校的办学自主权,教育管理部门还要组织教育界、知识界和用人部门定期对高等学校的办学水平进行评估"等。1990 年,原国家教委颁布了《普通高等学校教育评估暂行规定》,该规定确立了我国高等教育评估制度的基本雏形,是我国高等学校教育评估走向规范化的重要标志。1993 年,国家颁布了《中国教育改革和发展纲要》,提出了"建立各级各类教育的质量标准和评估指标体系,各地教育部门要把检查评估学校教育质量作为一项经常性的任务";"对职业技术教育和高等教育,要采取领导、专家和社会用人部门相结合的办法,通过多种形式进行质量评估和检查";"通过试点,改革硕士授予点和博士生导师的审查办法,同时加强质量监督和评估制度"等。《中国教育改革和发展纲要》的出台,标志着国家对教育评估的进一步重视,同时,也反映出国家对教育评估的专业性和社会性提出了要求。1998年,国家颁布了《中华人民共和国高等教育法》,其中明确规定:"高等学校的办学水平、教育质量,接受教育行政部门的监督和由其组织的评估。"

第二,建立并完善了各级教育质量评价机构

为了有效开展教育质量评估活动,20 世纪 90 年代中期以来,我国从中央到地方陆续成立了独立的教育评估机构。

在中央一级,政府层面成立了"教育部高教司评估办公室"和"国务院学位办质量监督与信息处"。在社会层面,建立了两个高等教育评估专门事务机构,受政府相关部门的委托开展工作。一个机构是"教育部学位与研究生教育发展中心",成立于 1994 年,当时名为"高等学校与科研院所学位与研究生教育评估所",2003年更为现名。该中心的主要任务是接受教育部、国务院学位委员会的委托,开展中国的学位与研究生教育的评估、评审工作。另一个机构是"教育部高等教育教学评估中心",成立于 2004 年,主要负责组织实施高等学校本、专科教育的评估工作。

在地方一级,中国自 1996 年至今共成立了近 20 家省级教育评估机构,目前还有不少省市正在积极筹建之中。最早成立的两家省级教育评估机构是"上海市教育评估院"(1996)和"江苏省教育评估院"(1997)。继此之后,辽宁、云南、广东、山东、福建、北京、黑龙江等省市也纷纷成立了专门的省级教育评估机构。

由于我国省级教育评估机构的产生与存在形式各有不同,目前还没有形成统一的分类。根据这些省级机构的隶属情况,本研究将其分为三类,即隶属于教育行政部门的非营利性教育评估机构(Ⅰ类)、隶属于高校或科研院所的非营利性教育评估机构(Ⅱ类)、私立的或纯民间的营利性教育评估机构(Ⅲ类)。目前,省级教育评估机构属于Ⅰ类和Ⅱ类的占多数。例如,上海市教育评估院、江苏省教育评估院就分别隶属于上海市教委、江苏省教育厅,而云南省高等教育评估事务所挂靠云南大学,辽宁省教育评价事务所隶属于辽宁省教育研究院,山东省高等教育评估所隶属于山东省教育科学研究所等。属于Ⅲ类的省级教育评估机构有江西省高等教育评估所、北京市教育评估院等。

地方一级的教育评估机构一般都是接受委托,独立开展本地区的相关教育评估活动。由于省级教育评估机构的隶属性质不同,经费及项目来源存在很大差异,因此,各省级教育评估机构的业务范围也有很大不同。有的省级教育评估机构是综合性的教育评估机构,业务范围涉及本省市的各级各类教育评估事宜,如上海市教育评估院、江苏省教育评估院等;而有的仅为单一层次的教育评估,如云南省高等教育评估事务所、山东省高等教育评估所、江西省高等教育评估所等专司高等教育领域的评估活动。

第三,实践了多样化的高等院校教育质量评估

1985 年,在黑龙江镜泊湖会议后,原国家教委发出了《关于开展高等工程教育评估研究和试点工作的通知》,在我国部分省市的共 87 所院校实施了高校办学水平、专业、课程的评估试点工作。1994 年初,原国家教委开始有计划、有组织地对普通高校的本科教学工作水平进行评估。首先,是对 1976 年以后新建的、本科教育历史较短的、基础比较薄弱的高校实施了合格评估。从 1996 年开始,又对国内100 所左右的国家重点建设高校,即本科教育历史较长、基础较好、工作水平较高的学校实施了优秀评估。1999 年,国家针对介于上述两类学校之间的普通院校又实施了随机性水平评估,即被评学校由教育部随机抽取。至 2002 年年底,全国接受各种评估的本科院校共 254 所,其中,合格评估学校 192 所,优秀评估学校 16所,随机水平评估学校 46 所[1]。

2002 年,教育部将合格评估、优秀评估和随机性水平评估三种方案合并成了一个方案,即现行的《普通高等学校本科教学工作水平评估方案》。2003 年,教育部在《2003—2007 年教育振兴行动计划》中明确提出,实行"5 年一轮"的普通高等学校教学工作水平评估制度。2004—2008 年,在"以评促建,以评促改,以评促管,评建结合,重在建设"的原则指导下,教育部进行了第一轮 621 所普通高校本科教学工作水平的评估。2004 年开始,教育部还决定由各省、自治区、直辖市教育厅(教委)负责对本地区的高职高专院校人才培养水平进行 5 年一轮的评估。目前,全国共 1 100 所高职高专院校的评估工作已接近尾声。

另外,我国还对独立学院、研究生教育质量分别进行了评估。独立学院是我国高等教育办学的一种新形式,它是一种由普通高校与国家机构以外的社会组织或者个人合作举办的本科学历教育,利用的是非国家财政性经费。学位与研究生教

---

〔1〕 孙莱祥.高等学校本科教学工作水平评估的现状、问题及思考.见:上海市教育评估协会 2005 年年会上的发言报告.

13

育的评估,由国务院学位办和学位与研究生教育发展中心组织实施,目前已开展了高等学校国家重点学科评估、学位授予单位和学校授权点评估、全国研究生优秀博士学位论文评选等一系列工作,旨在通过评估提高高等学校的学科建设水平和研究生人才培养质量。

此外,我国还积极在评估的方式方法上进行了探索和改进,如尝试开展了专业认证和中外合作办学认证。目前,国家已成立了"全国工程教育专业认证专家委员会",进行了工程技术专业教育认证试点,并在医学教育认证方面,制订了《中国本科医学教育标准》,计划启动医学教育认证工作。在中外合作办学认证方面,上海市率先探索了教育质量认证试点工作,对上海大学悉尼工商学院、上海法语培训中心等进行了认证。2008年,上海市教育评估院与中国教育国际交流协会联合成立了"中外合作办学认证工作委员会及认证中心(上海分中心)",受教育部委托,开始接受全国范围内中外合作办学的认证申请。目前,上海市教育评估院正在积极策划聘请国外教育评估专家参加上海的教育评估与认证活动,并争取实现与国外评估机构进行评估与认证结果的互认。

第四,改善了教育评价的方式方法和技术

现代信息技术的发展使无纸化评估或网上评估成为可能。这种网上评估方式既节约人力、物力,又可保证评估的公平与效率,是教育评估日益走向科学、规范的有效途径。实践中,我国本科教学水平评估、重点学科评选、研究生优秀学位论文评审等诸多评估项目已在资料报送、专家遴选、评估结果信息处理等多方面尝试采用了网络评估技术。在经济发达的省份,有些评估项目已实现了全程网上评估。如上海市教育评估院,在2006年率先启动实施了"教育评估网络系统建设工程",在充分利用现代化的信息手段、开发网上评估技术方面进行了有益尝试。该网上评估系统不仅为评估专家、评估工作人员设置了专门的工作室,而且为评估对象和评估者建立了信息沟通与交流的技术平台,既方便了评估信息的收集与传递、评估数据的整理与分析,又有利于评估项目的归档以及对评估专家的表现进行网上评价。目前,上海市高校的精品课程评审、研究生的优秀论文评选、中小学教师高级职称评审等项目都已经开始了网上评估运作。

第五,加强了教育评价的国际合作与交流

为了确保教育评估与时俱进,与世界接轨,我国各级教育评估机构及教育评估领域的有识之士积极致力于与国际同行的合作与交流,通过踊跃加入地区性和国际性的教育质量保障组织、不定期举办教育评估学术研讨会、积极参与教育评估的国际活动、人员互访及考察学习等方式,加强与国际教育评估机构的理解与沟通,不断提升我国教育评估在国际上的专业影响力和社会知名度。如教育部高等教育教学评估中心与日本的大学评价与全国学位授予机构(NIAD－UE)签署了合作备忘录,上海市教育评估院与菲律宾学校、学院和大学认证协会(PAASCU)签订了合作协议等。另外,上海市教育评估院还先后承办和主办了多次国际会议或论坛,如

"中澳跨境教育及质量保障论坛（2007.5）"、世界银行资助的云南"外部质量保障的理论与实践工作坊（2007.11）"、首届"上海教育评估论坛（2008）"等。目前，教育部高等教育教学评估中心以及上海、江苏、广东等省市的评估机构，不仅是国际高等教育质量保障网络组织（INQAAHE）的正式会员，而且有的还是亚太地区质量保障网络组织（APQN）的成员。INQAAHE 和 APQN 的理事成员中都有中国的代表。

第六，教育评价的理论研究日益受到重视

改革开放以后，我国对教育评价的理论研究日益重视，以介绍西方教育测量、教育评价理论为主的系列文著不断涌现，各地还举办了很多有关教育评价的学术研讨会和学习班等。例如，1987 年，在北京大学召开了第一次中美教育评估研讨会；自 1985 年以来，华东师范大学教育管理学院就先后举办了 5 期教育评价讲习班等。到了 20 世纪 90 年代，已形成了一批梳理国内外教育评价理论的研究文著。21 世纪初，以系统化的教育质量保障理论为中心的研究又不断引起众多学者专家的兴趣，产生了一批全面介绍国外教育质量保障方面的研究成果以及构建我国教育质量保障体系的思考等方面的学术论文。这些研究成果表明，教育评价的中外比较研究、教育评价的方式方法研究、教育评价的组织体系研究、教育评价机构的地位与功能研究、教育评估的运作机制研究、教育评价标准与指标的设计研究、教育质量的监控与保障体系研究等备受研究人员的关注，而教育评估的理念研究、教育评估结果的科学性与效用研究、教育评估本身质量保障的"元研究"等却相对较少。从研究角度上看，大多数学者更多的还是借助教育学的思辨方法来思考问题、研究问题，鲜有学者从经济学、管理学的实证角度或系统科学的角度来研究。近两年来，张伟江教授提出了"教育评估的传统观念需要转变，应树立有中国特色的社会主义评估价值理念"、"教育评估是一门科学，包含着丰富的理论与技术，要从系统论的角度、采用多学科交叉合作的方式来研究教育评价"等新颖观点。目前，随着国家第二轮本科院校教学水平评估活动的开展，我国教育评价的理论研究正在日益深入和强化，越来越多的研究人员投入到了建设有中国特色的社会主义教育评估理论中。

二、国际教育评价的发展概述

教育评价的历史演进表明，教育评价的理论与实践经历了一个逐步发展、丰富与完善的过程。了解这一过程，有助于我们将历史、现实与未来相结合，更好地掌握教育评价的本质与发展规律，更有效地开展教育评价实践活动。

（一）教育评价理论的产生与发展

1. 教育评价的起源与历史分期

众多专家学者对教育评价理论的产生与发展进行了研究和分析，对于教育评价理论发展阶段的划分是仁者见仁、智者见智。

有学者认为,教育评价是 19 世纪中叶从美国的教育测量实践中逐步发展起来的。"把 20 世纪 30 年代由泰勒发展起来的教育评价理论,作为教育评价学的起点,把 60 年代中期由斯克里文等人的贡献看作教育评价学发展的新阶段是比较恰当的。[1]"

还有学者认为[2],教育评价制度源于中国的科举制,教育评价理论源于西方对学生学力的测验运动。认为教育评价理论的诞生与发展经历了 4 个时期,即泰勒时期(1930—1945)、稳定发展时期(1946—1957)、兴盛时期(1958—1972)、专业化时期(1973 至今)。不过,还有学者把这一分法中的兴盛时期认为是批判泰勒模式时期[3]。

另有学者认为[4],教育评估起源于中国,但在教育评价理论与实践方面做得比较全面、比较完整的代表性国家是美国,认为西方教育评价的发展大体分为三个时期,即萌芽期(19 世纪中叶至 20 世纪 30 年代)、形成时期(20 世纪 30 年代至 50 年代)和发展时期(20 世纪 50 年代至今)。萌芽期主要是指美国围绕对学生学力测量怎样客观化、标准化的问题进行的。形成期主要是指以教育目标为依据的"泰勒评价模式"的出现。发展期是指继泰勒模式之后各种新的评价模式的纷纷涌现。

还有学者认为[5],教育评价的源流在中国,主要源于科举制度,但 20 世纪 20 年代西方教育测量的兴盛对教育评价的产生与发展有很大影响,认为教育评价发展的历史分期大体分为 4 个阶段,即萌动时期(20 世纪初至 20 世纪 20 年代)、探索时期(20 世纪 30 年代至 40 年代)、发展时期(20 世纪 50 年代至 60 年代)和兴盛时期(20 世纪 70 年代至 80 年代)。

另有年轻的学者认为[6],中国隋朝的科举制为建立现代教育评价理论提供了经验基础,但在较为严格的意义上,教育评价成为理论研究的领域,并形成相对完整的理论体系是在美国,认为教育评价理论应该分为三个发展时期,即潜教育评价时期(从有实践形态的教育评价活动开始至 20 世纪 30 年代)、教育评价时期(20 世纪 30 年代至 70 年代)和后教育评价时期(20 世纪 80 年代至今)。潜教育评价时期的标志是有实践形态的教育评价活动,教育评价的主张蕴涵在实践中,没有明确的理论形态,中国创立的科举制度是这一时期的最高成就。20 世纪初在西方,这一时期的教育测量与教育评价是同一的。在教育评价时期,人们则正式提出了

〔1〕 陈玉琨. 教育评价学. 北京:人民教育出版社,1999.
〔2〕 吴钢. 现代教育评价基础. 上海:学林出版社,1996.
〔3〕 王孝玲. 教育评价的理论与技术. 上海:上海教育出版社,1999.
〔4〕 张德才,陈虹岩. 比较与借鉴——中外高等教育评估体系研究. 哈尔滨:哈尔滨工程技术大学出版社,2008.
〔5〕 刘本固. 教育评价的理论与实践. 杭州:浙江教育出版社,2000.
〔6〕 张远增. 高等教育评价方法研究. 上海:复旦大学出版社,2002.

教育评价的概念,形成了较为系统的教育评价方法理论体系及各种评价模式。在后教育评价时期,评价理论的主要特征表现为倡导民主评价的精神,强调教育评价为其评价的对象服务。

国外也有不少学者对教育评价理论的产生与发展进行了研究,如美国的古巴(Cuba E.)和林肯(Lincoln Y. S.),他们将教育评价理论的发展划分成了4代,认为第一代是"测量时期"(19世纪末至20世纪30年代)、第二代是"描述时期"(20世纪30年代至50年代)、第三代是"判断时期"(20世纪50年代至70年代)、第四代是"应答式评价"(20世纪70年代以后)。特别是他们提出了第四代教育评价理论,该理论针对前三代教育评价的弊端(即管理者置身于评价之外,管理主义倾向严重;忽视价值的多元性;过分依赖科学范式和数的测量,忽视质的研究等),提出了评价是一种"共同建构"的过程。教育评价应关注所有相关群体提出的要求和问题,强调多元价值观;强调运用建构主义范例,主张评价是评价者和被评者之间的一种合作过程。第四代教育评价理论是一种后现代主义的评价。

上述这些专家学者对教育评价理论的起源及发展阶段的划分虽然各不相同,但实质内容却大同小异。无论是萌芽期还是萌动期都是指教育测量时期,而20世纪30年代这个时间段是所有学者不约而同作出的标志性判断。综合各家之言,我们可得出两点结论,一是大多数学者都认可教育评价理论的形成,经历了教育测量和教育评价两个发展阶段;二是各位学者都赞同教育评价理论萌芽于20世纪30年代前,形成、发展并兴盛于20世纪30年代至80年代。关于教育评价的源流,我们可以认为,教育评价的思想起源于中国,但教育评价的理论则起源于美国。

2. 教育评价理论的形成与发展

(1) 形成

20世纪30年代,随着美国教育测验运动的不断发展,教育测量的片面性和局限性逐渐暴露出来。教育测验虽然能将教育成就定量化、客观化、标准化,但毕竟不能测量出人的学力和人格的全部,且人类高级智慧技能的测量与知识的测量不能等同划一。1932—1940年,美国的泰勒(Tyler R. W.)与其同事围绕学校课程内容的改革进行了8年的实验研究,就改革学校测验方法和课程内容提交了崭新的研究成果。泰勒的"8年研究"结论是,学校的旧课程和测验是教科书主义的,编制的测验只能检查学生的知识记忆力,不能反映学生的全面发展。他在研究报告中明确提出了"教育评价"这一概念,认为教育评价是一个"发现学生学了什么和学的这些东西具有什么样的价值"的过程,教育评价就是衡量实际活动达到教育目标的程度,并提出了以全面发展的教育目标为核心的课程编制及评价活动原理,即"泰勒原理"。泰勒的研究报告被称为划时代的教育评价宣言,宣告了教育评价理论最初形态的诞生,泰勒因此被称为"教育评价之父"。

泰勒评价模式的关键词是"目标",它关注的是什么样的学习目标对学生最有效,衡量的是学生达到既定目标的程度。因此,目标的分类与构成、目标达成的测量方法就非常重要。在泰勒评价模式出现之后,教育评价研究领域的两大相关工作有了突破。一是教育测验方法,特别是测验目标与结果一致性的标准化测验方法得到了快速发展和推广。二是教育目标的分类研究,清晰的目标分类与表述是有效开展教育评价的关键所在。1956 年,布卢姆(Bloom B. S.)的《教育目标分类:认知领域》一书问世;1964 年,克拉斯沃(Krathwohl D.)的《教育目标分类学:情感领域》一书出版,标志着泰勒的教育评价技术开始得到进一步发展。

(2)发展

随着泰勒评价模式的推广与应用,该模式中"目标"本身的合理性、有效性与可行性引起了人们的质疑。1963 年,克龙巴赫(Cronbach)首先在其《通过评价改进课程》一文中,提出了与泰勒不同的主张。他认为,评价不应仅仅关注教育目标,检验目标的达成度,而更应该关心教育过程,通过收集和反馈信息,探求评价对教育决策以及课程改进的意义和价值。于是,在 20 世纪 60 至 70 年代,各种各样的新的教育评价模式不断涌现,其中最有代表性的且最有影响的是以下几种模式。

① CIPP 模式:1966 年,斯塔弗尔比姆(Stufflebeam)提出了将"背景评价(context)、输入评价(input)、过程评价(process)和结果评价(product)相结合的 CIPP 教育评价模式。该模式中的背景评价是指要根据社会需要和被评对象的情况对教育目标的价值进行判断,这有利于教育目标的选择切合实际;输入评价是对实现目标所需要的条件进行评价,这有利于确定的目标的可行性;过程评价侧重于对教育方案、计划的实施情况进行评价,以便得到及时的反馈,并寻求解决方法;结果评价是对目标完成的结果进行衡量。CIPP 模式尽可能地避免了泰勒评价模式的缺点,提高了目标的合理性和有效性,但其评价步骤繁琐,评价者因由决策者承担从而导致其权力有所扩大的事实也暴露出了它的弱点和不足。

② 目标游离模式(goal free):无论是泰勒模式还是 CIPP 模式,强调的都是根据既定的教育目标进行评价,目标反映的是评价方案制订者的主观意图,关注的只是教育评价的预期效应,而实际上,每次评价的过程都会有许多非预期效应的产生,这些效应既有负效应也有反效应。为了降低评价方案制订者主观意图的影响,进一步提高教育评价结果的客观性,1967 年,斯克里文(Scriven M.)提出了目标游离模式。这是一种不受预定目标影响的自由评价模式。它对评价信息搜集的方法进行了改进,强调不告知被评者有关评价活动的目的,关注评价实践中评价活动之间的差异;评价结论不是依据预定的目标,而是评价活动参与者所取得的实际成效。斯克里文在其《教育评价方法论》中,将教育评价方法进行了分类,提出了形成性评价和总结性评价等一系列重要概念。

③ 应答模式(responsive evaluation):由于评价活动不仅涉及评价者和被评者,还涉及很多利益相关者,这些利益相关人士的愿望、观念、需要等如果得不到关注和满足,评价的结果则难以真正产生效益。为此,1975 年,斯塔克(Stake R. E.)及

其同事经过研究,提出了应答式评价模式。这种评价模式强调了解所有评价相关者的愿望和问题,主张反映所有利益相关者多元的甚至是相互矛盾的信息和价值观念,通过选择人们所关注的有价值的问题确定评价方案,并在自然条件下搜集资料和信息,对人们的愿望和问题做出应答。该评价模式强调价值观的多元性,评价方法灵活,促进了定量与定性评价方法的结合,同时具有一定的民主性。

④ 反对者模式(adversary):在 20 世纪 70 年代中期,欧文斯(Owens T.)还提出了颇有影响的反对者模式。该模式十分重视听取教育评价方案及相关活动的争议性意见,尤其是反对者的意见,让持不同意见者参与方案及活动的评判,发展其参与评价的能力,以便让评价者全面掌握情况,作出更加客观、正确的结论。

上述一系列的教育评价理论流派,反映了截止到 20 世纪 80 年代教育评价理论发展繁荣时期的成果,呈现出几个特点:一是坚持实证主义的方法论,强调使用测量和计量的方法,并严格遵循经验实证主义的原则,主张用精心设计的方法从信息资料中推导出理论。二是形成了教育评价方法论体系,形成性评价与总结性评价、定量评价与定性评价已广泛使用,评价的科学化进程加快;三是教育评估的技术不断进步,评价目标分类、评估标准设计、评价信息搜集方式等不断取得突破;四是评价的内容与范围、目的与功能不断扩大,由最初对学生个人的学力评价发展到课程评价、学校评价,评价的目的从选拔适合教育的学生、教育目标的达成扩大到决策咨询、促进教育改革等。

不过,发展时期的教育评价理论,也表现出了不足之处,如更多地关注微观层面而忽视了宏观评价体系的构建;评价的研究较为分散和不系统,对于教育质量的评价关注得还不够等等。进入 20 世纪 80 年代中期以来,教育评价的理论研究开始进入深化和系统化的发展阶段,教育质量保障运动的兴起促使教育评价的理论与实践走向了一个崭新的时代。

(二)国际高等教育评价的实践发展概况

1. 国际背景

20 世纪 80 年代的主题是效率,20 世纪 90 年代的主题是质量。随着西方高等教育进入大众化阶段,无论是发达国家还是发展中国家,其高等教育系统都不断朝着扩大化、多样化、个性化的方向迈进。再加上各国对高等教育财政投入的减少、高等教育国际化进程的加快、私立高等教育的迅猛发展、进入高等教育机构学习的学生数量日益增多,这使得全球越来越关注高等教育过程和结果的质量。教育评价作为质量管理的一种手段越来越被融入系统的教育质量保障体系中。许多国家都在设计或已经实践新的国家层面的外部质量评价系统,特别是对政府、高校、专业机构等各自在教育质量保障体系中的地位、作用以及职责等进行了系统分析、考虑和安排。

20 世纪 80 年代末至 90 年代初,以荷兰、美国、英国等为首的西方国家率先展开了高等教育质量保障理论研究和实践,广泛探讨了高等教育质量保障的基本问题,即为什么要保障、保障什么、如何有效保障、保障的效果如何等。同时,对高等教育质量保障的核心内容,即"质量"的界定,也进行了研究。西方高等教育的质量观归纳起来主要有5类:其一,伯纳德的传统质量观,即高等教育质量以"卓越"或"一流"为标准;其二,符合消费者的愿望和需求的质量观,把适应顾客(学生与雇主)的需要看做是终极质量的体现;其三,合乎目的的质量观,即把质量理解为达成既定的教育目标;其四,绩效质量观,强调效益与效率并重,投入与产出的等值;其五,发展的质量观,即强调高等教育培养的学生能够适应未来社会的变化等。与这些质量观价相对应的质量标准则可以有学术标准、能力标准、服务标准、组织标准等。质量与标准两两相对应,就可能产生多种质量保障方式,如各类认证、标准监控、绩效评估、学科评估、质量保障机制审核、问责审核、改善情况的审核、毕业生反馈等。各国正是在不同教育质量保障理念的指导下,进行了各种教育质量保障实践,主要表现为:建设高等教育质量保障体系、建立专业化的教育质量保障机构或评估机构、完善教育质量保障运行机制等。

2. 各国实践经验

(1) 建立与完善国家外部质量保障体系

实践研究表明,国际上目前的高等教育质量保障体系虽各具特色,但都不外乎三个相关方面,即政府、高校、社会。其中就内部质量保障而言,高校作为自我质量保障的主体责无旁贷,就外部而言,各国在各自的相关法律框架下,分别形成了或政府主导、民间主导或政府与社会共同主导的外部教育质量保障体系。

民间主导型的代表主要是美国。在美国,高等教育的外部质量保障主要是由非政府的认证机构组织实施的。这样的认证机构有三类:① 根据地域划分的六大地区性认证机构,这些机构主要对整个院校进行综合评估。② 全国性的认证机构,主要对有特殊兴趣的办学者进行认证,如神学研究院等,范围横跨整个美国。③ 专业认证机构,对高校特定(职业)的学习课程进行认证,如法律、医学、护理等专业。美国联邦政府只起认可或运用经济杠杆调控等影响作用。《美国新闻与世界报道》等媒体也对世界大学进行年度排行以示监督。

政府和社会共同主导的主要代表是英国和日本等。在英国,目前也形成了政府与民间多元参与的高等教育质量保障体系,其特征是高校负责课程质量控制,政府与专业性的质量保障机构签订协议对高校的质量保障机制进行审核,并对教学质量进行评估,评估结果与高校拨款挂钩。另外,《泰晤士报》等新闻媒体也通过大学排行对高校质量进行监督。

政府主导型的主要代表是法国和印度。法国实行的是中央集权的高等教育质量保障体系。法国的高等教育质量保障体系主要由法国国家高等教育研究委员会、国家评估委员会以及其他职称、学位等专门委员会共同组成,法国的高等教育质量保障基本上完全是由政府控制的。在印度,高等教育的质量保障实行的也是政府主导的质量评估与认证模式。印度高等教育的质量保障功能主要由国家认证与评估委员会负责实施,另外还有专业认证机构行使专业质量保障功能。

目前,全球已有100多个国家建立起了相应的高等教育外部质量保障体系。

（2）成立国家层面的教育质量保障机构

除了美国、菲律宾等一些国家较早地成立了有关教育质量保障机构外,国际上很多国家都是在20世纪90年代以来,依据有关法律法规,整合、新建了国家级教育质量保障机构或评估机构。如英国1997年组建了教育质量保障署（QAA）,澳大利亚2000年建立了大学质量保障署（AUQA）,日本2000年成立了大学评价与学位授予机构（NIAD–UE）,瑞典1995年成立了国家高等教育评估管理署（NAHE）,芬兰1996年成立了高等教育评估理事会（FINHEEC）,印度1994年建立了国家认证和鉴定委员会（NAAC）等。这些专业性的、独立的教育质量保障机构或对本国高等院校整体进行周期性的评估、审核、认证,或对学校内的单元如项目、学科、课程等进行周期性的评价。

专业性教育质量保障或评估机构的建立,不仅完善了本国的高等教育质量保障体系与制度,而且使高等教育质量评估日益走向专业化、规范化的发展轨道。

（3）实践多样化的外部教育质量保障模式

西方国家在实践中逐步形成了"内外结合、以外促内"的教育质量保障协作机制,在强调高校必须建立健全自我质量保障机制外,也要求外部质量保障不断发展与完善。这种内外结合的方式使得高校教育质量的自律与他律得到了完美结合。从西方各国的外部质量保障看,目前主要形成了以下三种运作模式。

第一种:质量审核模式。即由外部质量保障机构对大学进行质量审核,采用质量审核的国家主要有英国、澳大利亚、新西兰以及北欧等国。质量审核的全称是"质量控制审核",即对高校的自我质量保障机制进行审核,其目的主要是检查高校内部质量保障的组织与机制的有效性、学校公开的质量与标准信息的准确性、完整性和可靠性等内容。英国的教育质量保证署、澳大利亚的大学质量保障署等都是大学教育质量审核的代表性机构。

第二种:质量认证模式。质量认证是高校教育质量保证的重要手段,它是一种达标（或合格）鉴定,一般以相互约定的质量标准为依据,对高校的教育质量进行周期性的检查,以达到持续改善与提高学校教育质量的目的,从而获得社会的信赖与认可。在实行质量认证的国家,没有获得认证资格的学校,就是质量缺乏公信的代名词。认证模式主要运用在美国、马来西亚、芬兰、瑞典、印度、菲律宾等国家。

第三种:检查评估模式。检查评估多指自上而下的、外部的行政性评估,它是教育管理部门对学校教育方方面面的评价,法国、日本等是这类评估模式的代表。不过,日本自2003年大学法人化改革以来,对评估的运行模式进行了不小的改革,已通过成立大学评价与学位授予机构等第三方评估机构来不断完善本国传统的检查评估模式。

从各国教育质量保障的实践来看,无论采取的是哪一种方式,有个共同特点就是都有不同的周期规定。有的是 5 年一轮,有的是 7 年一轮,还有的是 10 年一轮。另外,在有些国家还将单一的评估与认证或审核联合起来运用,如瑞典等国就是以多种方式对院校、专业、课程等进行了质量保障。有的国家不仅对国内的教育质量进行保障,还对跨境教育甚至他国的教育质量进行保障。教育质量保障的国际市场竞争已拉开了序幕。

3. 国际组织的成立及作用

在完善各国教育质量保障体系的同时,发展区域性的、全球性的教育质量保障网络、加强国际间高等教育质量保障的合作与交流也成为时代的要求。

1991 年,国际高等教育质量保障网络组织(INQAAHE)在香港宣布成立,其成立的主要目的是,在世界范围内收集与传播有关高等教育质量保障的信息与经验,探索与研究世界各国高等教育评估的理论与实践,促进与加强国际间教育质量保障机构的相互了解与沟通,为维持、改善并提高全球高等教育质量提供交流的服务平台。十多年来,INQAAHE 提供了很多有国际参考意义的质量保障指导方针、指南等。

另外,区域性的教育质量保障组织也相继成立,为地区性的高等教育质量保障提供了指导和帮助。目前,全球已成立了 16 个区域性的教育质量保障组织,可分为 4 类。其中,第一类是 2004 年以后成立的 7 个以发展中国家为主要成员的区域性组织,如亚太地区质量保障网络组织(APQN)、中东欧教育质量保障网络组织(CEEN)、加勒比海地区高等教育质量保障网络组织(CANQATE)、阿拉伯国家质量保障网络组织(ASQAN)等。第二类是因官方贸易集团的需要而产生的地区性组织,主要是指欧洲高等教育质量保障网络组织(ENQA)。第三类是因狭小的地理位置而产生的地区性组织,主要是指北欧高等教育质量保障网络组织(NQANHE);第四类是分布在一个国家内部的地区性联合组织,即非严格意义上的跨国区域性组织,如美国地区性的机构认证委员会理事会(C - RAC)、加拿大的专业认证机构协会(AAAC)、澳大利亚的州认证机构联合会(HEROs)等。

上述这些国际性民间组织在开发全球性或区域性的高等教育质量标准、促进教育质量保障经验与信息的交流、加强教育质量保障合作特别是为高校提供跨国高等教育的质量保障合作等方面正发挥着积极而重要的作用。如 ENQA 在波隆纳进程的推动下,已经成功开发了《欧洲高等教育区质量保障标准与指南》,并提出了建议。ENQA 为推动波隆纳进程发挥了重要的领导作用,其开发的《欧洲高等教育区质量保障标准与指南》,不仅明确了欧洲高校的内部质量保障、外部质量保障的标准,而且对欧洲外部质量保障机构的标准也进行了规定。亚太地区教育质量保障网络也在促进亚太地区各国教育质量保障的能力建设方面发挥了重要作用。

§1.3 教育评估系统构成

一、评估是一项系统工程

一般系统论的奠基者贝塔朗菲认为,如果系统的组成部分种类繁多,并有层次结构,彼此之间的关联方式又比较复杂,这类系统称为复杂系统[1]。根据贝塔朗菲的观点,无论是教育活动还是其子系统教育评估活动都是一项复杂的系统工程。

从宏观上说,教育活动与生产、生活等活动一样同属社会活动,都时刻与周围其他活动发生着相互作用。因此,它是社会活动系统中的一个重要组成部分,作为一个子系统正发挥着越来越重要的作用。但是,教育活动作为相对独立的一个社会子系统,也有着它本身非常复杂的系统分类。从学制上说,它分为学校教育系统与社会教育系统,学校教育系统又分为学前教育、初等教育、中等教育和高等教育等子系统。从其教育模式上,可划分为普通学历教育、职业教育和成人教育等子系统。

教育活动作为一项复杂的系统工程,除去各类办学机构的教育教学等基本活动外,还存在着各种为保障教育教学目标达成而进行的教育管理活动。从国家的教育管理体制上说,既有宏观的政府管理活动,又有学校办学与社会办学力量自身内部的管理活动。整个教育系统内部相互关联,协同而有序,因此,可以说教育系统是一个内外多重交联(multiple coupling)的复杂系统。[2] 教育活动既然作为一个复杂系统,我们就要用系统论的观点去研究它。目前,已经有许多学者注意到这个方面,并把系统论应用于自己的教育研究当中。但是,我们想说的是,我们不仅要看到系统的整体性、开放性,更要自觉地应用系统控制理论来指导系统内的各项活动,寻找出系统控制方法,这是我们运用系统论的根本目的。

教育评估活动作为教育活动中的一个子系统,其本身也是一个复杂的系统。从评估的组织管理上看,它包含着评估方案的设计、评估成本的核算、评估标准与指标的设计、评估专家的遴选、评估方案的实施、评估结果信息的处理、评估报告的写作等多种活动。从评估的信息来源来看,有学校的自评信息、专家的现场采集信息、政府部门提供的有关信息、社会反馈的有关信息等多种来源和渠道。从被评估学校来看,有熟悉评估程序、开展自评活动、评估材料申报、迎接评估工作、评估整改工作等。从评估对象上来看,有高教评估、基教评估、职教评估等。从评估方式上看,有网上评估、现场评估、集中评估、通讯评估,也有选优评估、合格评估、验收评估等。从评估内容上分,又有综合评估、单项评估,学科评估、课程评估等。从评

---

〔1〕 盖尔曼 M.夸克与美洲豹.长沙:湖南科学技术出版社,2001.
〔2〕 张伟江.教育评估是门科学.中国高等教育评估,2007(1):1.

估专家方面来看,有专家的遴选、确定专家的构成与数量、专家的评审方式、专家的评估培训等系列活动。因此,教育评估作为教育管理活动的一个子系统,也是一项复杂的系统工程,具有整体性、非线性、开放性、自组织性等特点。

二、教育评估系统的构成

一般而言,构成系统必须具备三个要点,即由两个以上的要素组成,单一要素不能构成系统;具有各要素在孤立状态下所不具有的新的整体性功能;系统的各要素具有严密的结构性和不可分离的相关性。教育评估活动作为一项复杂系统工程,可从多个角度划分为不同的系统。如按评估活动的实施要件分,可划分为评估组织管理系统、评估信息采集系统、评估专家系统;按评估对象的层次分,可由高教评估系统、基教评估系统、职教评估系统等组成;按评估方式分,可由网上评估系统、现场评估系统、集中评估系统、通讯评估系统等组成。无论按哪种方式划分,教育评估系统下的最终子系统都会包含评估的组织与实施、评估的信息采集、专家评审等三个基本方面。因此,本研究就把这三个方面定为教育评估系统的构成模块。在教育评估系统中,每个子系统的可靠性都会影响到整个系统的可靠性。教育评估系统的构成如下图所示:

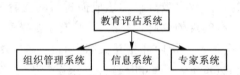

由于教育评估系统涉及评估者、被评者以及其他相关者等多方利益,因此,教育评估活动必须有公正、公平、公开的程序与方法来保证这一系统的正常运转。系统科学发展到今天,其方法也得到进一步的扩展。系统科学方法已经从一般系统论的方法发展成为今天相对成熟的系统分析技术和方法论,包括系统工程、系统管理、数学模型、运筹学以及规划论、博弈论、排队论、决策论、可靠性理论与方法等。系统科学理论带给我们的不仅是一种思维方式的改变,还有更多系统科学方法的使用。为此,我们必须充分而有效地把这些方法转化为教育评估活动当中的实用技术。

第二章　概　率　基　础

可靠性理论以概率论为基础。在这一章里介绍概率论的有关基础知识。概率论的研究对象是随机现象。什么是随机现象呢？客观现象可以分为两类：一类是确定性现象，另一类是随机现象。如果在考察现象以前就能肯定该现象的结果必然出现，那么这类现象称为确定性现象。如向上抛一颗小石子，在抛以前就可以肯定小石子最后会落到地面上；在一个标准大气压下把水加热到100℃以上水会沸腾，把水冷却到0℃以下水会结冰；再比如，把一个动物放到真空中，此动物的生命不久会终止。这些都是确定性现象的实例。如果在考察现象以前不能肯定该现象的结果是否出现，即它的某个结果可能出现，也可能不出现，那么这类现象称为随机现象。随机现象大量存在，如在公交车站候车时间有时长有时短；百货商店里的顾客有时多有时少；抽一名学生进行调查，抽到的这个学生可能是"优秀生"，也可能不是；动物的寿命、天气的变化等都带有不确定性。游戏中也充满不确定性，正是这种不确定性的影响使一些游戏富有吸引力。在日常的工作、学习和生活中可以举出很多涉及随机现象的情形。

概率论是研究随机现象的统计规律性的一门数学学科，其应用非常广泛。对随机现象进行个别或少量次数的观测，随机现象的变化呈现偶然性；对随机现象进行大量重复观测，可以发现随机现象的变化具有规律性。如一枚硬币有两个面，若规定其中一面为正面，另一面为反面，假定硬币是均匀的，即出现正面或反面的可能性大小相等。连续地把一枚均匀硬币抛10次，则正面出现的次数是$0, 1, \cdots, 10$中的某个数；正面出现的次数占抛硬币的总次数的比例有11种可能的结果，即$0, 0.1, 0.2, \cdots, 0.9, 1$，出现其中一个结果带有偶然性。当抛硬币的次数很大时，则正面出现的次数占抛硬币的总次数的比例与0.5很接近，即正面出现的次数大约占一半。这时，随机现象的变化呈现规律性，即统计规律性。历史上有多位概率统计专家为揭示这一规律性曾分别做过成千上万次的抛硬币试验，他们的探索精神令人钦佩。

§2.1　概率论起源与概况

概率论有悠久的历史，它的起源与赌博有关。16世纪，赌博在世界上很多地方盛行，赌博中出现的一些计算问题引起人们的兴趣。一些天才的数学家也关注起这些问题,他们注意到"其中有的问题不仅有趣而且包含着很深刻的理论基础",如"分赌注问题"、"赌徒输光问题"等。一个著名的例子是:甲、乙两人相约赌若干局,谁先赢满 a 局就可得全部赌金,但赌博中断,两人已分别赢了 b 局和 c 局,$b,c < a$,怎样按比例分配赌金呢? 参与诸如此类问题研究的著名人物有惠更斯、帕斯卡、费马等人。这些问题的研究使概率论产生了萌芽。

概率论成型于 17 世纪中叶,当时已逐步建立了概率、条件概率等重要概念及其基本性质,使概率论逐步形成了一个独立的数学分支学科。1657 年出版的惠更斯的《论赌博中的计算》是概率论发展史上的第一部专著,它可以算是概率论产生的标志之一。18 世纪,瑞士的贝努里为概率论作了奠基性工作,1713 年出版了他的巨著《猜度术》。这本书对概率论的早期发展产生了重要影响,因此,贝努里被公认是概率论的主要创始人。在这个时期里,由于保险行业、人口统计、土地和海洋测量、天文观测等活动既向数学家提出了很多亟待解决的问题,又为概率论的发展提供了可贵的研究素材,概率论以计算各种古典概率为研究中心,所以这个时期被称为古典概率时期。

从 18 世纪末到 20 世纪 40 年代被称为分析概率时期。整个 18 世纪与 19 世纪上半叶,概率论的发展成为一个令人关注的热点,一大批杰出的科学家跻身于这一领域,如高斯、勒让德、拉普拉斯、泊松、德莫弗、切比雪夫、马尔科夫、李亚普诺夫、莱维、费勒、辛钦、柯尔莫哥洛夫等。他们进行了卓有成效的开拓性工作,令一个个构思巧妙的新方法得到应用。

尤其是把成熟的微积分工具引进概率论,使概率论发展进入了一个新时期。1812 年出版的拉普拉斯的著作《分析概率论》是进入这一新时期的标志。这个时期里,概率论的研究中心变成了随机变量,一系列随机变量的重要分布相继问世,同时定义了随机变量的数字特征,并展开了对随机变量极限理论的研究。众多研究成果使概率论获得一次又一次突破性的进展。伴随着概率论的深入发展,对概率的概念本身的刻画也经历了漫长的时期。如何定义概率,如何把概率论建立在更严格的逻辑基础上,对这一问题的探索一直持续了 300 年。从最初概率的描述性定义,到以后概率的几何定义,再到 19 世纪概率的古典定义,20 世纪概率的统计定义,都在不同范围内发挥了一定的积极作用,但也都暴露了各自的局限性,概率概念的准确刻画问题亟待解决。1933 年,苏联数学家柯尔莫哥洛夫成功地建立了概率的公理化定义,这一科学定义的提出为概率论的发展奠定了坚实的基础,使概率论成为严谨的数学分支学科。后来,又经过伯恩斯坦、辛钦、斯卢茨基、莱维等很多才华横溢的专家的努力,使概率论中的一整套基本概念置于集合论、函数论、测度论等观点之下,从而使概率论发生了一次深刻的变革,树立起概率发展史上一个新的里程碑,为现代概率论的发展打下了基础。

从 20 世纪 50 年代之后为现代概率论时期。随着时代的发展、科学的进步,概率论的理论和应用都有迅速的发展,这时期的研究内容日益丰富,特别是以概率论为基础的数理统计得到广泛应用,随机过程的内容在不断地拓宽和深化。理论严谨、应用广泛的随机理论(包括概率论、数理统计、随机过程)获得了长足的发展,成为 20 世纪最有成就的理论之一。目前,随机理论已广泛地应用于自然科学、技术科学、社会科学及人文科学等各个领域。近年来,随着科学技术的迅速发展,随机理论在经济、管理、工程、技术、物理、气象、海洋、地质等领域中的作用日益显著。随着计算机的发展与普及,随机理论也已成为处理信息、作出决策的重要理论和方法。随机理论向各个领域渗透,产生了许多新的分支和边缘学科,如统计物理、生物统计、医学统计、气象统计、教育统计、地质统计等。同时,随机理论又是许多新兴的重要学科的基础,如信息论、控制论、预测论、可靠性理论及人工智能等。对于这些学科,掌握概率论不仅是深入研究所必需,而且是学习入门的首要条件。

§2.2 随 机 事 件

一、事件的概念

第一个介绍的概念是试验。广义上,我们把观察与实验统称为试验。如掷骰子观察点数;抛一枚硬币观察落下后出现正反面情况;站在某校门口观察学生迟到现象;检查一袋考卷批阅的质量等都是试验。

定义 2.2.1 满足下列三个条件的试验称为随机试验。

1. 试验在相同条件下可以重复进行。
2. 试验前能明确所有可能的结果。
3. 试验前不能肯定哪个结果会发生。

如掷骰子观察点数和抛一枚硬币观察落下后出现正反面情况这两个试验,都容易验证满足上述三个条件,所以它们都是随机试验。

若不特别注明,试验均指随机试验。

定义 2.2.2 随机试验的结果称为随机事件,简称为事件。事件常用英文大写字母 $A, B, C, D, \cdots$ 表示。如事件 A、事件 B 等。

定义 2.2.3 试验的每一个可能直接出现的结果称为基本事件。

基本事件是最简单的随机事件,而随机事件是由一个或若干个基本事件组成。如掷一颗骰子观察点数,事件'偶数点'$=\{2,4,6\}$,事件'奇数点'$=\{1,3,5\}$,事件'点数不低于 5 点'$=\{5,6\}$。一个事件发生当且仅当组成它的若干基本事件中的某个基本事件发生而发生。

定义 2.2.4 基本事件的全体组成的集合称为样本空间,常用 Ω 表示。

每次试验一定发生的事件称为必然事件,也用 Ω 表示;每次试验一定不发生的事件称为不可能事件,用 ϕ 表示。例如,掷骰子观察点数,点数不超过 6 是一个必然事件;"人长生不老","一个文盲考进了大学",这些都是不可能事件。

例 2.2.1 写出下列试验的样本空间。

(1) E_1:抛一枚硬币观察正(H)反面(T)出现情况。

(2) E_2:某校某年级有编号为 1,2,3,…,6 的 6 个班,从中任抽 1 个班听课。

(3) E_3:某校某年级有编号为 1,2,3,…,6 的 6 个班,从中任抽 2 个班听课。

解:用 Ωi 表示试验 Ei 的样本空间。则

(1) $\Omega_1 = \{H,T\}$。

(2) 用 i 表示抽到第 i 班听课,$i = 1,2,3,4,5,6$,$\Omega_2 = \{1,2,\cdots,6\}$。

(3) $\Omega_3 = \{(1,2),(1,3),(1,4),(1,5),(1,6),(2,3),(2,4),(2,5),$ $(2,6),(3,4),(3,5),(3,6),(4,5),(4,6),(5,6)\}$。(注:不考虑顺序。)

二、事件的关系与运算

定义 2.2.5 若事件 B 发生会导致事件 A 也发生,则称 B 是 A 的子事件。记为 $B \subset A$ 或 $A \supset B$。读作 B 包含于 A 或 A 包含 B。

例如掷一颗骰子观察点数,事件 A 表示事件'点数不超过 2 点',事件 B 表示事件'点数不超过 3 点',即 $A = \{1,2\}$,$B = \{1,2,3\}$,则 $A \subset B$。

定义 2.2.6 若 $A \subset B$ 且 $B \subset A$,则称 A 与 B 是相等事件。记为 $A = B$。

实际上,组成的基本事件完全相同的两个事件相等。

定义 2.2.7 A 与 B 同时发生的事件,称为事件 A 与事件 B 的积(或交),记为 $A \cap B$ 或 AB。

一个事件发生当且仅当组成它的一个基本事件发生。当 A、B 含有的一个公共基本事件发生时,A 与 B 同时发生。因此两个事件的积是一个新的事件,它由这两个事件的公共的基本事件组成。

定义 2.2.8 A 发生或 B 发生的事件,称为事件 A 与事件 B 的和(或并),记为 $A \cup B$。

两个事件的和是一个新的事件,它由这两个事件的所有的基本事件组成。

定义 2.2.9 A 发生但 B 不发生的事件,称为事件 A 与事件 B 的差,记为 $A - B$。

两个事件的差 $A - B$ 是一个新的事件,它由属于 A 但不属于 B 的基本事件组成。

上述三个定义是事件三种运算的定义。数的运算结果是数,而事件运算的结果是事件。

例 2.2.2 设掷一颗骰子观察点数,事件 A 表示'点数不超过 2 点',事件 B 表示'偶数点',试计算 $A \cap B$,$A \cup B$,$A - B$,$B - A$。

解:$A = \{1,2\}$,$B = \{2,4,6\}$

$$A \cap B = \{2\},\ A \cup B = \{1,2,4,6\},\ A - B = \{1\},\ B - A = \{4,6\}$$

定义 2.2.10 若 $AB = \varnothing$,则称 A 与 B 是互不相容事件。即不会同时发生的事件称为互不相容事件。

例如,掷一颗骰子观察点数,事件'偶数点'与事件'奇数点'是互不相容事件;事件'点数不超过 2 点'与事件'点数大于 3'也是互不相容事件。

定义 2.2.11 若 $AB=\varnothing$ 且 $A\cup B=\Omega$,则称 A 是 B 的对立事件,B 是 A 的对立事件。记 A 的对立事件为 $\bar{A}$。

例如,掷一颗骰子观察点数,事件'偶数点'的对立事件是'奇数点';事件'点数不超过 2 点'的对立事件是'点数大于 2';'抽查合格'的对立事件是'抽查不合格';'主讲的教师中没有一个新教师'的对立事件是'主讲的教师中至少有一个新教师'等。

事件运算的性质:

1. $A\cup B=B\cup A$;$A\cap B=B\cap A$(交换律)

2. $A\cup(B\cup C)=(A\cup B)\cup C=A\cup B\cup C$;$A\cap(B\cap C)=(A\cap B)\cap C=A\cap B\cap C$(结合律)

3. $A(B\cup C)=(AB)\cup(AC)$(分配律)

从集合论观点看事件,事件与集合之间有对应关系。对应关系如下:必然事件 Ω——全集,事件——子集,基本事件——单元素集。事件的关系、运算与集合的关系、运算完全一致,因此,经常借助文氏图来讨论事件。见图 2.2.1。

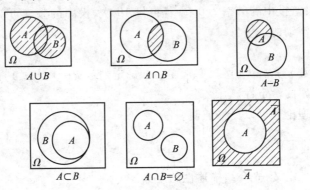

图 2.2.1

例 2.2.3 一个学生做了 3 道习题,以 A 表示他的第 i 题做对($i=1,2,3$),分别用 A_1,A_2,A_3 表示下列事件:

(1) 全部做对。

(2) 至少有 1 题做错。

(3) 恰有 1 题做错。

(4) 恰有 2 题做错。

解:

(1) $A_1A_2A_3$。

(2) $\bar{A}_1\cup\bar{A}_2\cup\bar{A}_3$。

（3）$\overline{A}_1 A_2 A_3 \cup A_1 \overline{A}_2 A_3 \cup A_1 A_2 \overline{A}_3$。

（4）$\overline{A}_1 \overline{A}_2 A_3 \cup \overline{A}_1 A_2 \overline{A}_3 \cup A_1 \overline{A}_2 \overline{A}_3$。

§2.3　随机事件的概率

一、频率

定义 2.3.1　设事件 A 在 n 次试验中发生了 r 次，则 r/n 的值称为 A 在 n 次试验中发生的频率。记为 $f_n(A) = \dfrac{r}{n}$。

例如小刘练习投篮球，在 10 次投篮中投中 3 次，则 10 次投篮中投中的频率为 $3/10 = 30\%$。教育评估时检查学生上课迟到现象，抽查了 5 个班级，发现有 2 个班级有迟到现象发生，则 5 次检查中有迟到现象的频率为 $2/5 = 40\%$。

频率的性质：

1．随机波动性

若投篮 5 次，投中 3 次，则这 5 次投篮投中的频率为 0.6；若重投 5 次投中 1 次，则这 5 次投篮投中的频率为 0.2；若再投 10 次，投中的频率可能为 0.1。可见频率值是随机波动的。

2．稳定性

当试验次数 n 充分大时，频率常在一个确定的数 $P(0 \leqslant P \leqslant 1)$ 附近波动，这个规律性称为频率的稳定性。

这一结果理论上可以严格证明。

二、概率的定义

概率有多种定义，先介绍描述性的定义。

定义 2.3.2（描述性定义）　A 发生的可能性大小的度量称为 A 发生的概率。A 发生的概率记为 $P(A)$。

如明天下雨的概率大表示明天下雨的可能性大；通过评审的概率小表示通过评审的可能性小。

定义 2.3.3（统计定义）　当 n 较大时，概率定义为 $P(A) = f_n(A)$。

理论上，n 较大时，用概率的统计定义计算概率才有效。但在实际问题中，当 n 较小时，若又没有更好的方法描述概率时，也可以考虑用统计定义。如从甲地到乙地坐车走某条交通线路，走了 10 次，其中有 7 次发生交通拥堵，可以用 70% 来描述走这条线路发生交通拥堵的概率。再比如一个评估专家参加 5 次评估，投了 5 次票，其中 4 次与最终结果一致，若假设与最终结果一致的为准确，则可以用 80% 来描述这位评估专家评估的准确率为 80%。这样计算概率有点粗糙，精细的计算要用下面定义。

定义 2.3.4(古典定义) 设试验有 n 个基本事件且每个基本事件的发生是等可能的。若 A 有 r 个基本事件组成,则概率定义为 $P(A) = \dfrac{r}{n}$。即 A 发生的概率等于 A 含有的基本事件数除以基本事件总数。

例 2.3.1 掷一颗均匀骰子观察出现的点数,求(1)出现偶数点的概率。(2)点数大于 4 的概率。

解:分析:试验是掷一颗骰子观察出现的点数,试验每一个可能直接出现的结果是一个基本事件,出现 1 点是一个基本事件,出现 2 点也是一个基本事件……共有 6 个基本事件。因为骰子均匀,所以每个基本事件的发生是等可能的。古典概率定义中的两个条件满足。基本事件总数为 6,偶数点含有'2 点','4 点','6 点'共三个基本事件,点数大于 4 含有'5 点','6 点'共两个基本事件。所以,

(1)出现偶数点的概率 = 3/6 = 0.5

(2)点数大于 4 的概率 = 2/6 = 1/3

例 2.3.2 某考生从教师准备好的三道试题中随机抽出两题,问恰好抽到第一题和第二题的概率是多少?

解:分析:试验是抽两道题观察题号。学生从三题中任选两题有 3 种直接可能出现的结果:选到第一题和第二题;选到第一题和第三题;选到第二题和第三题。所以基本事件总数为 3,且每个出现具有等可能性。古典概率定义中的两个条件满足。如果用 A 表示事件'恰好抽到第一题和第二题',则 A 只包含三个基本事件中的一个:'第一题和第二题'。因此,事件 A 发生的概率为 $\dfrac{1}{3}$。

像上面这个例题,通过数数的方法就能得到基本事件总数和 A 含有的基本事件数,这是最简单类型的概率计算题。当通过数数的方法确定事件数困难时,可以考虑应用排列组合知识。

三、排列组合知识复习

排列组合知识的两条基础原理:乘法原理和加法原理。

1. 乘法原理:

设完成一件工作有两个步骤,第一步有 m 种方法,第二步有 n 种方法,则完成这件工作共有 mn 种方法。

2. 加法原理:

设完成一件工作有两类方法,用其中一类方法就可完成这件工作。若第一类方法有 m 种方法,第二类方法有 n 种方法,则完成这件工作共有 $m + n$ 种方法。

3. 排列:

n 个不同元素中取出 r 个元素进行排列。

（1）不重复排列时方法种数为：

$$A_n^r = n(n-1)\cdots(n-r+1)$$

（2）重复排列时方法种数为：

$$n^r$$

4．组合：

n 个不同元素中取出 r 个元素组成一组不考虑顺序的方法种数为：

$$C_n^r = \frac{A_n^r}{r!}$$

（注：$C_n^r = C_n^{n-r}$，当 r 与 n 接近时且 $n-r < r$ 时应用此公式可以简化计算。）

5．计算例：

$$A_7^5 = 7 \times 6 \times 5 \times 4 \times 3 = 2\ 520$$

$$C_8^3 = \frac{A_8^3}{3!} = \frac{8 \times 7 \times 6}{3 \times 2 \times 1} = 56$$

$$C_8^6 = C_8^2 = \frac{A_8^2}{2!} = \frac{8 \times 7}{2 \times 1} = 28$$

例 2.3.3

（1）有 4 种不同品牌的电视机供选购，今有 3 个顾客各选购 1 台电视机，共有多少种不同的选法？

（2）有 3 个不同的信箱，今有 4 封不同的信投入信箱，共有多少种不同的投法？

（3）有 4 个待领养的孤儿，今有 3 户家庭各领养其中 1 名孤儿，共有多少种不同的认领法？

解：运用乘法原理重要的是安排好步骤，而说明有顺序还是无顺序是区分排列还是组合问题的关键。

（1）将"3 个顾客选购电视机"这个事件分 3 步来完成，以"每个顾客选购 1 台电规机"为一步，每步都有 4 种选法，从而应用乘法原理得出共有 $4 \times 4 \times 4 = 64$ 种选择方法。也可用有重复的排列公式计算，4 个不同元素取出 3 个元素有重复的排列种数为 $4^3 = 64$ 种。

正确判断完成事件是"分步"进行还是"分类"进行，是选用乘法原理还是加法原理的关键。下面用两种方法计算（2）。

（2）**解法一**（用乘法原理）：

4 封不同的信投入信箱把它看作分步完成，每步投 1 封信入信箱，每步都有 3 种投法，于是采用乘法原理求解。共有 $3 \times 3 \times 3 \times 3 = 81$ 种投法。

解法二（用加法原理）：

也可以从 4 封信一起投的不同情况来分析，4 封一起投有这样 4 种情形：
① 4 封信投入同一信箱，有 3 种方法。② 4 封信分别投入两个信箱，每个信箱各 2

封。完成此工作,可以先从三个信箱中任选两个信箱,有 $C_3^2 = 3$ 种方法;从 4 封信中任选 2 封投入其中一个信箱,剩余 2 封信投入另一信箱,共有 $C_4^2 = 6$ 种方法;这种情形方法种数有 $3 \times 6 = 18$ 种。③ 4 封信分别投入两个信箱,其中一个信箱投 1 封,另一个信箱投 3 封。完成此工作,可以先从三个信箱中任选两个信箱,有 $C_3^2 = 3$ 种方法;从 4 封信中任选 1 封投入其中一个信箱,剩余三封信投入另一信箱,共有 $C_4^1 = 4$ 种方法;两个信箱还可以交换放。所以这种情况方法种数有 $3 \times 4 \times 2 = 24$ 种。④ 4 封信分别投入三个信箱,其中一个信箱 2 封,其他两个信箱各 1 封。先从 4 封信中任选 2 封,有 $C_4^2 = 6$ 种方法;把它们投入一个信箱有 3 种方法;剩下 2 封信分别投入剩下两个信箱有 2 种方法;共有 $6 \times 3 \times 2 = 36$ 种方法。也就是说,4 封信投入三个信箱可由这 4 类不同方法来完成,所以应采用加法原理来计算。共有 $3 + 18 + 24 + 36 = 81$ 种投法。

显然,本例(2)运用分步分析法要比分类分析法简单得多。因此,在解题时方法选择得当会有利计算。

(3) 运用分步法:每步安排一户家庭领养一名孤儿,第一户家庭有 4 种选择,第二户家庭还有 3 种选择,第三户家庭只有 2 种选择了,于是采用乘法原理求解。共有 $4 \times 3 \times 2 = 24$ 种认领法。也可以考虑用不重复排列公式计算,即 $A_4^3 = 24$ 种。

例 2.3.4 有 10 张编号的卡片,其号码分别为 $1, 2, \cdots, 10$。从中任取 3 张,求取出的 3 张卡片中号码一张小于 5,一张等于 5,另一张大于 5 的概率。

解:分析:试验是取 3 张卡片观察号码,取到 $1, 3, 5$ 号卡片是一个基本事件,取到 $3, 5, 8$ 号卡片也是一个基本事件,取到每三张卡片是一个基本事件,基本事件总数 $n = C_{10}^3$。再计算考察事件含有的基本事件数,运用分步法。第一步,在小于 5 号的卡片中取出一张有 4 种方法;第二步,取出一张等于 5 号的有 1 种方法;第三步,在大于 5 号的卡片中取出一张有 5 种方法;由乘法原理得共有 $4 \times 1 \times 5 = 20$ 种方法。所以,

$$P = \frac{r}{n} = \frac{4 \times 1 \times 5}{C_{10}^3} = \frac{1}{6}$$

例 2.3.5 12 名评估专家中 8 人评估经验丰富,4 人是第一次参加评估,现把他们任意分成两组,每组 6 人,计算两组各有 2 名新手的概率。

解:基本事件总数为 $n = C_{12}^6$,考察事件含有的基本事件数 $r = C_8^4 \times C_4^2$,所以,

$$P = \frac{r}{n} = \frac{C_8^4 \times C_4^2}{C_{12}^6} = \frac{\dfrac{8 \times 7 \times 6 \times 5}{4!} \times \dfrac{4 \times 3}{2!}}{\dfrac{12 \times 11 \times 10 \times 9 \times 8 \times 7}{6!}} \approx 0.456$$

例 2.3.6 把 n 个球放入格子中去,每个球都能以同样的概率 $1/N$ 落到 N 个格子($N \geq n$)的每一个格子中,试求:

(1) 某指定的 n 个格子中各有一个球的概率。

(2) 任何 n 个格子中各有一个球的概率。

解:试验是把 n 个球放入格子中,每一种放法是一个基本事件。完成此试验,可以分 n 步进行,每一步放 1 个球。第一步取一个球把它放入格子有 N 种方法,第二步再取一个球把它放入格子有还是有 N 种方法,每放一个球都有 N 种方法。所以,基本事件总数 $= N^n$。

设:A 表示事件'某指定的 n 个格子中各有一个球',B 表示事件'任何 n 个格子中各有一个球'。

(1)完成 A 这件工作也可以分 n 步进行,每一步放 1 个球。第一步,取第一个球把它放入指定的 n 个格子中的一个格子有 n 种方法,第二步,取第二个球把它放入指定的 n 个格子中并除去第一个球放入的格子外的 $n-1$ 个格子中的一个,有 $n-1$ 种方法……第 n 步,把最后一个球放入最后一个格子,有 1 种方法。由乘法原理得共有 $n \times (n-1) \times \cdots \times 1 = n!$ 种方法。所以,A 含有的基本事件数 $= n!$。

$$\therefore \ P(A) = \frac{n!}{N^n}$$

(2)完成 B 这件工作可以看作分两步进行,第一步在 N 个格子中任选 n 个格子,有 C_N^n 种选法;在选定的 n 格子中各放一个球相当于重复 A 的工作,故有 $n!$ 种方法。所以,由乘法原理得 B 含有的基本事件数 $= C_N^n \times n!$。

$$\therefore \ P(B) = \frac{C_N^n \times n!}{N^n}$$

古典概率的计算富有技巧,掌握一些典型问题的计算方法是有益的。例 2.3.6 具有典型性,属于分房模型,把球放入格子和把人分配到房间是同类型的。

例 2.3.7 某校有 12 个班级,把 5 名评估专家任意分派到班级去检查学风,试求指定的 5 个班级各分派有一人的概率。

解:这问题是分房模型的特例,把 5 人分到 12 个房间与把 5 人分到 12 个班级同类型。由上例问题(1)的结果即可计算得所求概率:

$$\because \ N = 12, n = 5$$

$$\therefore \ P = \frac{5!}{12^5} \approx 0.000\ 5$$

例 2.3.8 (生日问题)计算参加某次会议的 n 个人生日均不相同的概率。

解:生日问题是分房模型的特例,一年有 365 天,看做 365 个房间,分配 n 人到 365 天中的一天看做他的生日。$N = 365$,应用例 2.3.6 中(2)的结果得所求概率:

$$\therefore \ P = \frac{C_{365}^n \times n!}{365^n}。$$

当 $n = 40$ 时,$P = 0.109$,这个概率意外的小,这是为什么呢?

例 2.3.9 袋中有 a 个红球,b 个白球,依次从袋中摸球,每次摸 1 个。若采用不放回和有放回两种方式摸球,分别求第 k 次摸出红球的概率。

解:设摸球共进行了 k 次。

34

有放回摸球情形：$n = (a + b)^k$；$r = (a + b)^{k-1} \times a$

$\therefore p = \dfrac{r}{n} = \dfrac{a}{a + b}$

不放回摸球情形：$n = A_{a+b}^k$；$r = A_{a+b}^{k-1} \times A_a^1$

$\therefore p = \dfrac{r}{n} = \dfrac{a}{a + b}$

结果表明：不论先取还是后取，有放回取还是不放回取，取到红球的概率相同。由此可解释抽签的公平合理性：抽签不论先抽还是后抽，有放回抽还是不放回抽，对参加的人或队机会均等。

本题解法不唯一，如可设摸球共进行了 $a + b$ 次，有兴趣的读者可以当作练习。

定义 2.3.5. (概率的公理化定义)

设试验的样本空间为 Ω，事件的函数 $P(\cdot)$ 满足下列三个条件：

（1）$0 \leqslant P(A) \leqslant 1$　　　（有界性）

（2）$P(\Omega) = 1$　　　（完备性）

（3）对于两两互不相容的事件 $A_1, A_2, \cdots$，有

$$P\left(\bigcup_{i=1}^{\infty} A_i\right) = \sum_{i=1}^{\infty} P(A_i) \qquad \text{（可列可加性）}$$

则称 $P(\cdot)$ 为概率函数，称 $P(A)$ 为 A 发生的概率。式中，$\bigcup\limits_{i=1}^{\infty} A_i = A_1 \cup A_2 \cup A_3 \cup \cdots$。

概率的性质：

1. $P(\varnothing) = 0$

证明：$\because \Omega = \Omega \cup \varnothing \cup \varnothing \cup \cdots \cup \varnothing \cup \cdots$

$\therefore P(\Omega) = P(\Omega) + P(\varnothing) + \cdots + P(\varnothing) + \cdots$

$\therefore 0 = P(\varnothing) + \cdots + P(\varnothing) + \cdots$

$\therefore P(\varnothing) \geqslant 0$

$\therefore P(\varnothing) = 0$

2. 设对于两两互不相容的事件 $A_1, A_2, \cdots, A_n$，有

$$P\left(\bigcup_{i=1}^{n} A_i\right) = \sum_{i=1}^{n} P(A_i) \qquad \text{（有限可加性）}$$

式中，$\bigcup\limits_{i=1}^{\infty} A_i = A_1 \cup A_2 \cup \cdots \cup A_n$。

证明：$P\left(\bigcup\limits_{i=1}^{n} A_i\right) = P\left(\bigcup\limits_{i=1}^{n} A_i \cup \varnothing \cup \cdots\right) = \sum\limits_{i=1}^{n} P(A_i) + P(\varnothing) + P(\varnothing) + \cdots = \sum\limits_{i=1}^{n} P(A_i)$

3. 设 $\bar{A}$ 是 A 的对立事件,则有 $P(\bar{A}) = 1 - P(A)$。

证明:∵ $P(A \cup \bar{A}) = P(\Omega)$

∴ $P(A) + P(\bar{A}) = 1$

∴ $P(\bar{A}) = 1 - P(A)$

4. 设 $A \subset B$,则有 $P(A) \leqslant P(B)$,$P(B - A) = P(B) - P(A)$。

证明略。

5. $P(A \cup B) = P(A) + P(B) - P(AB)$(加法公式)

推广:

$P(A \cup B \cup C) = P(A) + P(B) + P(C) - P(AB) - P(BC) - P(AC) + P(ABC)$

更一般的有:

$$P\left(\bigcup_{i=1}^{n} A_i\right) = \sum_{i=1}^{n} P(A_i) - \sum_{1 \leqslant i \leqslant j \leqslant n} P(A_i A_j)$$

$$+ \sum_{1 \leqslant i < j < k \leqslant n} P(A_i A_j A_k) - \cdots + (-1)^{n-1} P(A_1 A_2 \cdots A_n)$$

证明略。

例 2.3.10 设有 20 个学校,其中 16 个是普通学校,4 个是重点学校,今从中任意抽取 3 个学校进行调查,求其中至少有 1 个普通学校的概率。

解法一:

设 A 表示事件'至少有 1 个是普通学校',A_i 表示事件'恰有 i 个是普通学校',其中 $i = 1, 2, 3$,则 A_1, A_2, A_3 两两互不相容。

∴ $P(A) = P(A_1 \cup A_2 \cup A_3) = P(A_1) + P(A_2) + P(A_3)$

$$= \frac{C_{16}^1 \times C_4^2}{C_{20}^3} + \frac{C_{16}^2 \times C_4^1}{C_{20}^3} + \frac{C_{16}^3}{C_{20}^3} = 0.9965$$

解法二:

$$P(A) = 1 - P(\bar{A}) = 1 - \frac{C_4^3}{C_{20}^3} = 0.9965$$

§2.4 条 件 概 率

由下面问题引入条件概率的定义。

例 2.4.1 考虑有两个孩子的家庭,假定男女出生率一样,则两个孩子(依大到小)的性别为

(男,男),(男,女),(女,男),(女,女)的可能性一样。

设 A = '家庭中有一男一女',B = '家庭中至少有一个女孩'。则

$$P(A) = \frac{2}{4} = 0.5, P(B) = \frac{3}{4}, P(AB) = \frac{2}{4} = 0.5, \frac{P(AB)}{P(B)} = \frac{2}{3}$$

若要求已知家庭中有一个女孩的条件下另一个是男孩的概率,等价于求已知 B 发生的条件下 A 发生的概率。记作 $P(A \mid B)$。

从直观上看,事件 B 发生了,事件(男,男)不会再出现了,还剩下三个基本事件,A 含有其中两个,所以 $P(A \mid B) = \dfrac{2}{3}$ 与 $\dfrac{P(AB)}{P(B)} = \dfrac{2}{3}$ 相同。条件概率的定义如下。

定义 2.4.1 若 $P(B) > 0$,称 $P(A \mid B) = P(AB) / P(B)$ 为已知事件 B 发生的条件下,事件 A 发生的条件概率。

例 2.4.2 在 10 包试卷袋中有 3 包有阅卷错误,今在其中任取两包检查,试求:在已知取出的两包中有一包发现有错误的条件下,另一包也有错误的条件概率。

解:设 A 表示事件'至少取出一包有错误',B 表示事件'取出两包均有错误'。

解法一(用定义)

$\because B \subset A$

$\therefore AB = B$

$\therefore P(B \mid A) = \dfrac{P(AB)}{P(A)} = \dfrac{P(B)}{P(A)} = \dfrac{C_3^2 \div C_{10}^2}{(C_3^1 \times C_7^1 + C_3^2) \div C_{10}^2} = \dfrac{3}{3 \times 7 + 3} = \dfrac{1}{8}$

解法二(考虑缩减的样本空间):

条件发生对样本空间给了一个限制,去掉那些不会再发生的基本事件,原样本空间变为缩减的样本空间,再同一般概率一样计算。

$$P(B \mid A) = \dfrac{C_3^2}{C_{10}^2 - C_7^2} = \dfrac{3}{10 \times 9 \div 2 - 7 \times 6 \div 2} = \dfrac{1}{8}$$

例 2.4.3 M 件产品中包含 m 件废品,今在其中任取两件,试求:在已知取出的两件中有一件是废品的条件下,另一件不是废品的条件概率。

解:设 A 表示事件'至少取出一件是废品',设 B 表示事件'取出两件产品中废品和正品各有一件'。

解法一(用定义):

$\because B \subset A$

$\therefore AB = B$

$\therefore P(B \mid A) = \dfrac{P(AB)}{P(A)} = \dfrac{P(B)}{P(A)} = \dfrac{C_m^1 \times C_{M-m}^1 \div C_M^2}{(C_m^1 \times C_{M-m}^1 + C_m^2) \div C_M^2} = \dfrac{2(M-m)}{2M - m - 1}$

解法二(考虑缩减的样本空间):

条件发生对样本空间给了一个限制,去掉那些不会再发生的基本事件,原样本空间变为缩减的样本空间,再同一般概率一样计算。

$$P(B \mid A) = \dfrac{C_m^1 \times C_{M-m}^1}{C_M^2 - C_{M-m}^2} = \dfrac{2(M-m)}{2M - m - 1}$$

推论(乘法公式):
$$P(AB) = P(B) P(A \mid B) = P(A) P(B \mid A)$$

推广:
$$P(ABC) = P(A) P(B \mid A) P(C \mid AB)$$

证明: $P(A) P(B \mid A) P(C \mid AB) = P(A) \dfrac{P(AB)}{P(A)} \dfrac{P(ABC)}{P(AB)} = P(ABC)$

更一般的有:
$$P(A_1 A_2 \cdots A_n) = P(A_1) P(A_2 \mid A_1) P(A_3 \mid A_1 A_2) \cdots P(A_n \mid A_1 A_2 \cdots A_{n-1})$$

§2.5 事件的独立性和贝努里概型

一、事件的独立性

1. 两个事件的独立性的定义

定义 2.5.1 若 A,B 满足 $P(AB) = P(A)P(B)$,则称 A 与 B 互相独立。

由定义可知必然事件或不可能事件与任意事件独立。

定理 2.5.1 A 与 B 独立的充要条件是 $P(A \mid B) = P(A)$ 或 $P(B \mid A) = P(B)$。

由条件概率和独立性的定义容易证明这一定理。这一定理告诉我们,当 A 发生对 B 发生的可能性大小没有影响,且当 B 发生对 A 发生的可能性大小也没有影响时,A 与 B 互相独立。即互不影响的两个事件互相独立。

2. n 个事件的独立性定义

定义 2.5.2 n 个事件中任意多事件积的概率等于各个事件概率的积,则称这 n 个事件互相独立。

如三个事件 A,B,C 的情形。若 $P(AB) = P(A)P(B)$,$P(BC) = P(B)P(C)$,$P(AC) = P(A)P(C)$,$P(ABC) = P(A)P(B)P(C)$,则 A,B,C 互相独立。

用定义判定独立性比较繁琐,实际问题可以应用互不影响的事件互相独立来判定。

定理 2.5.2 若事件 A 与事件 B 独立,则事件 $\bar{A}$ 与事件 B,事件 A 与事件 $\bar{B}$,事件 $\bar{A}$ 与事件 $\bar{B}$ 也互相独立。

证明: $\because B = B(A \cup \bar{A}) = BA \cup B\bar{A}$

$\therefore P(B) = P(BA) + P(B\bar{A})$

$\therefore P(B\bar{A}) = P(B) - P(BA) = P(B) - P(B)P(A)$

$\qquad\qquad = P(B)[1 - P(A)] = P(B)P(\bar{A})$

所以 $\bar{A}$ 与事件 B 独立。同理可证事件 A 与事件 $\bar{B}$ 独立。

再证明事件 $\bar{A}$ 与事件 $\bar{B}$ 独立如下：

$$P(\bar{A}\bar{B}) = 1 - P(A \cup B)$$

$$= 1 - P(A) - P(B) + P(AB)$$

$$= 1 - P(A) - P(B) + P(A)P(B)$$

$$= [1 - P(A)][1 - P(B)] = P(\bar{A})P(\bar{B})$$

所以 $\bar{A}$ 与事件 $\bar{B}$ 独立。

推广：若一组 n 个事件互相独立，则把其中任意多个事件换成它们的对立事件，得到的 n 个事件仍然互相独立。

例 2.5.1 某专业研究生入学考试的复试，让考生从 6 个试题中任意抽取一题进行口试，若抽到每一题的概率为 $\dfrac{1}{6}$，前一考生抽过的试题再放回，后一考生再抽。问两个考生都抽到试题 1 的概率是多少？

解：设第一位考生抽中试题 1 的事件用 A 表示，第二位考生抽中试题 1 的事件用 B 表示，则 A,B 为独立事件。

$$P(AB) = P(A)P(B) = \frac{1}{6} \times \frac{1}{6} = \frac{1}{36}$$

故两考生都抽中试题 1 的概率为 $\dfrac{1}{36}$。

例 2.5.2 在如图 2.5.1 所示的开关电路中，开关 a、b、c、d 接通或断开的概率都是 0.5，且开关 a、b、c、d 接通或断开互不影响，求灯亮的概率。

解：设 A、B、C、D 分别表示开关 a、b、c、d 接通，E 表示灯亮。

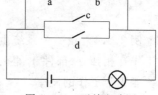

图 2.5.1 开关电路图

解法一：

$\because E = AB \cup C \cup D$

$\therefore P(E) = P(AB \cup C \cup D)$

$$= P(AB) + P(C) + P(D) - P(ABC) - P(ABD) - P(CD) + P(ABCD)$$

$$= \left(\frac{1}{2}\right)^2 + \frac{1}{2} + \frac{1}{2} - \left(\frac{1}{2}\right)^3 - \left(\frac{1}{2}\right)^3 - \left(\frac{1}{2}\right)^2 + \left(\frac{1}{2}\right)^4 = \frac{13}{16}$$

解法二：

$\because A,B,C,D$ 互相独立

$\therefore P(E) = 1 - P(\overline{AB})P(\bar{C})P(\bar{D}) = 1 - [1 - P(AB)] \times \frac{1}{2} \times \frac{1}{2}$

$$= 1 - \left(1 - \left(\frac{1}{2}\right)^2\right)\left(\frac{1}{2}\right)^2 = \frac{13}{16}$$

定义 2.5.3 当试验的结果（即事件）独立时，称试验独立。

例 2.5.3 设一个系统由两个部件组成,部件 A 和部件 B,部件 A 和部件 B 是否正常工作互相独立。部件 A 能正常工作的概率为 0.9,部件 B 能正常工作的概率为 0.8,在下列条件下求系统能正常工作的概率。

(1)两个部件均能正常工作时系统能正常工作,这时系统也称为串联系统可用图 2.5.2 表示:

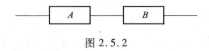

图 2.5.2

(2)两个部件至少有一能正常工作时系统就能正常工作,这时系统也称为并联系统可用图 2.5.3 表示:

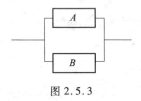

图 2.5.3

解:为方便仍用 A 表示部件 A 正常工作,用 B 表示部件 B 正常工作,则

(1)系统能正常工作的概率 $= P(AB) = P(A)P(B) = 0.9 \times 0.8 = 0.72$

(2)系统能正常工作的概率 $= P(A \cup B) = P(A) + P(B) - P(AB)$

$$= P(A) + P(B) - P(A)(B)$$

$$= 0.9 + 0.8 - 0.9 \times 0.8 = 0.98$$

例 2.5.4 设一个系统由 5 个部件组成,部件 $A_1, A_2, \cdots, A_5$,各部件是否能正常工作互相独立,部件 A_i 能正常工作的概率为 $p_i (i = 1, 2, \cdots, 5)$,在下列条件下求系统能正常工作的概率。

(1)系统各部件串联,如图 2.5.4 所示:

图 2.5.4 串联连接图

(2)系统各部件并联,如图 2.5.5 所示:

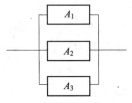

图 2.5.5 并联连接图

（3）系统部件串并联，如图 2.5.6 所示：

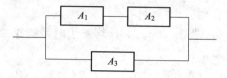

图 2.5.6　串并联连接图

（4）系统部件并串联，如图 2.5.7 所示：

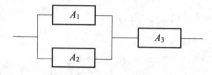

图 2.5.7　并串联连接图

（5）系统各部件串、并串混联，如图 2.5.8 所示：

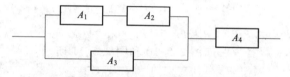

图 2.5.8　串、并串混联连接图

（6）系统各部件桥式连接，如图 2.5.9 所示：

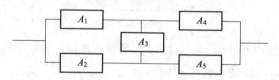

图 2.5.9　桥式连接图

解：为方便仍用 A_i 表示部件 A_i 正常工作。

（1）系统由 3 个部件串联而成，任一部件损坏就引起系统损坏，即系统正常工作当且仅当每个部件均正常工作。所以系统能正常工作的概率为：

$$P(A_1A_2A_3) = P(A_1)P(A_2)P(A_3) = p_1p_2p_3$$

（2）系统由 3 个部件并联而成，所有部件损坏就引起系统损坏，即系统正常工作当且仅当至少有一个部件正常工作。所以系统能正常工作的概率为：

$$P(A_1 \cup A_2 \cup A_3) = P(A_1) + P(A_2) + P(A_3) - P(A_1A_2)$$
$$- P(A_1A_3) - P(A_2A_3) + P(A_1A_2A_3)$$
$$= p_1 + p_2 + p_3 - p_1p_2 - p_1p_3 - p_2p_3 + p_1p_2p_3$$

（3）由图 2.5.6 得，当 A_1A_2 与 A_3 至少有一发生时系统正常工作。所以系统能正常工作的概率为：

$$P = P(A_1A_2 \cup A_3) = P(A_1A_2) + P(A_3) - P(A_1A_2A_3)$$

$$= P(A_1)P(A_2) + P(A_3) - P(A_1)P(A_2)P(A_3)$$

$$= p_1p_2 + p_3 - p_1p_2p_3$$

（4）由图 2.5.7 得，当 $A_1 \cup A_2$ 与 A_3 均发生时系统正常工作。$A_1 \cup A_2$ 与 A_3 互相独立所以系统能正常工作的概率为：

$$P = P((A_1 \cup A_2)A_3) = P(A_1 \cup A_2)P(A_3)$$

$$= [P(A_1) + P(A_2) - P(A_1A_2)]P(A_3)$$

$$= [P(A_1) + P(A_2) - P(A_1)P(A_2)]P(A_3)$$

$$= (p_1 + p_2 - p_1p_2)p_3$$

还有另外一个算法：

$$P = P((A_1 \cup A_2)A_3) = P(A_1A_3 \cup A_2A_3)$$

$$= P(A_1A_3) + P(A_2A_3) - P(A_1A_3A_2A_3)$$

$$= P(A_1A_3) + P(A_2A_3) - P(A_1A_2A_3)$$

$$= P(A_1)P(A_3) + P(A_2)P(A_3) - P(A_1)P(A_2)P(A_3)$$

$$= p_1p_3 + p_2p_3 - p_1p_2p_3 = (p_1 + p_2 - p_1p_2)p_3$$

（5）例 2.5.4 解答说明如图 2.5.10 和图 2.5.11 所示：

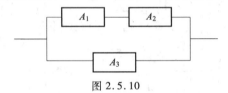

图 2.5.10

表示的事件记为 B，则当 B 与 A_4 都发生时系统能正常工作，而 $B = A_1A_2 \cup A_3$，B 与 A_4 独立，所以系统能正常工作的概率为：

$$P = P(BA_4) = P(B)P(A_4) = P(A_1A_2 \cup A_3)P(A_4)$$

$$= [P(A_1A_2) + P(A_3) - P(A_1A_2A_3)]P(A_4)$$

$$= (p_1p_2 + p_3 - p_1p_2p_3)p_4$$

（6）此系统当由图 2.5.11 所示之一正常工作时能正常工作。

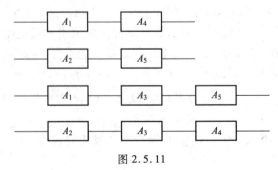

图 2.5.11

所以系统能正常工作的概率为：

$$P = P(A_1A_4 \cup A_2A_5 \cup A_1A_3A_5 \cup A_2A_3A_4)$$

$$= P(A_1A_4) + P(A_2A_5) + P(A_1A_3A_5) + P(A_2A_3A_4)$$

$$\quad - P(A_1A_4 \times A_2A_5) - P(A_1A_4 \times A_1A_3A_5) - P(A_1A_4 \times A_2A_3A_4)$$

$$\quad - P(A_2A_5 \times A_1A_3A_5) - P(A_2A_5 \times A_2A_3A_4) - P(A_1A_3A_5 \times A_2A_3A_4)$$

$$\quad + P(A_1A_4 \times A_2A_5 \times A_1A_3A_5) + P(A_1A_4 \times A_2A_5 \times A_2A_3A_4)$$

$$\quad + P(A_1A_4 \times A_1A_3A_5 \times A_2A_3A_4) + P(A_2A_5 \times A_1A_3A_5 \times A_2A_3A_4)$$

$$\quad - P(A_1A_4 \times A_2A_5 \times A_1A_3A_5 \times A_2A_3A_4)$$

$$= p_1p_4 + p_2p_5 + p_1p_3p_5 + p_2p_3p_4 - p_1p_2p_4p_5 - p_1p_3p_4p_5 - p_1p_2p_3p_4 - p_1p_2p_3p_5$$

$$\quad - p_2p_3p_4p_5 - p_1p_2p_3p_4p_5 + p_1p_2p_3p_4p_5 + p_1p_2p_3p_4p_5 + p_1p_2p_3p_4p_5 + p_1p_2p_3p_4p_5$$

$$\quad - p_1p_2p_3p_4p_5 = p_1p_4 + p_2p_5 + p_1p_3p_5 + p_2p_3p_4 - p_1p_2p_4p_5 - p_1p_3p_4p_5$$

$$\quad - p_1p_2p_3p_4 - p_1p_2p_3p_5 - p_2p_3p_4p_5 + 2p_1p_2p_3p_4p_5$$

二、贝努里概型

定义 2.5.4 进行 n 次重复独立试验,每次试验的结果只有两种可能,即事件 A 发生或不发生,而事件 A 发生的概率 $P(A) = p$ 在每次试验中不变,则称这种试验为 n 重贝努里试验。在 n 重贝努里试验中事件 A 发生 k 次的概率为:

$$P_{n,k}(A) = C_n^k p^k (1-p)^{n-k} (k = 0,1,2,\cdots,n)$$

推导略。

例 2.5.5 设在 N 节课中有 M 节数学课,其他均为语文课。现进行 n 次有重复的抽样听课,问共抽得 k 节数学课的概率是多少?

解: 每次抽到数学课的概率 $p = \dfrac{M}{N}$,所抽得 k 节数学课的概率为

$$C_n^k p^k (1-p)^{N-k} = C_n^k \left(\frac{M}{N}\right)^k \left(1 - \frac{M}{N}\right)^{n-k}$$

例 2.5.6 假定每个专家判对的概率为 0.6,且专家之间判对与否互不影响,若有 5 名这样专家进行判别,试求:

(1) 恰有 3 名专家判对的概率。

(2) 专家判对人数不低于 3 人的概率。

解:

(1) 所求的概率 $= C_5^3 \times 0.6^3 \times 0.4^2 = 0.345\,6$

(2) 所求的概率 $= C_5^3 \times 0.6^3 \times 0.4^2 + C_5^4 \times 0.6^4 \times 0.4^1 + C_5^5 \times 0.6^5 \times 0.4^0$

$$\qquad\qquad = 0.682\,56$$

§2.6 全概率公式

定义 2.6.1 设 $A_1, A_2, \cdots, A_n$ 两两互不相容且

$$A_1 \cup A_2 \cup \cdots \cup A_n = \Omega$$

则称这组事件为样本空间 Ω 的一个分割。如图 2.6.1 所示:

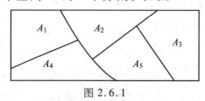

图 2.6.1

事件 A_1, A_2, A_3, A_4, A_5 构成样本空间 Ω 的一个分割。

全概率公式:

若 $A_1, A_2, \cdots, A_n$ 为 Ω 的一个分割,则对任意事件 B 有:

$$P(B) = \sum_{i=1}^{n} P(A_i) P(B \mid A_i)$$

证明: $P(B) = P\left(B \bigcup_{i=1}^{n} A_i\right) = P\left(\bigcup_{i=1}^{n} BA_i\right)$

$$= \sum_{i=1}^{n} P(BA_i) = \sum_{i=1}^{n} P(A_i) P(B \mid A_i)$$

若把 B 看作一个结果,B 伴随着一组原因 $A_1, A_2, \cdots, A_n$ 之一发生才会发生,这组原因若能构成样本空间的一个分割,每个原因发生的概率可以计算得到,每个原因发生的条件下结果发生的条件概率也可以计算得到,则应用全概率公式就可以计算出结果发生的概率。

例 2.6.1 一个口袋中有 3 个白球,4 个红球。从袋中第一次取出 2 个球,如颜色相同,则放回后再取第二次,否则不放回取第二次,求第二次取出 2 个球颜色不相同的概率。

解: 设 B 表示事件'第二次取出 2 个球颜色不相同',A_1 表示事件'第一次取出 2 个白球',A_2 表示事件'第一次取出 2 个红球',A_3 表示事件'第一次取出 1 白球和 1 红球'。则

$$P(A_1) = \frac{C_3^2}{C_7^2}, P(A_2) = \frac{C_4^2}{C_7^2}, P(A_3) = \frac{C_3^1 \times C_4^1}{C_7^2}$$

$$P(B \mid A_1) = \frac{C_3^1 \times C_4^1}{C_7^2}, P(B \mid A_2) = \frac{C_3^1 \times C_4^1}{C_7^2}, P(B \mid A_3) = \frac{C_2^1 \times C_3^1}{C_5^2}$$

由全概率公式,得

$$P(B) = P(A_1) P(B \mid A_1) + P(A_2) P(B \mid A_2) + P(A_3) P(B \mid A_3)$$

$$= \frac{C_3^2}{C_7^2} \frac{C_3^1 \times C_4^1}{C_7^2} + \frac{C_4^2}{C_7^2} \frac{C_3^1 \times C_4^1}{C_7^2} + \frac{C_3^1 \times C_4^1}{C_7^2} \frac{C_2^1 \times C_3^1}{C_5^2} = \frac{144}{245}$$

例 2.6.2 已知一批产品中 96% 是合格品,检查产品时,1 个合格品被误认为是次品的概率是 2%,1 个次品被误认为是合格品的概率是 5%,求在被检查后认为产品是合格品的概率。

解:设 A 表示事件'产品是合格品',B 表示事件'产品被检查后认为是合格品',则

$$P(A) = 96\% , P(\overline{A}) = 4\% , P(B \mid A) = 1 - P(\overline{B} \mid A)$$
$$= 1 - 2\% = 98\% , P(B \mid \overline{A}) = 5\%$$

由全概率公式,得

$$P(B) = P(A)P(B \mid A) + P(\overline{A})P(B \mid \overline{A})$$
$$= 96\% \times 98\% + 4\% \times 5\% = 94.28\%$$

例 2.6.3 一个学生接连参加同一课程的两次考试。第一次及格的概率为 p;若第一次及格则第二次及格的概率也为 p;若第一次不及格则第二次及格的概率为 $p/2$;若至少有一次及格则他能取得某种资格,求他取得该资格的概率。

解:设 A 表示事件'他取得该资格',A_i 表示'第 i 次考试及格',$i = 1,2$,则 $\overline{A}_i$ 表示'第 i 次考试不及格'。则

$$P(A_1) = p, P(A_2 \mid A_1) = p, P(A_2 \mid \overline{A}_1) = \frac{p}{2}$$

由全概率公式,得

$$P(A_2) = P(A_1)P(A_2 \mid A_1) + P(\overline{A}_1)P(A_2 \mid \overline{A}_1)$$
$$= p^2 + (1 - p)\frac{p}{2} = \frac{p}{2} + \frac{p^2}{2}$$

所以所求概率为:

$$P(A) = P(A_1 \cup A_2) = P(A_1) + P(A_2) - P(A_1 A_2)$$
$$= P(A_1) + P(A_2) - P(A_1)P(A_2 \mid A_1)$$
$$= p + \frac{p}{2} + \frac{p^2}{2} - p^2 = \frac{3p}{2} - \frac{p^2}{2}$$

第三章　可靠性预备知识

可靠性(reliability)与质量有密切关系。质量指标可粗分为两类:一类是性能指标,如彩色电视机的性能指标有清晰度、色彩、音质等;一类是可靠性指标,如对彩色电视机来说,它反映其稳定性、耐用性等。质量有时受费用的影响,如级别不一样的宾馆的服务质量标准是不同的,若排除费用的影响,广义可靠性就是指质量。因此高可靠性可作为高质量的代名词。

§3.1　可靠性发展史

可靠性发展经历了几个发展阶段。

一、初期发展阶段(20世纪30—40年代)

20世纪30、40年代是可靠性学科的萌芽阶段。可靠性问题起源于军用航空电子设备,最早由美国军用航空部门提出。1939年,在美国航空委员会出版的《适航性统计学注释》一书中,首次提出了飞机故障率不应超过0.00001次/h,相当于一小时内飞机的可靠性$R = 0.99999$,可以认为这是最早的飞机安全性和可靠性指标。第二次世界大战期间,美军由于使用了雷达等较复杂的新式武器、装备,取得很大战果。但这些武器、装备的心脏——电子设备经常出故障,如当时美国的军用电子设备在储存期就有50%失效,机载电子管寿命连20 h还不到,严重影响了军队的战斗力,从而引起了军工部门对武器装备可靠性的重视。20世纪50年代是可靠性的创建阶段。美国于1950年成立"电子设备可靠性专门委员会",1952年国防部成立"电子设备可靠性顾问委员会(Advisory Group on Reliability of Electronic Equipment,AGREE)"。1957年AGREE发表的"军用电子设备的可靠性"报告,明确提出了可靠性工作内容的框架,奠定了可靠性学科的基础。

二、中期发展阶段(20世纪50—60年代)

第二次世界大战结束后,工程技术人员和数学家们运用概率论与数理统计知识对产品的可靠性问题进行了大量的研究。美国先后研制出先进战斗机、高性能坦克、导弹、"阿波罗"宇宙飞船等装备,这些新一代装备对可靠性提出了严格要求。到了20世纪50、60年代,美国开始着手实施各类太空研究计划,这些成了进一步推动可靠性学科发展的主要动力。美国的可靠性研究工作在世界上起了一个领头羊作用。我们知道,现在美国的军事工业、航空航天技术是世界上最先进的,取得这一成就的一大因素是美国重视可靠性技术。苏联从 20 世纪 40 年代后期,原联邦德国从 20 世纪 50 年代后期也开始了可靠性研究。

日本于 1952 年从美国引进可靠性技术,1958 年成立了可靠性研究委员会。日本的可靠性工作虽然开展较晚,但注重民用产品的可靠性研究,强调实用性,从而促进了机电产品可靠性水平的提高。日本在民用电子产品的高可靠性方面取得世界领先的地位,为其带来了巨大的经济效益和社会效益,使日本的汽车、工程机械、家用电器等产品风靡全球。重视、普及可靠性技术是其成功的重要原因。

20 世纪 60 年代是可靠性技术全面发展的阶段。美国在该阶段大力发展了可靠性设计和试验方法,并取得了重要成果。1965 年颁布的 MIL – STD – 785 军用标准是其中最显著的成果。在此期间,世界各国也普遍成立了可靠性机构,从事推广、普及可靠性教育,建立可靠性管理制度,制订可靠性标准等。如英国 1961 年成立"可靠性与质量全国委员会",1966 年开展"全国质量与可靠性年"活动;法国于 1962 年成立了"可靠性中心"。我国从 20 世纪 60 年代起,首先在电子工业和国防部门开始进行可靠性研究和普及工作;继而在机械工业等其他部门也逐渐推广应用;现在已建立了相应的可靠性组织。

进入 20 世纪 60 年代后,在工业发达国家,由于产品的复杂化和工作环境的严酷化,对产品的可靠性要求越来越高。可靠性研究工作从电子产品扩展到了机械等产品。可靠性工程技术和管理不仅在航空、航天、尖端武器和电子等行业得到广泛的应用,而且逐步推广到许多工业部门,如核工业、机械、冶金、造船、通信、医疗设备、石油钻井平台等。

三、深入发展阶段(20 世纪 70 年代以后)

20 世纪 70 年代以后是可靠性研究的深入发展阶段。由于军事装备的使用观念发生了战略性转变,从单纯重视性能到重视效能,从单纯要求高可靠性到要求可靠性、维修性等综合指标,并将可靠性、维修性作为减少全寿命周期费用的工具,如美国海军提出了"设计以可靠性第一,最大工作效能第二"的原则,因此,可靠性分析、综合环境、可靠性增长及可靠性管理均得到发展。最具代表性的成果是 1980 年美国防部指令 DODD5000.40"可靠性及维修性"和修订的 MIL – STD – 785B 标准(其中,MIL – STD – 785B"设备和系统研制和生产阶段的可靠性大纲"1998 年 6 月被 IEEEP1332 标准"电子系统和设备的研制和生产可靠性大纲"取代)。

在这一阶段,可靠性理论研究从数理基础研究发展到对失效机理研究;形成了可靠性试验方法及数据处理方法;重视机械系统的研究及维修性的研究;建立了可靠性管理机构,颁布了一系列可靠性标准。

1980 年以后,可靠性工程向着更深、更广的方向发展。从元件的可靠性研究发展到了对系统的可靠性研究,形成了一套较完整的系统可靠性分析与设计理论和方法,并且开发了大型的分析应用软件。同时,人们开始研究可靠性分析与增长的理论和方法、软件可靠性与维修性分析与设计的理论和方法等深层次的问题。

我国的可靠性研究工作从1956年成立"环境试验所"开始。1965年在钱学森的建议下,原七机部五院成立了"可靠性质量管理研究所"(705所),进行了开拓性工作。但由于"十年动乱",705所被迫解散,可靠性研究处于停顿状态,直到1973年才又恢复可靠性研究工作。1979年中国电子学会成立"可靠性与质量管理专业学会",1981年又成立"中国电子元器件质量认证委员会",1982年国家标准局成立"全国电工电子产品可靠性与维修性标准化技术委员会",使我国的可靠性研究得以蓬勃开展,并制订了一系列的国家标准。在我国,1987年5月,国务院、中央军委颁发了《军工产品质量管理条例》,明确了在军工产品研制中要运用可靠性技术;1987年12月和1988年3月先后颁发的国家军用标准《装备维修性通用规范》(GJB368—87)和《装备研制与生产的可靠性通用大纲》(GJB450—88),可以说是目前我国军工产品可靠性技术具有代表性的基础标准。可靠性学科受到工业、国防建设部门的日益重视,不少部门设立了专门的可靠性研究机构,如可靠性研究中心等。我国航空航天已取得了举世瞩目的成功,如卫星上天,载人飞船升空,"嫦娥奔月"的成功等。这些成就的取得,航空航天部门的可靠性研究工作功不可没。

可靠性学科的发展之迅速、应用之广泛、效果之显著、受社会之重视,均非一般应用科学所能比拟。进入21世纪以后,产品的高可靠性已成了高质量的代名词。提高产品的可靠性已成为众多人们的追求,因此,有理由相信,可靠性的理论与应用将不断得到新的发展。

§3.2　可靠性概念

定义3.2.1　产品在规定的条件下和在规定的时间内完成规定功能的能力称为产品的可靠性。

这种能力的大小可用概率来度量。因此也可以如此定义:产品在规定的条件下和在规定的时间内完成规定功能的概率称为产品的可靠度,也可称为可靠性。

产品的可靠性首先受"规定的条件"的制约。环境条件(温度、湿度、气压、振动、噪声等)、负载条件(如工作电压、电流、应力)、工作方式(连续工作、间断工作、状态转换)、贮存条件和维护条件都直接影响产品的可靠性。对有人参与工作的产品,人员的技术操作水平直接影响着产品的可靠性,人的技能越差、情绪波动越大,往往导致生产的产品的可靠性越低。产品的可靠性是与规定的时间有关的。一般来说,产品经过一个较长时间的使用,其可靠性水平便随时间的增长而降低,一般使用时间越长,故障越多,可靠性也越差。所以一定的可靠性是相对一定时期而言的。有些产品,其可靠性的要求虽然不是以时间来衡量,但也可以用某种类似

48

时间的单位来衡量。如开关的动作次数、材料承受应力的循环次数、作业班次或行驶里程等。这些可以作为广义的时间来理解。当然规定的时间长短又随产品的不同而变化。如规定通讯卫星的使用寿命不低于 7 年,而用于发射火箭的装置其工作时间则很短,但可靠性要求却极高。产品的可靠性是与完成规定的功能紧密相联的。规定的功能就是产品的性能。如彩色电视机的性能指标有清晰度、色彩、音质等;汽车的性能指标有制动、转向、耗油量、安全性等;雷达的性能有距离分辨力、测角和测速精度、跟踪速度等;手机的性能有输出功率、失真度、保密性、兼容性、待机时间等。产品的可靠性可以针对产品完成某种功能而言,也可以针对其综合完成多种功能而言。因此,在讨论具体产品的可靠性时,必须对产品的故障(失效)的标准加以明确规定。

产品可靠性工作贯穿于从产品设计构思到使用至报废的全部过程。工业产品生产的流程为:设计→制造→试验→交付使用。

在影响产品可靠性的诸多因素中,设计是最重要的。设计阶段确定了产品的固有可靠性,它是产品所能达到的可靠性的上限。一个高可靠的设计,一定要靠制造技术来保证,产品的固有可靠性最终是由制造工艺实现的。在制造阶段,可靠性工作的基本目标是掌握、分析和控制产品的加工、装配、调试、搬运、保管和运转等过程中一切影响可靠性的因素,特别是对那些关键部件和关键工艺更要严格把关。如果发现影响可靠性的不利因素恶化,必须及时、果断地采取工艺措施来减少以至消除其影响。对失效的产品进行失效分析也与产品可靠性密切相关,是可靠性工作的基本内容之一。通过失效分析可以找出产品的失效模式与失效机理,把这种信息反馈给产品的设计、制造人员,从而找出相应的改进措施来提高产品的可靠性。此外,产品的可靠性还与可靠性管理有很大关系。

总而言之,产品的可靠性是设计出来的,是生产出来的,是管理出来的,三者不能偏废,缺一不可。

产品在实际工作中往往由于各种偶然的因素而发生故障,所以对于一个具体产品来说,它在规定的条件下和规定的时间内能否完成规定的功能是无法事先确定的,这是一个随机事件。但是,随机事件的发生包含着一定的规律性,偶然中包含某种必然性。我们虽然不能准确地知道发生故障的时刻,但是可以估计在某时间内,产品完成规定功能的能力的大小。为此,可以用产品完成规定功能的概率来度量和描述可靠性。

§3.3 可靠性模型

一、系统可靠性简介

简单地讲,系统是由一些基本部件(也可以包括人)构成,用来完成某种特定功能的整体。例如,电子计算机是一个系统,它由硬件和软件两部分组成。但是当单独考察硬件时,又可以把它看做一个系统,它由 CPU、主板、内存条、硬盘、电源、显示器、键盘等部件组成。所以系统这一概念具有相对性。一个组合件,当把它当成一个整体时,它是一个部件,当把它看成由若干更基本的部件构成时,它就是一个系统。有的系统失效之后即报废,这种系统叫不可修复系统。有的系统失效之后经修理,又恢复其原有功能投入使用,这种系统叫可修复系统,简称可修系统。如果不考虑系统运行的环境和系统的操作人员对系统可靠性的影响,则系统的可靠性主要由构成系统的"部件可靠性"和"系统的结构形式"所决定。部件和系统不能完成其预定功能时叫失效。特别对于可修部件和可修系统,通常把失效叫故障。系统可靠性的研究主要涉及以下 4 个方面:系统的可靠性指标评定;若干典型的系统结构模型;复杂系统的可靠性评定以及研究系统可靠性的各种方法。

二、系统可靠性模型

一个系统可靠性模型表示一个系统的可靠性以什么方式依赖于其组成部件的可靠性。一个可靠性模型由一个可靠性框图及一个或几个等式组成。

计算系统可靠性的第一步是要建立系统的可靠性框图。可靠性框图是用图形来描述系统内各部件之间的逻辑任务关系。而要建立系统可靠性框图,我们首先要对系统内各元件的功能有透彻的了解。一个系统可能有成百上千个部件,有的重要,有的不重要。因此在建立可靠性框图时经常要做一些假设,忽略次要因素,或把一些部件组合成一个子系统,以达到简化并且抓住主要矛盾的目的。

例如,汽车可分为下列 5 大子系统:发动机、变速箱、制动、转向及轮胎。为保证一辆汽车能正常工作,此 5 大子系统缺一不可,其中一个损坏,汽车就不能正常工作。因此我们可画出汽车的可靠性框图如图 3.3.1 所示:

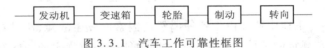

图 3.3.1　汽车工作可靠性框图

图中所示的可靠性框图并不代表这些子系统在汽车正常工作中的实际连接方式。它只代表每个子系统都要正常工作,才能确保汽车的正常工作。此图也显示了该图的建立过程中引入了一些假设。例如,发动机本身也是一个非常复杂的系统,而其内部的多个元件的逻辑任务关系则没有在图中显示。此外,在可靠性框图中,方框代表一个部件,也可能是一个子系统。这要决定于所建可靠性框图的用途。如果需要更细地分析框图中各个部件的可靠性,则可进一步分解每个部件。一个子系统的方框则会被另一个可靠性框图所代替。

可靠性框图显示了相互独立的部件或子系统的可靠性的组合方式。所有的框图规定为串联的、并联的、备用的或混联的。

对可靠性框图作如下假设:

1. 每个方框有相应的可靠性数值。

2. 连线没有可靠性数值,连线仅给出方框的次序。

3. 一个方框与其他方框是相对独立的。

应注意的是,可靠性框图在意义上与功能框图不同,后者是对于系统的一种图解表述。

下面举例说明可靠性框图与功能框图的区别。

图 3.3.2a 所示是最简单的震荡电路,它是由一个电感 L 和一个电容 C 并联而成的。但根据震荡电路的工作原理,电感 L 和电容 C 中任意一个故障都会引起震荡电路故障。因此,震荡电路的可靠性框图为串联连接,如图 3.3.2b 所示。

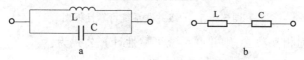

图 3.3.2　震荡电路功能图和可靠性框图

a. 震荡电路功能图　b. 震荡电路可靠性框图

图 3.3.3a 为三个并联连接的电阻组成系统的原理图,但随着功能要求的不同,对应的可靠性框图也不同。当电路功能要求三个电阻全部完好,电流值方满足要求,这时可靠性框图是三个电阻串联连接,如图 3.3.3b 所示。当电路功能要求一个电路中至少两个完好才满足要求,得到图 3.3.3c 所示的三中取二的可靠性框图。显然,若电路功能要求至少一个电阻完好即满足要求,那么可靠性框图和系统原理图就是一样的(图 3.3.3)。

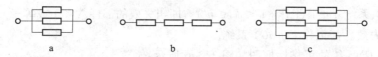

图 3.3.3　系统原理图及可靠性框图

a. 系统原理图　b. 串联系统可靠性框图　c. 三中取二系统的可靠性框图

得到了系统可靠性框图以后,下一步就是计算系统的可靠性。系统可靠性的计算完全类似于例 2.5.3 和例 2.5.4 的方法。下面介绍一些常见的可靠性模型及计算方法。

三、一些常见的系统可靠性模型

通常系统可靠性有如下常见类型:

1. 串联系统(图 3.3.4)

设系统由 n 个部件串联而成,即任一部件失效就引起系统失效。

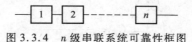

图 3.3.4　n 级串联系统可靠性框图

设元件之间相互独立,则串联系统可靠性计算公式为:

$$R_s = R_1 \times R_2 \times \cdots \times R_n$$

2. 并联系统(图 3.3.5)

设系统由 n 个部件并联而成,即只有当这 n 个部件都失效时系统才失效。

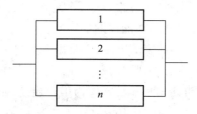

图 3.3.5 n 级并联系统可靠性框图

设元件之间相互独立,则并联系统可靠性计算公式为:

$$R_s = 1 - \prod_{i=1}^{n} (1 - R_i) \tag{3.1}$$

其中, $\prod$ 为连乘积记号,即有:

$$\prod_{i=1}^{n} x_i = x_1 x_2 \cdots x_n$$

式(3.1)中, $\prod_{i=1}^{n} (1 - R_i) = (1 - R_1)(1 - R_2) \cdots (1 - R_n)$

3. 表决系统

n 中取 k 的表决系统由 n 个部件组成,当 n 个部件中有 k 个或 k 个以上部件正常工作时,系统才正常工作($1 \leq k \leq n$)。即当失效的部件数大于或等于 $n - k + 1$ 时,系统失效。简记作 $k/n(G)$ 系统。

$k/n(G)$ 系统的可靠性框图如图 3.3.6 所示:

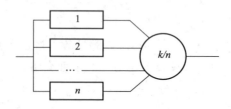

图 3.3.6 表决系统可靠性框图

假定系统的 n 个部件相互独立,且每个部件的可靠性均为 R,则系统的可靠性为:

$$R_S = \sum_{i=k}^{n} \binom{n}{i} R^i (1 - R)^{n-i} (k \leq n)$$

其中,

$$\binom{n}{i} = C_n^i = \frac{n!}{i!(n-i)!}$$

表决系统有以下的特殊情形:

(1) $n/n(G)$ 系统等价于 n 个部件的串联系统。

(2) $1/n(G)$ 系统等价于 n 个部件的并联系统。

(3) $(n+1)/(2n+1)(G)$ 系统是多数表决系统。

4. 串 – 并联系统

串 – 并联系统的可靠性框图如图 3.3.7 所示:

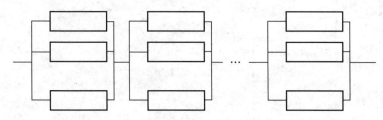

图 3.3.7　串 – 并联系统可靠性框图

若系统有 n 个串联性质的并联子系统,且第 i 个并联子系统的元件个数为 m_i,且第 i 个并联子系统中第 j 个元件的可靠性为 R_{ij},且所有元件是否正常工作相互独立,则串 – 并联系统的可靠性为:

$$R_S = \prod_{i=1}^{n} \left[1 - \prod_{j=1}^{m_i} (1 - R_{ij}) \right]$$

若每个元件的可靠性相等,且每个并联子系统都有 m 个元件,则有下列关系式:

$$R_S = \left[1 - (1 - R)^m \right]^n$$

5. 并 – 串联系统

并 – 串联系统的可靠性框图如图 3.3.8 所示:

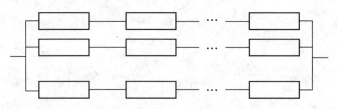

图 3.3.8　并 – 串联系统可靠性框图

若系统有 m 个并联性质的串联子系统,且第 i 个串联子系统的元件个数为 n_i,且第 i 个串联子系统中第 j 个元件的可靠性为 R_{ij},且所有元件是否正常工作相互独立,则串 – 并联系统的可靠性为:

$$R_S = 1 - \prod_{i=1}^{m} \left(1 - \prod_{j=1}^{n_i} R_{ij} \right)$$

若每个元件的可靠性相等,且每个串联子系统都有 n 个元件,则有下列关系式：

$$R_s = 1 - (1 - R^n)^m$$

6. 贮备系统(图3.3.9)

设系统由 n 个部件组成。在初始时刻,一个部件开始工作,其余 $n - 1$ 个部件作贮备。当工作部件失效时,贮备部件逐个地去替换,直到所有部件都失效时,系统就失效。

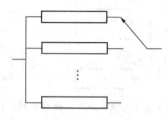

图3.3.9　贮备系统可靠性框图

贮备系统有冷贮备、热贮备系统之分。所谓冷贮备是指贮备的部件不失效也不劣化,贮备期的长短对以后使用时的工作寿命没有影响。所谓热贮备在初始时刻,一个部件工作,其余部件待命,所有部件均可能失效。当工作部件失效时,由尚未失效的贮备部件去替换。直到所有部件都失效,则系统失效。打个比喻,有两台电脑,当一台工作、一台关机备用时,就是冷贮备;而当一台工作,另一台处于待机状态备用时,就是热贮备。

除了上述介绍的一些系统外,还有复杂系统等其他系统,有兴趣的读者可以参阅有关可靠性专著。

第四章 教育评估的可靠性

教育评估是有组织、有计划、有目的、有条件的人为活动。从我国的教育评估理论研究与评估实践工作来看,还没有脱离传统的评估模式和经验型的评估方法,导致了评估过程中出现了不少问题,其中之一就是教育评估的可靠性问题。为了发挥教育评估应有的功效,我们必须保证教育评估具有较高的可靠性。

分析研究教育评估的可靠性是我国教育评估理论与实践发展的需要。通过建立教育评估可靠性分析机制,有利于促进我国教育评估事业的科学化、专业化发展,有利于规范教育评估工作,有利于提高与改进教育评估的水平与质量。教育评估的可靠性决定了评估结果的可信度,直接影响着教育评估机构的声誉和未来发展。

§4.1 教育评估的可靠性定义

相比较产品可靠性的定义:产品在规定的条件下和在规定的时间内完成规定功能的概率。我们对教育评估的可靠性给出如下定义。

定义 4.1.1 教育评估结果能如实、准确地反映评估对象客观实际情况的概率。

若把教育评估项目看做产品,那么这产品应像平面镜,如实、客观反映实际情况;而不能像凸面镜或凹面镜,对真实的面貌歪曲反映。

系统可靠性依赖于每个工作单元的可靠性和工作单元之间的组合方式。教育评估系统是一个多层次、多类型、多要素的复杂系统。对各个教育项目进行评估是一项复杂的系统工程,需要对评估的各个环节作出可靠性分析。如评估的环节涉及办学条件、学风校风、学科建设及成果、学生培养等许多方面,评估所需的与之相关的信息也是多方面的。在评估活动中,由于受各种主观和客观因素的影响,教育评估的整体可靠性不仅依赖于单个环节的可靠性,还与教育评估的结构系统密切相关。涉及教育评估的系统也可以简单地分为串联系统、并联系统以及串并联混合系统等。

§4.2 教育评估项目的可靠性模型的建立

一、教育评估系统可靠性模型的建立

我们的目的在于通过构建一个可靠性较高、操作性强的教育评估流程结构系统,建立一套教育评估可靠性分析的数学模型。在研究了大量当前教育评估项目的内容基础上,教育评估系统拟定为三大系统,即管理系统、信息系统和专家系统。这三大系统以串联形式存在。

1. 可靠性框图的建立(图 4.2.1)

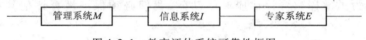

图 4.2.1 教育评估系统可靠性框图

其中,管理系统(M)代表了整个教育评估项目的组织、管理部分;信息系统(I)代表了整个教育评估过程中所有获得相关信息的部分;而专家系统(E)表示全体评估专家对于项目作出评判的部分。以上三个子系统较全面地涵盖了任意一个教育评估项目可靠性需要考虑的各方面要素。另外可不妨假设,这三个子系统是相互独立的,从而一个教育评估项目的可靠性可以用下式表示。

2. 可靠性计算式

$$R = R_M \times R_I \times R_E$$

其中,R 表示总系统可靠性;R_M 表示管理系统可靠性;R_I 表示信息系统可靠性;R_E 表示专家系统可靠性。

以上确定了教育评估的一级系统。若二、三级子系统均考虑时如图 4.2.2 所示。

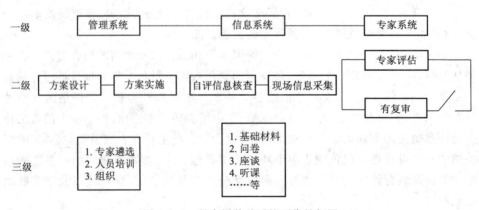

图 4.2.2 教育评估总系统可靠性框图

其中,二级和三级系统可根据不同的项目作相应的调整。

下面将对这三个子系统分别具体讨论。

二、教育评估项目的可靠性模型的各子系统

(一)管理系统 M

管理系统的可靠性 R_M 涵盖了整个评估项目管理方面的可靠性。对于一个项目的管理,一般包括评估方案设计和评估方案实施两大块子系统。不妨假设这两块子系统相互独立,以串联形式存在。

方案设计的可靠性 R_{M_1} 的大小,一般由方案设计人员的多少,以及方案是否得到审核、审核方式来决定。

方案实施的可靠性 R_{M_2} 的大小,一般由如何遴选专家 $R_{M_{21}}$、培训专家 $R_{M_{22}}$ 以及评审方案的组织实施 $R_{M_{23}}$ 决定。以上三项并不以串并联形式组合,而是以部分与整体的关系方式,可以用圆形结构图来显示。

综上,信息系统的组成可如下表示(图4.2.3):

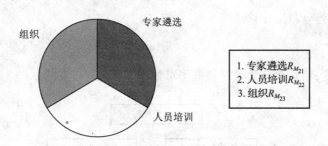

图 4.2.3　方案实施子系统结构图

按每个一部分的重要程度不同,应赋予一定权数 a_i,则方案实施子系统的可靠性可表示为:

$$R_{M_2} = a_1 \times R_{M_{21}} + a_2 \times R_{M_{22}} + a_3 \times R_{M_{23}}$$

其中,权数 a_1, a_2, a_3 适合

$$\sum_{i=1}^{3} a_i = 1$$

综上所述,管理系统的可靠性框图可如图4.2.4所示。

管理系统的可靠性表达式如下:

$$R_M = R_{M_1} \times R_{M_2} = R_{M_1} \times (a_1 \times R_{M_{21}} + a_2 \times R_{M_{22}} + a_3 \times R_{M_{23}})$$

(二)信息系统 I

信息系统的可靠性 R_I 涵盖了整个评估项目获得的信息的可靠性,信息系统一般包括自评信息核查与现场信息采集两个子系统。不妨假设这两个子系统相互独立,以串联形式存在。

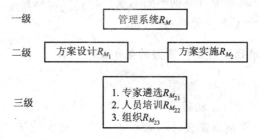

图 4.2.4　管理系统可靠性框图

自评信息核查的可靠性 R_{I_1}，一般由核查的仔细程度来决定。

现场信息采集的可靠性 R_{I_2}，一般由基础材料采集 $R_{I_{21}}$、问卷 $R_{I_{22}}$、座谈 $R_{I_{23}}$ 以及听课 $R_{I_{24}}$ 等 k 项组成。以上 k 项也可以用圆形结构图表示，有一定的比重权数，则现场信息采集系统的可靠性可表示为：

$$R_{I_2} = b_1 \times R_{I_{21}} + b_2 \times R_{I_{22}} + \cdots + b_k \times R_{I_{2k}}$$

并且以上公式可根据实际项目的不同增加或减少项数，或者改变每项内容和权数。其中权数适合

$$\sum_{i=1}^{k} b_i = 1$$

综上所述，信息系统的可靠性框图可如下表示（图 4.2.5）：

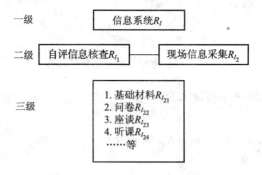

图 4.2.5　信息系统可靠性框图

信息系统的可靠性表达式

$$R_I = R_{I_1} \times R_{I_2} = R_{I_1} \times (b_1 \times R_{I_{21}} + b_2 \times R_{I_{22}} + \cdots + b_k \times R_{I_{2k}})$$

（三）专家系统 E

专家系统涵盖了整个评估项目专家对于项目评估的可靠性，评估系统的可靠性 R_E 一般包括专家评估单元并联一个开关单元。即当教育评估项目中含有复评的时候，专家系统可以看做一个并联系统；当项目中没有复评的时候，专家系统只有一个单元组成。

58

综上所述,专家系统的可靠性框图如图
4.2.6所示。

专家系统当无复评时的可靠性表达式:

$$R_E = R_{E_1}$$

专家系统当有复评时的可靠性表达式:

$$R_E = R_{E_1} + R_{E_2} - R_{E_1} \times R_{E_2}$$

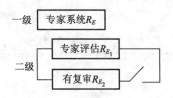

图 4.2.6 专家系统可靠性框图

§4.3 三个子系统的参数设计

本节的参数设计基于简单易用原则,对参数的赋值还考虑到易于被评估工作部门认可等因素,在应用时可以根据专家经验和具体问题进行调整。

一、管理系统的参数设计

1. 方案设计子系统参数设计(表4.3.1)

表 4.3.1 方案设计的可靠性

审核 〜 设计	单人	多人
无	0.70	0.80
单人	0.80	0.95
会议	0.90	0.98

2. 方案实施子系统参数设计(表4.3.2,表4.3.3,图4.3.1)

表 4.3.2 方案实施阶段各工作的权数

工作	专家遴选	培训	组织评估
权数 a_i	0.30	0.20	0.50

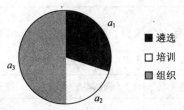

图 4.3.1 方案实施系统各工作权数示意图

59

表 4.3.3　专家遴选、培训、组织评估工作的可靠性

a. 专家遴选工作可靠性赋值

地区　　　　专业	随机选取	考虑专业指向性
无回避	0.70	0.90
同区回避	0.90	0.95

b. 培训工作可靠性赋值

培训力度	少数人培训	不完全培训	完全培训
可靠性	0.70	0.90	0.98

c. 组织评估工作可靠性赋值

① 方案一

	无上级认定	有上级认定
专家评估	0.90	0.95
专家评估结合学校互评等	0.95	0.98

② 方案二

组织工作	不顺利	较顺利	很顺利
可靠性	0.80	0.90	0.98

二、信息系统的参数设计

1. 自评信息核查子系统参数设计（表 4.3.4）

表 4.3.4　自评信息核查的可靠性

	简单核查	一般核查	仔细核查
可靠性	0.85	0.90	0.98

2. 现场信息采集（设有 4 个项目，表 4.3.5，表 4.3.6，图 4.3.2）子系统参数设计

表 4.3.5　现场信息采集权数

	基础材料采集	问卷调查	座谈	听课
权数 b_i	0.30	0.20	0.20	0.30

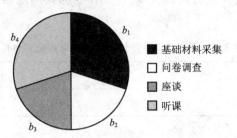

现场信息采集

- ■ 基础材料采集
- □ 问卷调查
- ▨ 座谈
- ▨ 听课

图 4.3.2 现场信息采集各工作权数示意图表

表 4.3.6 现场信息采集各项内容的可靠性

（1）基础材料采集

考察范围	不很全面	较全面	很全面
可靠性	0.85	0.92	0.98

（2）问卷调查

调查数量 / 群体种类	<3%	3%~6%	>6%
一类群体	0.85	0.92	0.95
二类及以上群体	0.88	0.95	0.98

（3）座谈

座谈数量 / 群体种类	≤3 次	4~10 次	>10 次
一类群体	0.85	0.92	0.95
二类及以上群体	0.88	0.95	0.98

（4）听课

① 预先安排听课

听课数量 / 听课种类	<10%	10%~15%	>15%
少	0.70	0.80	0.90
多	0.80	0.90	0.98

② 随机抽查听课

听课数量 / 听课种类	<5%	5%~10%	>10%
少	0.85	0.90	0.95
多	0.90	0.95	0.99

如果是对一类群体进行面试答辩(例如评职称),则现场采集信息可靠性见表 4.3.7。

表 4.3.7 面试答辩等评估项目的现场信息采集可靠性

专家人数	≤3	3~5	≥6
可靠性	0.85	0.90	0.95

三、专家系统的参数设计

1. 专家评估子系统参数设计(表 4.3.8)

表 4.3.8 专家评估系统可靠性

① 方案一 可靠性 $R_E = R^* \times f$

判对率	0.70	0.80	0.90
R(专家人数 5~9)	0.85	0.95	0.99
R(专家人数 10~14)	0.90	0.98	1
R(专家人数 >15)	0.95	1	1

注:应根据'评选方式'对可靠性进行调整。

评选方式	投票(2种选择)	投票(3种以上选择)	打分
折算因子 f	1	0.95	0.90

② 方案二

专家人数	5~9	10~14	>14
可靠性	0.90	0.95	0.99

注:表格中判对率是指每个专家判对的概率。

2. 若有复评,则按并联系统处理。如有时可简单把它看作在系统上并联一个相同可靠性的单元。

§4.4 若干项目教育评估可靠性模型

为了便于推广应用,在本节应用前述方法对众多评估项目进行建模。希望能起到对一个新评估项目建模时能找到类似的项目作参考的效果。但要重申的是:建模是基于简单易用原则,并考虑到能被评估工作部门认可,结果的影响等因素。有的模型的参数设计较粗糙,一些参数的赋值未必符合实际。在实际应用时不要生搬硬套,而应灵活运用。

模型 1 市示范性幼儿园评估

一、工作目的和指导思想

通过示范性幼儿园(托儿所)评估,促进示范园(所)的建设,促使此类园(所)在贯彻幼儿教育法规、传播科学教育理念、开展教育科学研究、培训师资以及指导家庭、社区早期教育等方面发挥示范辐射作用。同时通过示范园(所)的建设和评估,进一步深化学前教育办学体制和管理机制的改革,依照创新管理、发展内涵、传播科学、提升服务的工作原则,提高教育、管理、服务的质量和效益,整体推进学前教育改革和发展,实现学前教育的有效服务和均衡发展。

二、工作流程图(图 4.4.1)

1. 申报资料审定
(1)接受委托

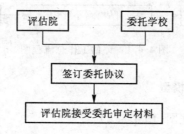

(2)专家审定

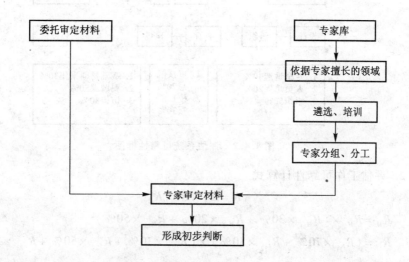

2. 专家组评估

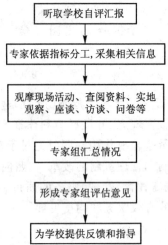

听取学校自评汇报

专家依据指标分工,采集相关信息

观摩现场活动、查阅资料、实地观察、座谈、访谈、问卷等

专家组汇总情况

形成专家组评估意见

为学校提供反馈和指导

3. 评估结论与报告

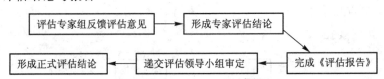

评估专家组反馈评估意见 → 形成专家评估结论

形成正式评估结论 ← 递交评估领导小组审定 ← 完成《评估报告》

图 4.4.1　评估工作总流程图

三、评估工作可靠性模型

1. 评估工作可靠性框图(图 4.4.2)

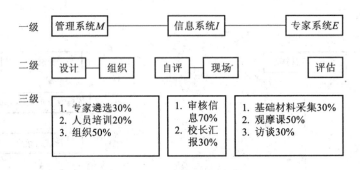

一级　管理系统M —— 信息系统I —— 专家系统E

二级　设计 — 组织　自评 — 现场　评估

三级
1. 专家遴选30%
2. 人员培训20%
3. 组织50%

1. 审核信息70%
2. 校长汇报30%

1. 基础材料采集30%
2. 观摩课50%
3. 访谈30%

图 4.4.2　评估系统可靠性框图

2. 评估工作可靠性计算式

$$R = R_M \times R_I \times R_E$$

$$R_M = R_{M_1} \times (R_{M_{21}} \times 30\% + R_{M_{22}} \times 20\% + R_{M_{23}} \times 50\%)$$

$$R_I = (R_{I_{11}} \times 70\% + R_{I_{12}} \times 30\%) \times (R_{I_{21}} \times 30\% + R_{I_{22}} \times 50\% + R_{I_{23}} \times 20\%)$$

64

四、参数设计

（一）管理系统参数设计

1. 方案设计的可靠性 R_{M_1}

设计 审核	单人	多人
无	0.70	0.80
单人	0.80	0.95
会议	0.90	0.98

2. 组织部分子系统参数设计

（1）专家遴选工作的可靠性 $R_{M_{21}}$

专业 地区	随机选取	考虑业务水平
无回避	0.70	0.90
同区回避	0.90	0.95

（2）培训工作的可靠性 $R_{M_{22}}$

培训力度	少数人培训	不完全培训	完全培训
可靠性	0.80	0.90	0.98

（3）组织评估工作的可靠性 $R_{M_{23}}$

无上级认定

专家评估	专家评估结合学校互评等
0.93	0.96

有上级认定

专家评估	专家评估结合学校互评等
0.95	0.98

注：也可按表 4.3.3 中方案二来定。

（二）信息系统参数设计

1. 自评信息核查可靠性 $R_{I_{11}}$

	简单核查	一般核查	仔细核查
可靠性	0.85	0.90	0.98

2．面试答辩 $R_{I_{12}}$

专家人数	≤3	3~5	≥6
可靠性	0.85	0.90	0.95

3．现场信息采集子系统参数设计

（1）基础材料采集 $R_{I_{21}}$

考察范围	不很全面	较全面	很全面
可靠性	0.85	0.92	0.98

（2）听课 $R_{I_{22}}$

① 预先安排听课

听课种类 ＼ 听课数量	<10%	10%~15%	>15%
少	0.70	0.80	0.90
多	0.80	0.90	0.98

② 随机抽查听课

听课种类 ＼ 听课数量	<5%	5%~10%	>10%
少	0.85	0.90	0.95
多	0.90	0.95	0.99

（3）访谈 $R_{I_{23}}$

访谈数量/人	≤10	10~20	>20
$R_{I_{23}}$	0.88	0.95	0.98

（三）专家系统可靠性参数设计

专家评估系统可靠性 R_E

专家人数	5~7	8~10	>10
可靠性	0.90	0.95	0.99

模型2 市幼儿园等级评估

一、工作目的和指导思想

通过幼儿园(托儿所)等级评估,鼓励和引导本市幼儿园(托儿所)规范办学,提高园所办学水平,促进园所持续发展,规范办学等级评估程序,促进学前教育事业的健康发展。

二、工作流程图(图4.4.3)

1. 申报资料审定
(1) 接受委托

(2) 专家审定

2. 专家组评估

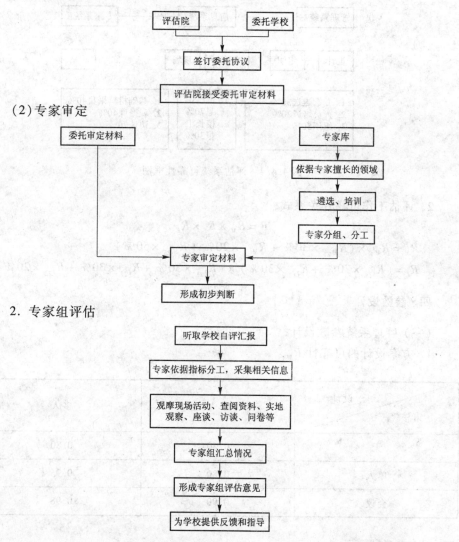

3. 评估结论与报告

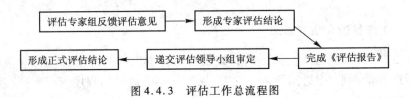

图 4.4.3　评估工作总流程图

三、评估工作可靠性模型

1. 评估工作可靠性框图(图 4.4.4)

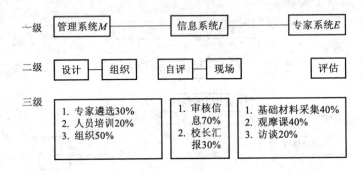

图 4.4.4　评估系统可靠性框图

2. 评估工作可靠性关系式

$$R = R_M \times R_I \times R_E$$

$$R_M = R_{M_1} \times (R_{M_{21}} \times 30\% + R_{M_{22}} \times 20\% + R_{M_{23}} \times 50\%)$$

$$R_I = (R_{I_{11}} \times 70\% + R_{I_{12}} \times 30\%) \times (R_{I_{21}} \times 30\% + R_{I_{22}} \times 30\% + R_{I_{23}} \times 20\%)$$

四、参数设计

（一）管理系统参数设计

1. 方案设计的可靠性 R_{M_1}

审核＼设计	单人	多人
无	0.70	0.80
单人	0.80	0.95
会议	0.90	0.98

2. 组织部分子系统参数设计

（1）专家遴选工作的可靠性 $R_{M_{21}}$

地区＼专业	随机选取	考虑专业指向性
无回避	0.70	0.90
同区回避	0.90	0.95

（2）培训工作的可靠性 $R_{M_{22}}$

培训力度	少数人培训	不完全培训	完全培训
可靠性	0.70	0.90	0.98

（3）组织评估工作的可靠性 $R_{M_{23}}$

无上级认定

专家评估	专家评估结合学校互评等
0.93	0.96

有上级认定

专家评估	专家评估结合学校互评等
0.95	0.98

注：也可按表4.3.3中方案二来定。

（二）信息系统参数设计

1．自评信息核查可靠性 $R_{I_{11}}$

	简单核查	一般核查	仔细核查
可靠性	0.85	0.90	0.98

2．面试答辩 $R_{I_{12}}$

专家人数	≤3	3～5	≥6
可靠性	0.85	0.90	0.95

3．现场信息采集子系统参数设计

（1）基础材料采集 $R_{I_{21}}$

考察范围	不很全面	较全面	很全面
可靠性	0.85	0.92	0.98

（2）听课 $R_{I_{22}}$

① 预先安排听课

听课种类＼听课数量	<10%	10%～15%	>15%
少	0.70	0.80	0.90
多	0.80	0.90	0.98

② 随机抽查听课

听课种类＼听课数量	<5%	5%～10%	>10%
少	0.85	0.90	0.95
多	0.90	0.95	0.99

（3）问卷调查 $R_{I_{23}}$

群体种类＼调查数量	<3%	3%～6%	>6%
一类群体	0.85	0.92	0.95
二类及以上群体	0.88	0.95	0.98

（4）访谈 $R_{I_{24}}$

群体种类＼座谈数量	≤3次	4～10次	>10次
一类群体	0.85	0.92	0.95
二类及以上群体	0.88	0.95	0.98

（三）专家系统参数设计

专家评估系统可靠性 R_E

专家人数	5～9	10～14	≥15
可靠性	0.90	0.95	0.99

模型 3 市民办中小学依法办学专项评估

一、工作目的和指导思想

通过民办中小学依法办学专项评估,进一步规范全市民办中小学办学行为,促进民办中小学健康发展,发挥优良民办学校的示范辐射作用。

二、工作流程图(图 4.4.5)

第一阶段:市区联动开展评估

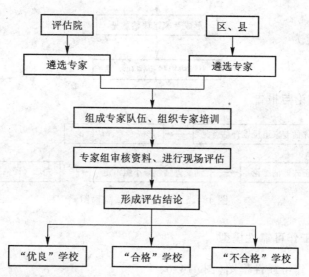

第二阶段:市教育评估院抽查复核

1. 申报资料审定

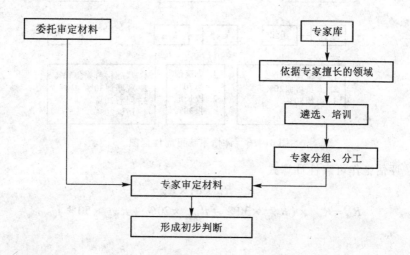

71

2. 专家组评估

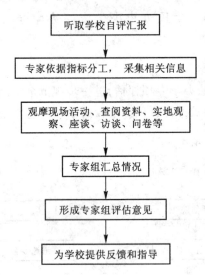

3. 评估结论与报告

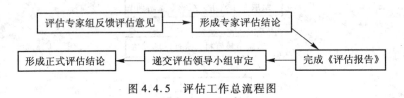

图 4.4.5　评估工作总流程图

三、评估工作可靠性模型

1. 评估工作可靠性框图(图 4.4.6)

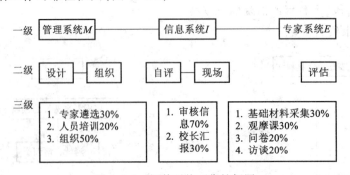

图 4.4.6　评估系统可靠性框图

2. 评估工作可靠性计算式

$$R = R_M \times R_I \times R_E$$

$$R_M = R_{M_1} \times (R_{M_{21}} \times 30\% + R_{M_{22}} \times 20\% + R_{M_{23}} \times 50\%)$$

$$R_I = (R_{I_{11}} \times 70\% + R_{I_{12}} \times 30\%) \times (R_{I_{21}} \times 30\% +$$
$$R_{I_{22}} \times 30\% + R_{I_{23}} \times 20\% + R_{I_{24}} \times 20\%)$$

四、参数设计

（一）管理系统参数设计

1. 方案设计的可靠性 R_{M_1}

设计 / 审核	单人	多人
无	0.70	0.80
单人	0.80	0.95
会议	0.90	0.98

2. 组织部分子系统参数设计

（1）专家遴选工作的可靠性 $R_{M_{21}}$

专业 / 地区	随机选取	考虑业务水平
无回避	0.70	0.90
同区回避	0.90	0.95

（2）培训工作的可靠性 $R_{M_{22}}$

培训力度	少数人培训	不完全培训	完全培训
可靠性	0.70	0.90	0.98

（3）组织评估工作的可靠性 $R_{M_{23}}$

组织工作	不顺利	较顺利	很顺利
可靠性	0.80	0.90	0.98

（二）信息系统可靠性参数设计

1. 自评信息核查可靠性 $R_{I_{11}}$

	简单核查	一般核查	仔细核查
可靠性	0.85	0.90	0.98

2. 面试答辩 $R_{I_{12}}$

专家人数	≤3	3～5	≥6
可靠性	0.85	0.90	0.95

3. 现场信息采集子系统参数设计

（1）基础材料采集 $R_{I_{21}}$

考察范围	不很全面	较全面	很全面
可靠性	0.85	0.92	0.98

（2）听课 $R_{I_{22}}$

① 预先安排听课

听课种类＼听课数量	＜10%	10%～15%	＞15%
少	0.70	0.80	0.90
多	0.80	0.90	0.98

② 随机抽查听课

听课种类＼听课数量	＜5%	5%～10%	＞10%
少	0.85	0.90	0.95
多	0.90	0.95	0.99

（3）问卷调查 $R_{I_{23}}$

群体种类＼调查数量	＜3%	3%～6%	＞6%
一类群体	0.85	0.92	0.95
二类及以上群体	0.88	0.95	0.98

（4）访谈 $R_{I_{24}}$

群体种类＼座谈数量	≤3 次	4～10 次	＞10 次
一类群体	0.85	0.92	0.95
二类及以上群体	0.88	0.95	0.98

（三）专家系统参数设计

专家评估系统可靠性 R_E

专家人数	5 ~ 7	8 ~ 10	> 10
可靠性	0.90	0.95	0.99

模型 4 市民办中小学、幼儿园筹建和设置评估

一、工作目的和指导思想

通过民办中小学、幼儿园筹建和设置评估,规范该市民办中小学、幼儿园和早教中心的办学,提高民办学校的办学水平和教育质量,促进民办教育的健康发展。

二、工作流程图(图 4.4.7)

1. 申报资料审定
（1）接受委托

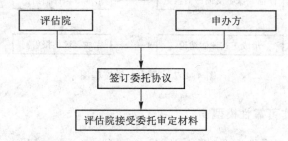

（2）专家审定

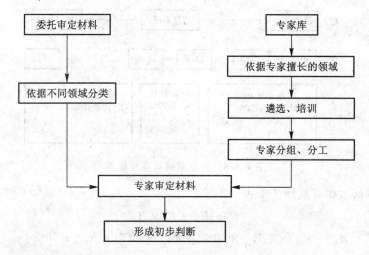

75

2. 专家组评估

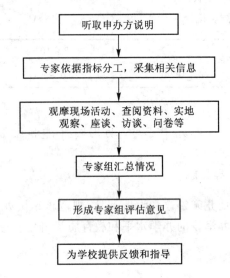

3. 评估结论与报告

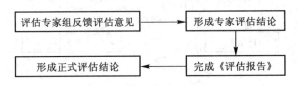

图 4.4.7　评估工作流程图

三、评估工作可靠性模型

1. 评估工作可靠性框图(图 4.4.8)

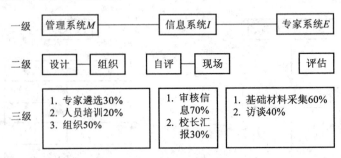

图 4.4.8　评估系统可靠性框图

2. 评估工作可靠性计算式

$$R = R_M \times R_I \times R_E$$

$$R_M = R_{M_1} \times (R_{M_{21}} \times 30\% + R_{M_{22}} \times 20\% + R_{M_{23}} \times 50\%)$$

$$R_I = (R_{I_{11}} \times 70\% + R_{I_{12}} \times 30\%) \times (R_{I_{21}} \times 60\% + R_{I_{22}} \times 40\%)$$

四、参数设计

(一)管理系统参数设计

1. 方案设计的可靠性 R_{M_1}

设计 审核	单人	多人
无	0.70	0.80
单人	0.80	0.95
会议	0.90	0.98

2. 组织部分子系统参数设计

(1)专家遴选工作的可靠性 $R_{M_{21}}$

专业 地区	随机选取	考虑专业指向性
无回避	0.70	0.90
同区回避	0.90	0.95

(2)培训工作的可靠性 $R_{M_{22}}$

培训力度	少数人培训	不完全培训	完全培训
可靠性	0.70	0.90	0.98

(3)组织评估工作的可靠性 $R_{M_{23}}$

组织工作	不顺利	较顺利	很顺利
可靠性	0.80	0.90	0.98

(二)信息系统参数设计

1. 自评信息核查可靠性 $R_{I_{11}}$

	简单核查	一般核查	仔细核查
可靠性	0.85	0.90	0.98

2．面试答辩 $R_{I_{12}}$

专家人数	≤3	3～5	≥6
可靠性	0.85	0.90	0.95

3．现场信息采集子系统参数设计

（1）基础材料采集 $R_{I_{21}}$

考察范围	不很全面	较全面	很全面
可靠性	0.85	0.92	0.98

（2）访谈 $R_{I_{22}}$

座谈数量 群体种类	≤2 次	3～6 次	>6 次
一类群体	0.85	0.92	0.95
二类及以上群体	0.88	0.95	0.98

（三）专家系统可靠性参数设计
专家评估系统可靠性 R_E

专家人数	5～7	8～10	>10
可靠性	0.90	0.95	0.99

模型 5　本市以委托管理推动郊区农村义务教育学校内涵发展的评估

一、工作目的和指导思想

依托专家队伍,通过全面、客观、公正的评估和指导,确保委托管理工作健康、顺利地进行,有效引人管、办、评分离机制,培育专业的中介机构,总结委托管理工作推进过程中的经验,推进基础教育发展模式与公共管理的创新,进一步提升郊区农村义务教育学校的办学水平和教育质量。

二、工作流程图(图 4.4.9)

1．初态评估和绩效评估

（1）接受委托

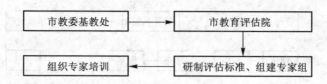

（2）专家组现场评估

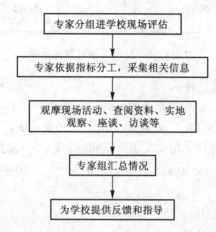

（3）评估结论与报告

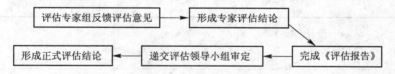

2.《托管方案》评估和中期评估

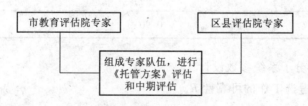

图 4.4.9　评估工作流程图

三、评估工作可靠性模型

1. 评估工作可靠性框图（图 4.4.10）

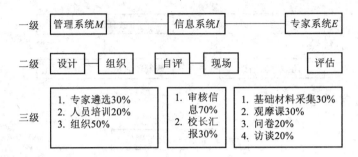

图 4.4.10 评估系统可靠性框图

2. 评估工作可靠性计算式

$$R = R_M \times R_I \times R_E$$

$$R_M = R_{M_1} \times (R_{M_{21}} \times 30\% + R_{M_{22}} \times 20\% + R_{M_{23}} \times 50\%)$$

$$R_I = (R_{I_{11}} \times 70\% + R_{I_{12}} \times 30\%) \times (R_{I_{21}} \times 30\% +$$

$$R_{I_{22}} \times 30\% + R_{I_{23}} \times 20\% + R_{I_{24}} \times 20\%)$$

四、参数设计

（一）管理系统参数设计

1. 方案设计的可靠性 R_{M_1}

设计 审核	单人	多人
无	0.70	0.80
单人	0.80	0.95
会议	0.90	0.98

2. 组织部分子系统参数设计

（1）专家遴选工作的可靠性 $R_{M_{21}}$

专业 地区	随机选取	考虑专业指向性
无回避	0.70	0.90
同区回避	0.90	0.95

（2）培训工作的可靠性 $R_{M_{22}}$

培训力度	少数人培训	不完全培训	完全培训
可靠性	0.70	0.90	0.98

（3）组织评估工作的可靠性 $R_{M_{23}}$

组织工作	不顺利	较顺利	很顺利
可靠性	0.80	0.90	0.98

（二）信息系统参数设计

1. 自评信息核查可靠性 $R_{I_{11}}$

	简单核查	一般核查	仔细核查
可靠性	0.85	0.90	0.98

2. 面试答辩 $R_{I_{12}}$

专家人数	≤3	3~5	≥6
可靠性	0.85	0.90	0.95

3. 现场信息采集子系统参数设计

（1）基础材料采集 $R_{I_{21}}$

考察范围	不很全面	较全面	很全面
可靠性	0.85	0.92	0.98

（2）听课 $R_{I_{22}}$

① 预先安排听课

听课种类 ＼ 听课数量	<10%	10%~15%	>15%
少	0.70	0.80	0.90
多	0.80	0.90	0.98

② 随机抽查听课

听课数量 听课种类	<5%	5% ~ 10%	>10%
少	0.85	0.90	0.95
多	0.90	0.95	0.99

（3）问卷调查 $R_{I_{23}}$

调查数量 群体种类	<3%	3% ~ 6%	>6%
一类群体	0.85	0.92	0.95
二类及以上群体	0.88	0.95	0.98

（4）访谈 $R_{I_{24}}$

访谈数量 群体种类	≤3 次	4 ~ 10 次	>10 次
一类群体	0.85	0.92	0.95
$R_{I_{23}}$	0.88	0.95	0.98

（三）专家系统参数设计

专家评估系统可靠性 R_E

专家人数	5 ~ 7	8 ~ 10	>10
可靠性	0.90	0.95	0.99

模型 6 市实验性示范性高中评估

一、工作目的和指导思想

通过示范性高中评估,引导和鼓励高级中学实施以创新精神和实践能力培养为核心的素质教育,努力在学校教育、教学、管理等方面积极开展改革试验,并通过对区内其他学校的示范、引领和辐射作用,促进本地区基础教育整体水平的不断提高。

二、工作流程图（图 4.4.11）

1.申报资料审定

（1）接受委托

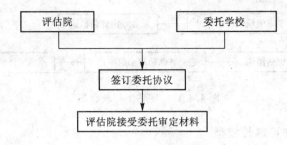

（2）专家审定

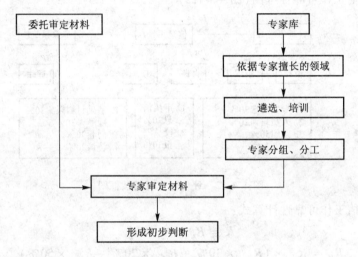

2. 专家组评估

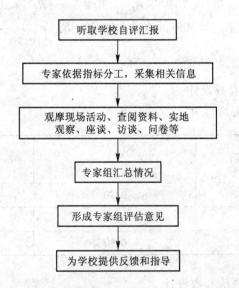

3. 评估结论与报告

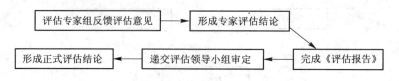

图 4.4.11 评估工作流程图

三、评估工作可靠性模型

1. 评估工作可靠性框图(图 4.4.12)

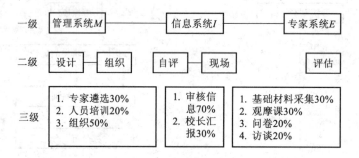

图 4.4.12 评估工作可靠性框图

2. 评估工作可靠性计算式:

$$R = R_M \times R_I \times R_E$$

$$R_M = R_{M_1} \times (R_{M_{21}} \times 30\% + R_{M_{22}} \times 20\% + R_{M_{23}} \times 50\%)$$

$$R_I = (R_{I_{11}} \times 70\% + R_{I_{12}} \times 30\%) \times (R_{I_{21}} \times 30\% + R_{I_{22}} \times 30\% + R_{I_{23}} \times 20\% + R_{I_{24}} \times 20\%)$$

四、参数设计

(一)管理系统参数设计

1. 方案设计的可靠性 R_{M_1}

审核 \ 设计	单人	多人
无	0.70	0.80
单人	0.80	0.95
会议	0.90	0.98

2. 组织部分子系统参数设计

（1）专家遴选工作的可靠性 $R_{M_{21}}$

地区＼专业	随机选取	考虑专业指向性
无回避	0.70	0.90
同区回避	0.90	0.95

（2）培训工作的可靠性 $R_{M_{22}}$

培训力度	少数人培训	不完全培训	完全培训
可靠性	0.70	0.90	0.98

（3）组织评估工作的可靠性 $R_{M_{23}}$

无上级认定

专家评估	专家评估结合学校互评等
0.93	0.96

有上级认定

专家评估	专家评估结合学校互评等
0.95	0.98

注：也可按表4.3.3方案二来定。

（二）信息系统参数设计

1．自评信息核查可靠性 $R_{I_{11}}$

	简单核查	一般核查	仔细核查
可靠性	0.85	0.90	0.98

2．面试答辩 $R_{I_{12}}$

专家人数	≤3	3～5	≥6
可靠性	0.85	0.90	0.95

3．现场信息采集子系统参数设计

（1）基础材料采集 $R_{I_{21}}$

考察范围	不很全面	较全面	很全面
可靠性	0.85	0.92	0.98

（2）听课 $R_{I_{22}}$

① 预先安排听课

听课种类 \ 听课数量	<10%	10% ~ 15%	>15%
少	0.70	0.80	0.90
多	0.80	0.90	0.98

② 随机抽查听课

听课种类 \ 听课数量	<5%	5% ~ 10%	>10%
少	0.85	0.90	0.95
多	0.90	0.95	0.99

（3）问卷调查 $R_{I_{23}}$

群体种类 \ 调查数量	<3%	3% ~ 6%	>6%
一类群体	0.85	0.92	0.95
二类及以上群体	0.88	0.95	0.98

（4）访谈 $R_{I_{24}}$

群体种类 \ 座谈数量	≤3 次	4 ~ 10 次	>10 次
一类群体	0.85	0.92	0.95
二类及以上群体	0.88	0.95	0.98

（三）专家系统参数设计

专家评估系统可靠性 R_E

专家人数	5 ~ 9	10 ~ 14	>14
可靠性	0.90	0.95	0.99

模型7 市国家级重点中等职业学校认定和申报评估项目评估

一、工作目的和指导思想

全面贯彻落实全国职业教育工作会议和《市人民政府关于大力推进本市职业教育改革和发展的决定》精神,进一步推进本市百所中等职业学校重点建设工程的建设,促进中等职业学校的教育创新、体制创新和机制创新,全面提升本市中等职业学校的办学条件和办学水平。

二、工作流程图(图 4.4.13)

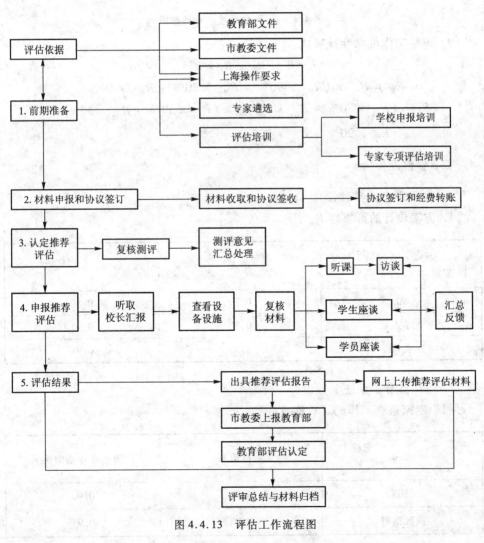

图 4.4.13 评估工作流程图

三、评估工作可靠性模型

1. 评估工作可靠性框图(图 4.4.14)

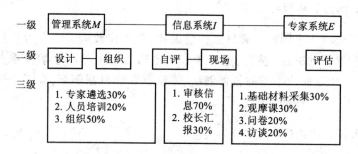

图 4.4.14 评估系统可靠性框图

2. 评估工作可靠性计算式

$$R = R_M \times R_I \times R_E$$

$$R_M = R_{M_1} \times (R_{M_{21}} \times 30\% + R_{M_{22}} \times 20\% + R_{M_{23}} \times 50\%)$$

$$R_I = (R_{I_{11}} \times 70\% + R_{I_{12}} \times 30\%) \times (R_{I_{21}} \times 30\% + R_{I_{22}} \times 30\% + R_{I_{23}} \times 20\% + R_{I_{24}} \times 20\%)$$

四、参数设计

(一)管理系统参数设计

1. 方案设计的可靠性 R_{M_1}

审核　　　设计	单人	多人
无	0.70	0.80
单人	0.80	0.95
会议	0.90	0.98

2. 组织部分子系统参数设计

(1)专家遴选工作的可靠性 $R_{M_{21}}$

地区　　　专业	随机选取	考虑专业指向性
无回避	0.70	0.90
同区回避	0.90	0.95

（2）培训工作的可靠性 $R_{M_{22}}$

培训力度	少数人培训	不完全培训	完全培训
可靠性	0.70	0.90	0.98

（3）组织评估工作的可靠性 $R_{M_{23}}$

无上级认定

专家评估	专家评估结合学校互评等
0.93	0.96

有上级认定

专家评估	专家评估结合学校互评等
0.95	0.98

（二）信息系统参数设计

1. 自评信息核查可靠性 $R_{I_{11}}$

	简单核查	一般核查	仔细核查
可靠性	0.85	0.90	0.98

2. 面试答辩 $R_{I_{12}}$

专家人数	≤3	3～5	≥6
可靠性	0.85	0.90	0.95

3. 现场信息采集子系统参数设计

（1）基础材料采集 $R_{I_{21}}$

考察范围	不很全面	较全面	很全面
可靠性	0.85	0.92	0.98

（2）听课 $R_{I_{22}}$

① 预先安排听课

听课种类 ＼ 听课数量	<10%	10%～15%	>15%
少	0.70	0.80	0.90
多	0.80	0.90	0.98

② 随机抽查听课

听课种类 ＼ 听课数量	<5%	5%～10%	>10%
少	0.85	0.90	0.95
多	0.90	0.95	0.99

（3）问卷调查 $R_{I_{23}}$

群体种类 ＼ 调查数量	<3%	3%～6%	>6%
一类群体	0.85	0.92	0.95
二类及以上群体	0.88	0.95	0.98

（4）访谈 $R_{I_{24}}$

群体种类 ＼ 座谈数量	≤3 次	4～10 次	>10 次
一类群体	0.85	0.92	0.95
二类及以上群体	0.88	0.95	0.98

（三）专家系统参数设计

专家评估系统可靠性 R_E

专家人数	5～9	10～14	>14
可靠性	0.90	0.95	0.99

模型8　市百所中等职业学校重点建设工程验收评估项目流程图

一、工作目的和指导思想

为了检验"百校重点建设"的成果,进一步推动这项工作,加快建成一批高标准、高质量的中等职业学校,市教委与市劳动和社会保障局决定开展"百校重点建设"验收评估。

百校验收评估作为推进中等职业学校建设的重大举措,坚持以评促建,以评促改,促进学校提升办学水平和档次,促进学校教育创新、体质创新和机制创新,圆满完成"百校重点建设"的目标和任务。

二、工作流程图(图4.4.15)

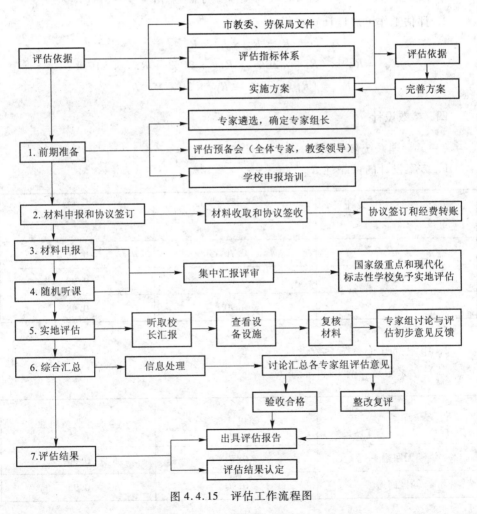

图4.4.15　评估工作流程图

三、评估工作可靠性模型

1. 评估工作可靠性框图(图 4.4.16)

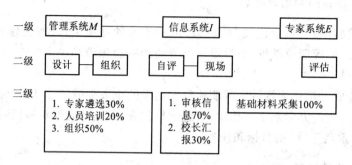

图 4.4.16 评估系统可靠性框图

2. 评估工作可靠性计算式

$$R = R_M \times R_I \times R_E$$
$$R_M = R_{M_1} \times (R_{M_{21}} \times 30\% + R_{M_{22}} \times 20\% + R_{M_{23}} \times 50\%)$$
$$R_I = (R_{I_{11}} \times 70\% + R_{I_{12}} \times 30\%) \times R_{I_2}$$

四、参数设计

(一)管理系统参数设计

1. 方案设计的可靠性 R_{M_1}

设计 审核	单人	多人
无	0.70	0.80
单人	0.80	0.95
会议	0.90	0.98

2. 组织部分子系统参数设计

(1)专家遴选工作的可靠性 $R_{M_{21}}$

专业 地区	随机选取	考虑专业指向性
无回避	0.70	0.90
同区回避	0.90	0.95

（2）培训工作的可靠性 $R_{M_{22}}$

培训力度	少数人培训	不完全培训	完全培训
可靠性	0.70	0.90	0.98

（3）组织评估工作的可靠性 $R_{M_{23}}$

组织工作	不顺利	较顺利	很顺利
可靠性	0.80	0.90	0.98

（二）信息系统参数设计

1. 自评信息核查可靠性 $R_{I_{11}}$

	简单核查	一般核查	仔细核查
可靠性	0.85	0.90	0.98

2. 面试答辩 $R_{I_{12}}$

专家人数	$\leqslant 3$	$3 \sim 5$	$\geqslant 6$
可靠性	0.85	0.90	0.95

3. 现场信息采集子系统参数设计

（1）基础材料采集 $R_{I_{21}}$

考察范围	不很全面	较全面	很全面
可靠性	0.85	0.92	0.98

（2）听课 $R_{I_{22}}$

① 预先安排听课

听课数量 / 听课种类	<10%	10% ~ 15%	>15%
少	0.70	0.80	0.90
多	0.80	0.90	0.98

② 随机抽查听课

听课数量 / 听课种类	<5%	5%～10%	>10%
少	0.85	0.90	0.95
多	0.90	0.95	0.99

（3）问卷调查 $R_{I_{23}}$

调查数量 / 群体种类	<3%	3%～6%	>6%
一类群体	0.85	0.92	0.95
二类及以上群体	0.88	0.95	0.98

（4）访谈 $R_{I_{24}}$

座谈数量 / 群体种类	≤3 次	4～10 次	>10 次
一类群体	0.85	0.92	0.95
二类及以上群体	0.88	0.95	0.98

（三）专家系统参数设计

专家评估系统可靠性 R_E

专家人数	5～9	10～14	>14
可靠性	0.90	0.95	0.99

模型 9　市中等职业教育课程教材改革特色实验学校遴选评估

一、工作目的和指导思想

突出科学发展观的要求,坚持以服务为宗旨,以就业为导向,以能力为本位,力争为本市产业结构调整和技术进步服务,为本市与再就业服务,全面落实全国职业教育工作会议和上海市职业教育工作会议精神,大力加强职业教育的内涵建设。

评估标准:

1. 面向社会、面向市场、依托行业,带头深化课程改革,积极构建学校内涵发展的保障和激励机制。

2. 带头承担课程改革的专项任务,出思想、出成果,发挥引领作用。

3. 带头进行课程改革实验和新教材实验,出经验、出效益,提升教学质量,在专业改革和实训中心建设方面起示范作用,形成品牌特色,扩大社会影响。

4. 带头开发校本课程和网络课程,紧随科技进步,优化教学内容。

5. 带头履行教学研究和教师培训职责,提高教师队伍的整体水平和实力。

二、工作流程图(图 4.4.17)

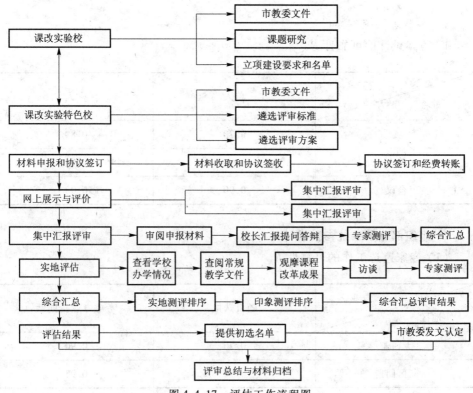

图 4.4.17 评估工作流程图

三、评估工作可靠性模型

1. 评估工作可靠性框图(图 4.4.18)

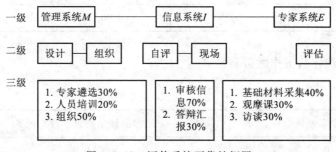

图 4.4.18 评估系统可靠性框图

2. 评估工作可靠性计算式

$$R = R_M \times R_I \times R_E$$

$$R_M = R_{M_1} \times (R_{M_{21}} \times 30\% + R_{M_{22}} \times 20\% + R_{M_{23}} \times 50\%)$$

$$R_I = (R_{I_{11}} \times 70\% + R_{I_{12}} \times 30\%) \times (R_{I_{21}} \times 40\% + R_{I_{22}} \times 30\% + R_{I_{23}} \times 30\%)$$

四、参数设计

（一）管理系统参数设计

1. 方案设计的可靠性 R_{M_1}

审核＼设计	单人	多人
无	0.70	0.80
单人	0.80	0.95
会议	0.90	0.98

2. 组织部分子系统参数设计

（1）专家遴选工作的可靠性 $R_{M_{21}}$

地区＼专业	随机选取	考虑专业指向性
无回避	0.70	0.90
同区回避	0.90	0.95

（2）培训工作的可靠性 $R_{M_{22}}$

培训力度	少数人培训	不完全培训	完全培训
可靠性	0.70	0.90	0.98

（3）组织评估工作的可靠性 $R_{M_{23}}$

无上级认定：

专家评估	专家评估结合学校互评等
0.93	0.96

有上级认定：

专家评估	专家评估结合学校互评等
0.95	0.98

（二）信息系统参数设计

1．自评信息核查可靠性 $R_{I_{11}}$

	简单核查	一般核查	仔细核查
可靠性	0.85	0.90	0.98

2．面试答辩 $R_{I_{12}}$

专家人数	≤3	3～5	≥6
可靠性	0.85	0.90	0.95

3．现场信息采集子系统参数设计

（1）基础材料采集 $R_{I_{21}}$

考察范围	不很全面	较全面	很全面
可靠性	0.85	0.92	0.98

（2）听课 $R_{I_{22}}$

① 预先安排听课

听课数量 / 听课种类	<10%	10%～15%	>15%
少	0.70	0.80	0.90
多	0.80	0.90	0.98

② 随机抽查听课

听课数量 / 听课种类	<5%	5%～10%	>10%
少	0.85	0.90	0.95
多	0.90	0.95	0.99

（3）访谈 $R_{I_{22}}$

座谈数量 群体种类	≤3 次	4~10 次	>10 次
一类群体	0.85	0.92	0.95
二类及以上群体	0.88	0.95	0.98

（三）专家系统参数设计

专家评估系统可靠性 R_E

专家人数	5~7	8~10	>10
可靠性	0.90	0.95	0.99

模型 10　市中等职业学校重点专业验收、认定评估

一、工作目的和指导思想

重点专业验收评估应体现教育创新的要求和职业教育观念的更新,重视师资队伍建设和教育模式的更新,重视发挥教育资源的整体效益,合理配置专业教育资源,办出特色,增强职业教育的办学活力和吸引力。

评估标准如下:

1. 全面实施素质教育,毕业生受到用人部门的肯定。

2. 有明确的专业培养目标,以及切实可行的专业建设规划和实施性计划。

3. 有完备的教学文件,执行严格,并积极进行课程教材改革,课程结构合理,配套教材齐全。

4. 突出实践性教学环节,理论教学与实践教学能充分运用现代化教学手段,并有稳定的实训、实习基地及产教结合的场所。

5. 有规范的教学质量管理制度和严密的教学质量监控运行机制,不断提高教学质量。

二、工作流程图（图4.4.19）

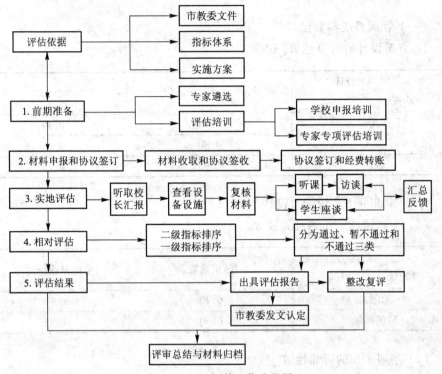

图4.4.19 评估工作流程图

三、评估工作可靠性模型

1. 评估工作可靠性框图（图4.4.20）

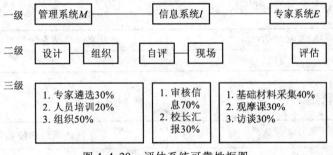

图4.4.20 评估系统可靠性框图

2. 评估工作可靠性关系式

$$R = R_M \times R_I \times R_E$$

$$R_M = R_{M_1} \times (R_{M_{21}} \times 30\% + R_{M_{22}} \times 20\% + R_{M_{23}} \times 50\%)$$

$$R_I = (R_{I_{11}} \times 70\% + R_{I_{12}} \times 30\%) \times (R_{I_{21}} \times 40\% + R_{I_{22}} \times 30\% + R_{I_{23}} \times 30\%)$$

四、参数设计

（一）管理系统参数设计

1. 方案设计的可靠性 R_{M_1} 赋值

审核 \ 设计	单人	多人
无	0.70	0.80
单人	0.80	0.95
会议	0.90	0.98

2. 组织部分子系统参数设计

（1）专家遴选工作的可靠性 $R_{M_{21}}$

地区 \ 专业	随机选取	考虑专业指向性
无回避	0.70	0.90
同区回避	0.90	0.95

（2）培训工作的可靠性 $R_{M_{22}}$

培训力度	少数人培训	不完全培训	完全培训
可靠性	0.70	0.90	0.98

（3）组织评估工作的可靠性 $R_{M_{23}}$

无上级认定

专家评估	专家评估结合学校互评等
0.93	0.96

有上级认定

专家评估	专家评估结合学校互评等
0.95	0.98

（二）信息系统参数设计

1. 自评信息核查可靠性 $R_{I_{11}}$

	简单核查	一般核查	仔细核查
可靠性	0.85	0.90	0.98

2. 面试答辩 $R_{I_{12}}$

专家人数	≤3	3~5	≥6
可靠性	0.85	0.90	0.95

3. 现场信息采集子系统参数设计

（1）基础材料采集 $R_{I_{21}}$

考察范围	不很全面	较全面	很全面
可靠性	0.85	0.92	0.98

（2）听课 $R_{I_{22}}$

① 预先安排听课

听课数量 / 听课种类	<10%	10%~15%	>15%
少	0.70	0.80	0.90
多	0.80	0.90	0.98

② 随机抽查听课

听课数量 / 听课种类	<5%	5%~10%	>10%
少	0.85	0.90	0.95
多	0.90	0.95	0.99

（3）访谈 $R_{I_{22}}$

座谈数量 / 群体种类	≤3 次	4~10 次	>10 次
一类群体	0.85	0.92	0.95
二类及以上群体	0.88	0.95	0.98

（三）专家系统参数设计

专家评估系统可靠性 R_E

专家人数	5～7	8～10	＞10
可靠性	0.90	0.95	0.99

模型 11　市中等职业学校自主设置地目录内专业、目录外专门化教学质量检查评估

一、工作目的和指导思想

突出科学发展观的要求,坚持以服务为宗旨,以就业为导向,以能力为本位,力争为本市产业结构调整和技术进步服务;全面落实全国职业教育工作会议和本市职业教育工作会议精神,大力加强职业教育的内涵建设。通过评估,遴选一批全市中等职业学校课程教材改革试验的示范基地、课程教材改革成果的展示窗口、课程教材改革师资的培训中心,使可改内涵更加丰富,范围全面扩大,辐射功能持续增强,品牌效应日益凸显。

二、工作流程图(图 4.4.21)

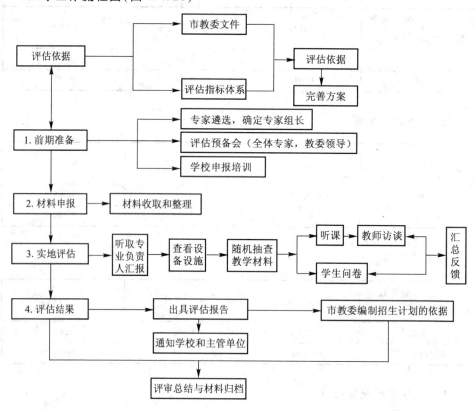

图 4.4.21　评估工作流程图

三、评估工作可靠性模型

1. 评估工作可靠性框图（图4.4.22）

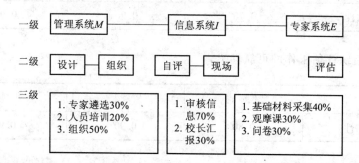

图4.4.22　评估系统可靠性框图

2. 评估工作可靠性计算式

$$R = R_M \times R_I \times R_E$$

$$R_M = R_{M_1} \times (R_{M_{21}} \times 30\% + R_{M_{22}} \times 20\% + R_{M_{23}} \times 50\%)$$

$$R_I = (R_{I_{11}} \times 70\% + R_{I_{12}} \times 30\%) \times (R_{I_{21}} \times 40\% + R_{I_{22}} \times 30\% + R_{I_{23}} \times 30\%)$$

四、参数设计

（一）管理系统参数设计

1. 方案设计的可靠性 R_{M_1}

审核＼设计	单人	多人
无	0.70	0.80
单人	0.80	0.95
会议	0.90	0.98

2. 组织部分子系统参数设计

（1）专家遴选工作的可靠性 $R_{M_{21}}$

地区＼专业	随机选取	考虑专业指向性
无回避	0.70	0.90
同区回避	0.90	0.95

（2）培训工作的可靠性 $R_{M_{22}}$

培训力度	少数人培训	不完全培训	完全培训
可靠性	0.70	0.90	0.98

（3）组织评估工作的可靠性 $R_{M_{23}}$

组织工作	不顺利	较顺利	很顺利
可靠性	0.80	0.90	0.98

（二）信息系统参数设计

1. 自评信息核查可靠性 $R_{I_{11}}$

	简单核查	一般核查	仔细核查
可靠性	0.85	0.90	0.98

2. 面试答辩 $R_{I_{12}}$

专家人数	≤3	3~5	≥6
可靠性	0.85	0.90	0.95

3. 现场信息采集子系统参数设计

（1）基础材料采集 $R_{I_{21}}$

考察范围	不很全面	较全面	很全面
可靠性	0.85	0.92	0.98

（2）听课 $R_{I_{22}}$

① 预先安排听课

听课数量 / 听课种类	<10%	10%~15%	>15%
少	0.70	0.80	0.90
多	0.80	0.90	0.98

② 随机抽查听课

听课种类 \ 听课数量	<5%	5% ~ 10%	>10%
少	0.85	0.90	0.95
多	0.90	0.95	0.99

（3）问卷调查 $R_{I_{23}}$

群体种类 \ 调查数量	<3%	3% ~ 6%	>6%
一类群体	0.85	0.92	0.95
二类及以上群体	0.88	0.95	0.98

（三）专家系统参数设计

专家评估系统可靠性 R_E

专家人数	5 ~ 7	8 ~ 10	>10
可靠性	0.90	0.95	0.99

模型 12　市职业教育开放实训中心建设验收评估项目

一、工作目的和指导思想

　　贯彻落实市职教工作会议的精神,树立大职业教育观念,全面总结各"开放实训中心"建设的经验,进一步推动各"开放试训中心"实训教学体系改革和创新,推进学历教育与职业培训并举、学历证书与职业资格证书并重,促进各"开放实训中心"及时建立适应对社会开放的有效机制和办法,提高"开放实训中心"的品牌效应,努力使"开放实训中心"成为具有较好实训资质,具有一定社会影响和权威的实训机构。

二、工作流程图（图 4.4.23）

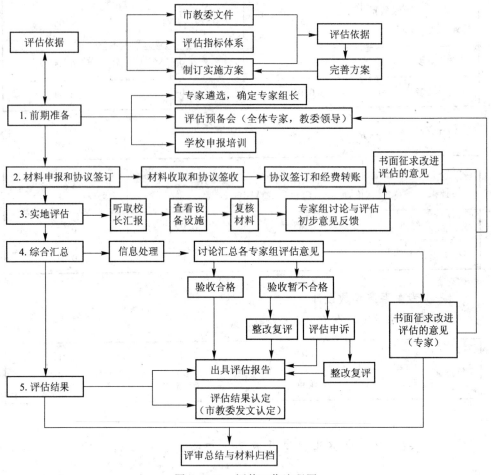

图 4.4.23　评估工作流程图

三、评估工作可靠性模型

1. 评估工作可靠性框图（图 4.4.24）

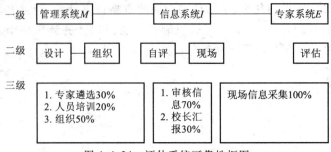

图 4.4.24　评估系统可靠性框图

2. 评估工作可靠性计算式

$$R = R_M \times R_I \times R_E$$

$$R_M = R_{M_1} \times (R_{M_{21}} \times 30\% + R_{M_{22}} \times 20\% + R_{M_{23}} \times 50\%)$$

$$R_I = (R_{I_{11}} \times 70\% + R_{I_{12}} \times 30\%) \times R_{I_{21}}$$

四、参数设计

（一）管理系统参数设计

1. 方案设计的可靠性 R_{M_1}

设计 审核	单人	多人
无	0.70	0.80
单人	0.80	0.95
会议	0.90	0.98

2. 组织部分子系统参数设计

（1）专家遴选工作的可靠性 $R_{M_{21}}$

专业 地区	随机选取	考虑专业指向性
无回避	0.70	0.90
同区回避	0.90	0.95

（2）培训工作的可靠性 $R_{M_{22}}$ 赋值

培训力度	少数人培训	不完全培训	完全培训
可靠性	0.70	0.90	0.98

（3）组织评估工作的可靠性 $R_{M_{23}}$ 赋值

无上级认定

专家评估	专家评估结合学校互评等
0.93	0.96

有上级认定

专家评估	专家评估结合学校互评等
0.95	0.98

（二）信息系统参数设计

1．自评信息核查可靠性 $R_{I_{11}}$

	简单核查	一般核查	仔细核查
可靠性	0.85	0.90	0.98

2．面试答辩 $R_{I_{12}}$

专家人数	≤3	3～5	≥6
可靠性	0.85	0.90	0.95

3．现场信息采集可靠性 R_{I_2} 赋值

考察范围	不很全面	较全面	很全面
可靠性	0.85	0.92	0.98

（三）专家系统参数设计

专家评估系统可靠性 R_E

专家人数	5～9	10～14	>14
可靠性	0.90	0.95	0.99

模型 13　市中等职业学校图书馆等级评估

一、工作目的和指导思想

为进一步确立图书馆在教育、教学和科研服务中的地位,使图书馆成为学校文献信息中心,市教委决定开展中等职业学校图书馆等级评估,并委托我院具体组织实施。通过评估,全面推进本市中等职业学校图书馆的建设,加速学校图书馆工作的制度化、规范化、科学化和现代化建设的进程,提高图书馆的整体办馆水平和服务质量,努力形成职业教育图书馆特色。

108

二、工作流程图（图 4.4.25）

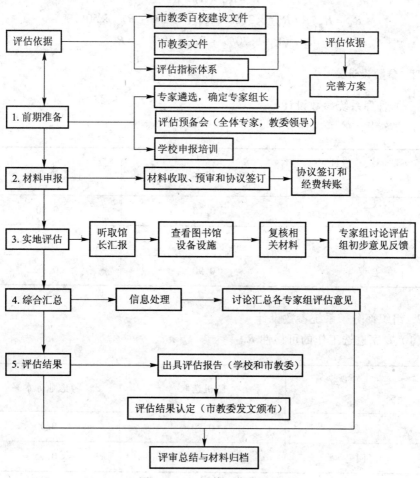

图 4.4.25　评估工作流程图

三、评估工作可靠性模型

1. 评估工作可靠性框图（图 4.4.26）

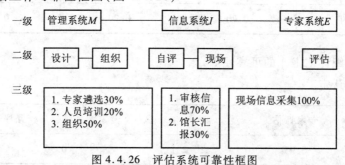

图 4.4.26　评估系统可靠性框图

2. 评估工作可靠性计算式

$$R = R_M \times R_I \times R_E$$

$$R_M = R_{M_1} \times (R_{M_{21}} \times 30\% + R_{M_{22}} \times 20\% + R_{M_{23}} \times 50\%)$$

$$R_I = (R_{I_{11}} \times 70\% + R_{I_{12}} \times 30\%) \times R_{I_2}$$

四、参数设计

（一）管理系统参数设计

1. 方案设计的可靠性 R_{M_1}

设计 审核	单人	多人
无	0.70	0.80
单人	0.80	0.95
会议	0.90	0.98

2. 组织部分子系统参数设计

（1）专家遴选工作的可靠性 $R_{M_{21}}$

专业 地区	随机选取	考虑业务水平
无回避	0.70	0.90
同区回避	0.90	0.95

（2）培训工作的可靠性 $R_{M_{22}}$

培训力度	少数人培训	不完全培训	完全培训
可靠性	0.70	0.90	0.98

（3）组织评估工作的可靠性 $R_{M_{23}}$
无上级认定

专家评估	专家评估结合学校互评等
0.93	0.96

有上级认定

专家评估	专家评估结合学校互评等
0.95	0.98

（二）信息系统参数设计

1. 自评信息核查可靠性 $R_{I_{11}}$

	简单核查	一般核查	仔细核查
可靠性	0.85	0.90	0.98

2. 面试答辩 $R_{I_{12}}$

专家人数	≤3	3～5	≥6
可靠性	0.85	0.90	0.95

3. 现场信息采集可靠性 R_{I_2}

考察范围	不很全面	较全面	很全面
可靠性	0.85	0.92	0.98

（三）专家系统参数设计

专家评估系统可靠性 R_E

专家人数	5～7	8～10	>10
可靠性	0.90	0.95	0.99

模型 14　本市社区教育实验街道（乡镇）、实验项目立项和验收评估

一、项目评估背景

为落实教育部《关于推进社区教育工作的若干意见》的精神，建立健全社区教育工作评估机制，总结社区教育实验工作的经验，进一步推进社区教育工作，经市教委研究，决定对本市社区教育实验项目开展评估。

市教委委托本市教育评估院组织实施立项和验收评估。评估院组织专家进行集中评审，必要时进行实地考察。

二、工作流程图（图 4.4.27）

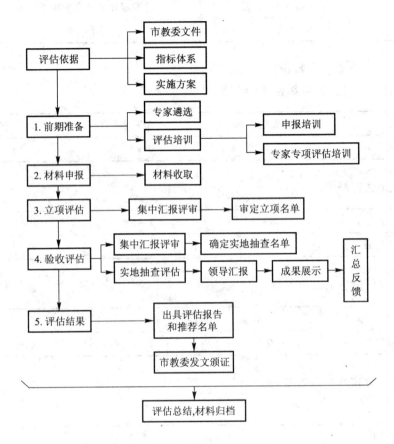

图 4.4.27　评估工作流程图

三、评估工作可靠性模型

1. 评估工作可靠性框图（图 4.4.28）

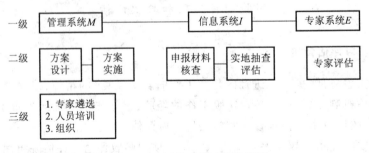

图 4.4.28　评估系统可靠性框图

2. 评估工作可靠性计算式

$$R = R_M \times R_I \times R_E$$

$$R_M = R_{M_1} \times R_{M_2} = R_{M_1} \times (R_{M_{21}} \times 0.3 + R_{M_{22}} \times 0.2 + R_{M_{23}} \times 0.5)$$

$$R_I = R_{I_1} \times R_{I_2}$$

四、参数设计

（一）管理系统参数设计

1. 方案设计子系统 R_{M_1}

审核 ＼ 设计	单人	多人
无	0.70	0.80
单人	0.80	0.95
会议	0.90	0.98

2. 方案实施子系统参数设计

（1）专家遴选工作可靠性 $R_{M_{21}}$

地区 ＼ 专业	随机选取	考虑专业指向性
无回避	0.70	0.90
同区回避	0.90	0.95

（2）培训工作的可靠性 $R_{M_{22}}$

培训力度	少数人培训	不完全培训	完全培训
可靠性	0.70	0.90	0.98

（3）组织评估工作的可靠性 $R_{M_{23}}$

组织工作	不顺利	较顺利	很顺利
可靠性	0.80	0.90	0.98

（二）信息系统参数设计

1. 申报材料核查 R_{I_1}

	简单核查	一般核查	仔细核查
可靠性	0.85	0.90	0.98

2. 实地抽查评估 R_{I_2}

	简单考察	一般考察	全面考察
可靠性	0.80	0.90	0.98

（三）专家系统参数设计

专家评估系统可靠性 R_E

专家人数	5~9	10~14	>14
可靠性	0.90	0.95	0.99

模型 15　本市社会力量办学（非学历教育）教学管理师范院校遴选评估

一、项目评估背景

为贯彻落实《中华人民共和国民办教育促进法》、《中华人民共和国民办教育促进法实施条例》和《本市实施〈中华人民共和国民办教育促进法〉、〈中华人民共和国民办教育促进法实施条例〉若干问题的暂行规定》的精神，提高本市社会力量办学（非学历教育）教学管理水平和教学质量，促进民办院校更好地为本市经济和社会发展培养各级各类人才服务，市教委决定委托本院组织教学管理示范校和优秀校评估，在本市民办院校（非学历教育）中，遴选出一批教学管理示范院校和一批教学管理优秀院校。

本项目采用学校自评与专家复评相结合、分值计算与相对评估相结合的方式，通过测评排序、综合平衡、好中选优，切实将一批在教学管理方面起示范作用的院校遴选为示范院校。

二、工作流程图（图 4.4.29）

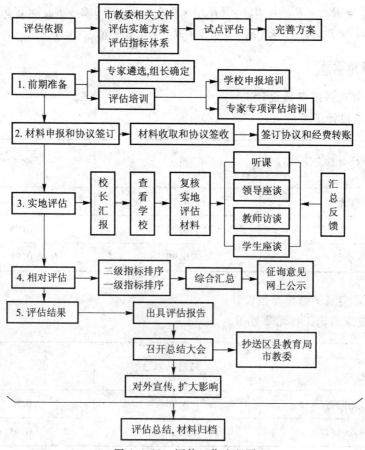

图 4.4.29　评估工作流程图

三、评估工作可靠性模型

1. 评估工作可靠性框图（图 4.4.30）

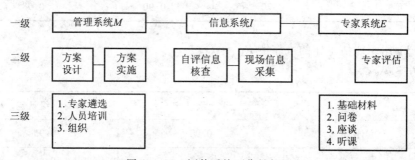

图 4.4.30　评估系统可靠性框图

2. 评估工作可靠性计算式

$$R = R_M \times R_I \times R_E$$

$$R_M = R_{M_1} \times R_{M_2} = R_{M_1} \times (R_{M_{21}} \times 0.3 + R_{M_{22}} \times 0.2 + R_{M_{23}} \times 0.5)$$

$$R_I = R_{I_1} \times R_{I_2} = R_{I_1} \times (R_{I_{21}} \times 0.3 + R_{I_{22}} \times 0.2 + R_{I_{23}} \times 0.2 + R_{I_{24}} \times 0.3)$$

四、参数设计

（一）管理系统参数设计

1. 方案设计子系统 R_{M_1}

审核 ＼ 设计	单人	多人
无	0.70	0.80
单人	0.80	0.95
会议	0.90	0.98

2. 方案实施子系统参数设计

（1）专家遴选工作可靠性 $R_{M_{21}}$

地区 ＼ 专业	随机选取	考虑专业指向性
无回避	0.70	0.90
同区回避	0.90	0.95

（2）培训工作的可靠性 $R_{M_{22}}$

培训力度	少数人培训	不完全培训	完全培训
可靠性	0.70	0.90	0.98

（3）组织评估工作的可靠性 $R_{M_{23}}$

方案一

	无上级认定	有上级认定
专家评估	0.90	0.95
专家评估结合学校互评等	0.95	0.98

116

方案二

组织工作	不顺利	较顺利	很顺利
可靠性	0.80	0.90	0.98

（二）信息系统参数设计

1. 自评信息核查 R_{I_1}

	简单核查	一般核查	仔细核查
可靠性	0.85	0.90	0.98

2. 现场信息采集子系统参数设计

（1）基础材料采集 $R_{I_{21}}$

考察范围	不很全面	较全面	很全面
可靠性	0.85	0.92	0.98

（2）问卷调查 $R_{I_{22}}$

群体种类 ＼ 调查数量	＜3%	3%～6%	＞6%
一类群体	0.85	0.92	0.95
二类及以上群体	0.88	0.95	0.98

（3）座谈 $R_{I_{23}}$

群体种类 ＼ 座谈数量	≤3 次	4～10 次	＞10 次
一类群体	0.85	0.92	0.95
二类及以上群体	0.88	0.95	0.98

（4）听课 $R_{I_{24}}$

① 预先安排听课

听课数量 听课种类	< 10%	10% ~ 15%	> 15%
少	0.70	0.80	0.90
多	0.80	0.90	0.98

② 随机抽查听课

听课数量 听课种类	< 5%	5% ~ 10%	> 10%
少	0.85	0.90	0.95
多	0.90	0.95	0.99

（三）专家系统参数设计

判对率（每人）	0.70	0.80	0.90
R（专家人数 5 ~ 9）	0.85	0.95	0.99
R（10 ~ 14）	0.90	0.98	1
R（> 15）	0.95	1	1

注：应根据'评选方式'对赋值 R 进行调整。R 的确定也可按表 4.3.8 中的方案二。

评选方式	投票（2 种选择）	投票（3 种以上选择）	打分
折算因子 f	1	0.95	0.90

专家评估系统可靠性为

$$R_E = R \times f$$

模型 16　市社会力量举办学校(非学历教育)
办学水平分等定级抽查评估

一、项目评估背景

通过对学校分等定级的抽查,进一步了解、总结区县教育行政部门贯彻落实《民办教育促进法》方面的情况,完善分级管理、分级负责的管理体制,为修订、完善学校评估指标体系和操作程序提供依据,促进社会中介组织的建设,促进其更好地为学校发展提供服务。

受查工作由市教委指导,本市教育评估院具体实施。检查分若干小组,采用对口检查办法进行。各区县自查和市教育评估院抽查相结合。重点查阅学校自评报告。

二、工作流程图(图 4.4.31)

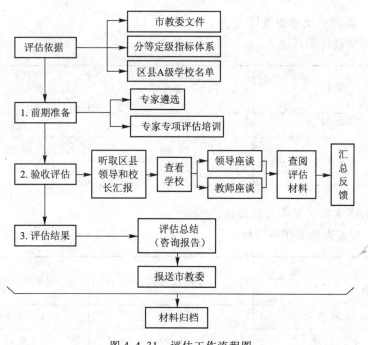

图 4.4.31　评估工作流程图

三、评估工作可靠性模型

1. 评估工作可靠性框图(图 4.4.32)

119

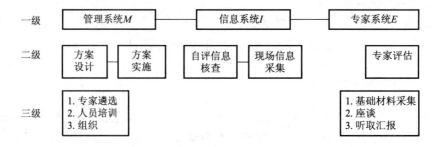

图 4.4.32　评估系统可靠性框图

2. 评估工作可靠性计算式

$$R = R_M \times R_I \times R_E$$

$$R_M = R_{M_1} \times R_{M_2} = R_{M_1} \times (R_{M_{21}} \times 0.3 + R_{M_{22}} \times 0.2 + R_{M_{23}} \times 0.5)$$

$$R_I = R_{I_1} \times R_{I_2} = R_{I_1} \times (R_{I_{21}} \times 0.4 + R_{I_{22}} \times 0.3 + R_{I_{23}} \times 0.3)$$

四、参数设计

（一）管理系统参数设计

1. 方案设计子系统 R_{M_1}

设计 审核	单人	多人
无	0.70	0.80
单人	0.80	0.95
会议	0.90	0.98

2. 方案实施子系统参数设计

（1）专家遴选工作可靠性 $R_{M_{21}}$

专业 地区	随机选取	考虑专业指向性
无回避	0.70	0.9
同区回避	0.90	0.95

（2）培训工作的可靠性 $R_{M_{22}}$

培训力度	少数人培训	不完全培训	完全培训
可靠性	0.70	0.90	0.98

（3）组织评估工作的可靠性 $R_{M_{23}}$

	无上级认定	有上级认定
专家评估	0.90	0.95
专家评估结合学校互评等	0.95	0.98

（二）信息系统参数设计

1. 自评信息核查 R_{I_1}

	简单核查	一般核查	仔细核查
可靠性	0.85	0.90	0.98

2. 现场信息采集子系统参数设计

（1）基础材料采集 $R_{I_{21}}$

考察范围	不很全面	较全面	很全面
可靠性	0.85	0.92	0.98

（2）座谈 $R_{I_{22}}$

座谈数量 群体种类	≤3 次	4～10 次	>10 次
一类群体	0.85	0.92	0.95
二类及以上群体	0.88	0.95	0.98

（3）听取汇报 $R_{I_{23}}$

专家人数	≤3	3～5	≥6
可靠性	0.85	0.90	0.95

（三）专家系统 R_E

专家人数	5～9	10～14	>14
可靠性	0.90	0.95	0.99

模型 17　市民办高等非学历教育机构设置评估

一、项目评估背景

为贯彻落实国家和地方政府关于民办教育的法律法规,保护办学者和受教育者的合法权利,对本市新设置的高等非学历机构的办学资质、办学条件实施评估,其评估意见提供给区县教育行政部门参考。该项评估按照公平、公正、公开的原则进行。

二、工作流程图(图 4.4.33)

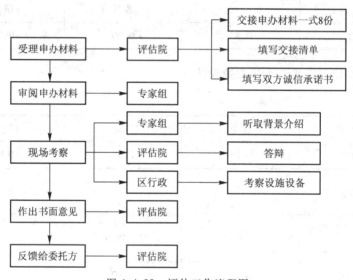

图 4.4.33　评估工作流程图

三、评估工作可靠性模型

1. 评估工作可靠性框图(图 4.4.34)

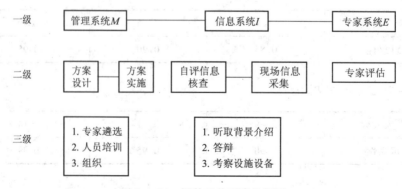

图 4.4.34　评估系统可靠性框图

2. 评估工作可靠性计算式

$$R = R_M \times R_I \times R_E$$

$$R_M = R_{M_1} \times R_{M_2} = R_{M_1} \times (R_{M_{21}} \times 0.3 + R_{M_{22}} \times 0.2 + R_{M_{23}} \times 0.5)$$

$$R_I = R_{I_1} \times R_{I_2} = R_{I_1} \times (R_{I_{21}} \times 0.3 + R_{I_{22}} \times 0.3 + R_{I_{23}} \times 0.4)$$

四、参数设计

（一）管理系统参数设计

1. 方案设计子系统 R_{M_1}

审核　＼　设计	单　人	多　人
无	0.70	0.80
单人	0.80	0.95
会议	0.90	0.98

2. 方案实施子系统参数设计

（1）专家遴选工作可靠性 $R_{M_{21}}$

地区　＼　专业	随机选取	考虑专业指向性
无回避	0.70	0.90
同区回避	0.90	0.95

（2）培训工作的可靠性 $R_{M_{22}}$

培训力度	少数人培训	不完全培训	完全培训
可靠性	0.70	0.90	0.98

（3）组织评估工作的可靠性 $R_{M_{23}}$

	无上级认定	有上级认定
专家评估	0.90	0.95
专家评估结合学校互评等	0.95	0.98

（二）信息系统参数设计

1. 自评信息核查 R_{I_1}

	简单核查	一般核查	仔细核查
可靠性	0.85	0.90	0.98

2. 现场信息采集子系统参数设计

（1）听取背景介绍 $R_{I_{21}}$

考察范围	不很全面	较全面	很全面
可靠性	0.85	0.92	0.98

（2）答辩 $R_{I_{22}}$

群体种类 ＼ 座谈数量	≤3 次	4～10 次	>10 次
一类群体	0.85	0.92	0.95
二类及以上群体	0.88	0.95	0.98

（3）考察设施设备 $R_{I_{23}}$

专家人数	≤3	3～5	≥6
可靠性	0.85	0.90	0.95

（三）专家系统参数设计

专家评估系统可靠性 R_E

专家人数	5～9	10～14	>14
可靠性	0.90	0.95	0.99

模型 18　市远程教育校外学习中心评估

一、项目评估背景

对本市远程教育校外学习中心进行评估的目的是为了加强对现代远程教育试点工作的管理，规范办学行为，保证教育质量，逐步形成社区学习中心，为成人教育、继续教育、终身学习提供服务,为构建我国和本市的终身学习体系奠定基础。

二、工作流程图(图4.4.35)

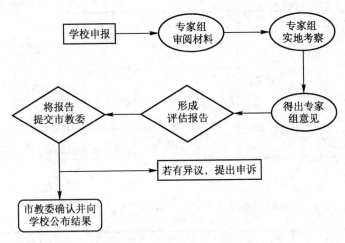

图4.4.35 评估工作流程图

三、评估工作可靠性模型

1. 评估工作可靠性框图(图4.4.36)

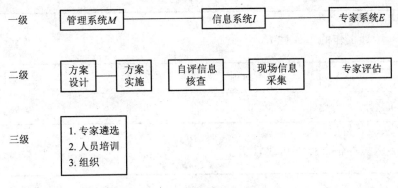

图4.4.36 评估系统可靠性框图

2. 评估工作可靠性计算式

$$R = R_M \times R_I \times R_E$$

$$R_M = R_{M_1} \times R_{M_2} = R_{M_1} \times (R_{M_{21}} \times 0.3 + R_{M_{22}} \times 0.2 + R_{M_{23}} \times 0.5)$$

$$R_I = R_{I_1} \times R_{I_2}$$

四、参数设计

（一）管理系统参数设计

1. 方案设计子系统 R_{M_1}

审核 ＼ 设计	单　人	多　人
无	0.70	0.80
单人	0.80	0.95
会议	0.90	0.98

2. 方案实施子系统参数设计

（1）专家遴选工作可靠性 $R_{M_{21}}$

地区 ＼ 专业	随机选取	考虑专业指向性
无回避	0.70	0.90
同区回避	0.90	0.95

（2）培训工作的可靠性 $R_{M_{22}}$

培训力度	少数人培训	不完全培训	完全培训
可靠性	0.70	0.90	0.98

（3）组织评估工作的可靠性 $R_{M_{23}}$

	无上级认定	有上级认定
专家评估	0.90	0.95
专家评估结合学校互评等	0.95	0.98

（二）信息系统参数设计

（1）自评信息核查 R_{I_1}

	简单核查	一般核查	仔细核查
可靠性	0.85	0.90	0.98

（2）现场信息采集 R_{I_2}

专家人数	≤3	3~5	≥6
可靠性	0.85	0.90	0.95

（三）专家系统赋值 R_E

判对率（每人）	0.70	0.80	0.90
R（专家人数 5~9）	0.85	0.95	0.99
R（10~14）	0.90	0.98	1
R（>15）	0.95	1	1

注:应根据'评选方式'对赋值 R 进行调整。R 的确定可按表4.3.8中的方案二。

评选方式	投票（2 种选择）	投票（3 种以上选择）	打分
折算因子 f	1	0.95	0.90

专家评估系统可靠性为

$$R_E = R \times f$$

模型 19　市成人高校精品课程评估

一、项目评估背景

进一步加强本市成人高等教育内涵建设,全面推进成人高等教育教学改革,优化专业学科结构,深化教学改革,提高人才培养质量,办出成人高等教育特色,为构建终身教育体系、建设学习型社会服务。

评估分初审、复审两个阶段。初审阶段的工作有审核申报材料,网上教学资源评审,专家组汇总评审情况;复审阶段的工作是对排名前 X 位的精品课程进行复审。

二、工作流程图（图 4.4.37）

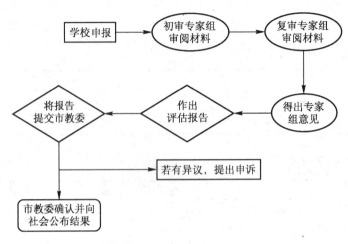

图 4.4.37　评估工作流程图

三、评估工作可靠性模型

1. 评估工作可靠性框图（图 4.4.38）

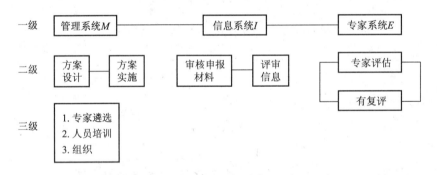

图 4.4.38　评估系统可靠性框图

2. 评估工作可靠性计算式

$$R = R_M \times R_I \times R_E$$

$$R_M = R_{M_1} \times R_{M_2} = R_{M_1} \times (R_{M_{21}} \times 0.3 + R_{M_{22}} \times 0.2 + R_{M_{23}} \times 0.5)$$

$$R_I = R_{I_1} \times R_{I_2}$$

四、参数设计

（一）管理系统参数设计

1. 方案设计子系统 R_{M_1}

设计 审核	单　人	多　人
无	0.70	0.80
单人	0.80	0.95
会议	0.90	0.98

2．方案实施子系统参数设计

（1）专家遴选工作可靠性 $R_{M_{21}}$

专业 地区	随机选取	考虑专业指向性
无回避	0.70	0.90
同区回避	0.90	0.95

（2）培训工作的可靠性 $R_{M_{22}}$

培训力度	少数人培训	不完全培训	完全培训
可靠性	0.70	0.90	0.98

（3）组织评估工作的可靠性 $R_{M_{23}}$

	无上级认定	有上级认定
专家评估	0.90	0.95
专家评估结合学校互评等	0.95	0.98

（二）信息系统参数设计

1．审核申报材料 R_{I_1}

	简单核查	一般核查	仔细核查
可靠性	0.85	0.90	0.98

2．评审信息 R_{I_2}

	不很全面	较全面	很全面
可靠性	0.85	0.90	0.98

（三）专家系统 R_E

专家人数	5 ~ 9	10 ~ 14	> 14
可靠性	0.90	0.95	0.99

有复评,专家评估系统可靠性为

$$R_E = 1 - (1 - R)^2$$

模型 20　市高职院校职业教育公共实训基地建设项目暨民办高校教学高地建设项目评估

一、项目评估背景

为促进本市高职院校和民办高校办学水平的提高,加强学生实际能力培养,"十一五"期间,市政府拨出专款分别用于高职院校职业教育公共实训基地建设和民办高校教学高地建设项目。实施这两个项目的根本宗旨在于通过政府公共财政有力度的支持和学校的自筹经费,改善办学条件和设施,打造一批设施精良、管理到位的现代化的公共实训基地和民办高校教学高地。

二、工作流程图（图 4.4.39）

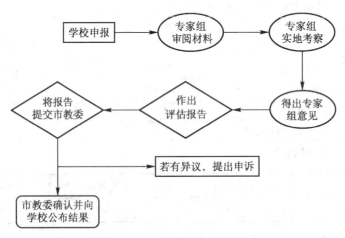

图 4.4.39　评估工作流程图

三、评估工作可靠性模型

1. 评估工作可靠性框图（图 4.4.40）

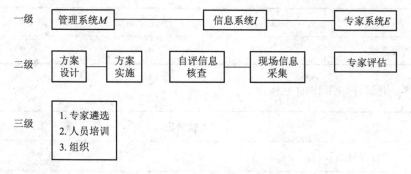

图 4.4.40　评估系统可靠性框图

2. 评估工作可靠性计算式

$$R = R_M \times R_I \times R_E$$

$$R_M = R_{M_1} \times R_{M_2} = R_{M_1} \times (R_{M_{21}} \times 0.3 + R_{M_{22}} \times 0.2 + R_{M_{23}} \times 0.5)$$

$$R_I = R_{I_1} \times R_{I_2}$$

四、参数设计

（一）管理系统参数设计

1. 方案设计子系统 R_{M_1}

审核 ＼ 设计	单　人	多　人
无	0.70	0.80
单人	0.80	0.95
会议	0.90	0.98

2. 方案实施子系统参数设计

（1）专家遴选工作可靠性 $R_{M_{21}}$

地区 ＼ 专业	随机选取	考虑专业指向性
无回避	0.70	0.90
同区回避	0.90	0.95

（2）培训工作的可靠性 $R_{M_{22}}$

培训力度	少数人培训	不完全培训	完全培训
可靠性	0.70	0.90	0.98

（3）组织评估工作的可靠性 $R_{M_{23}}$

	无上级认定	有上级认定
专家评估	0.90	0.95
专家评估结合学校互评等	0.95	0.98

（二）信息系统参数设计

1. 自评信息核查 R_{I_1}

	简单核查	一般核查	仔细核查
可靠性	0.85	0.90	0.98

2. 现场信息采集 R_{I_2}

专家人数	≤3	3～5	≥6
可靠性	0.85	0.90	0.95

（三）专家系统 R_E

专家人数	5～7	8～10	＞10
可靠性	0.90	0.95	0.99

模型 21　市高职高专院校新专业设置备案评估

一、项目评估背景

通过新专业设置备案评估,进一步规范和重视专业名称、专业办学条件及专业人才需求等问题,引导本市高职高专教育持续健康发展。

二、工作流程图（图 4.4.41）

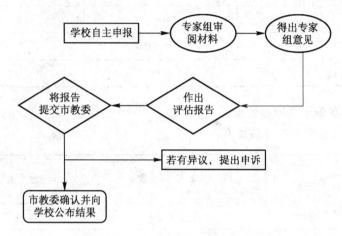

图 4.4.41　评估工作流程图

三、评估工作可靠性模型

1. 评估工作可靠性框图（图 4.4.42）

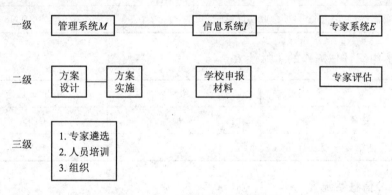

图 4.4.42　评估系统可靠性框图

2. 评估工作可靠性计算式

$$R = R_M \times R_I \times R_E$$

$$R_M = R_{M_1} \times R_{M_2} = R_{M_1} \times (R_{M_{21}} \times 0.3 + R_{M_{22}} \times 0.2 + R_{M_{23}} \times 0.5)$$

四、参数设计

（一）管理系统参数设计

1. 方案设计子系统 R_{M_1}

审核 \ 设计	单　人	多　人
无	0.70	0.80
单人	0.80	0.95
会议	0.90	0.98

2. 方案实施子系统参数设计

(1) 专家遴选工作可靠性 $R_{M_{21}}$

地区 \ 专业	随机选取	考虑专业指向性
无回避	0.70	0.90
同区回避	0.90	0.95

(2) 培训工作的可靠性 $R_{M_{22}}$

培训力度	少数人培训	不完全培训	完全培训
可靠性	0.70	0.90	0.98

(3) 组织评估工作的可靠性 $R_{M_{23}}$

	无上级认定	有上级认定
专家评估	0.90	0.95
专家评估结合学校互评等	0.95	0.98

(二) 信息系统 R_I

学校申报材料核查	简单核查	一般核查	仔细核查
可靠性	0.85	0.90	0.98

(三) 专家系统 R_E

专家人数	5～9	10～14	>14
可靠性	0.90	0.95	0.99

模型 22　市高职高专人才培养工作水平评估

一、项目评估背景

通过系统总结学校人才培养工作,肯定成绩,找出存在的突出问题,制订并实施整改方案;进一步明确办学目标和定位,规范办学标准,自觉建立人才培养质量自我保障和监控机制;总结优秀学校的办学经验,树立典型,不断增强高职高专提高人才培养质量和社会声誉的内在动力;发挥评估对学校人才培养工作的规范、导向作用。通过评估工作的实施,逐步建立国家、省级高职高专教育评估制度、质量保障机制和社会对人才培养质量的认可制度;积极探索中国高职高专教育评估理论和制度体系;改善与加强政府教育行政部门对高职高专院校的宏观管理,促进高职高专教育持续健康发展。

二、工作流程图(图 4.4.43)

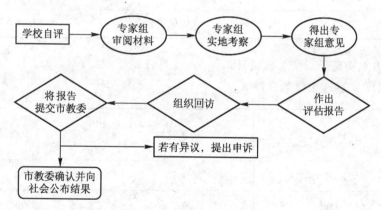

图 4.4.43　评估工作流程图

三、评估工作可靠性模型

1. 评估工作可靠性框图(图 4.4.44)

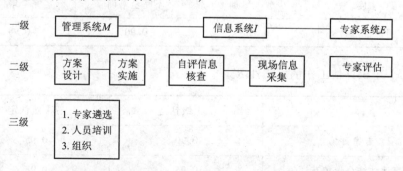

图 4.4.44　评估系统可靠性框图

135

2. 评估工作可靠性计算式

$$R = R_M \times R_I \times R_E$$

$$R_M = R_{M_1} \times R_{M_2} = R_{M_1} \times (R_{M_{21}} \times 0.3 + R_{M_{22}} \times 0.2 + R_{M_{23}} \times 0.5)$$

$$R_I = R_{I_1} \times R_{I_2}$$

四、参数设计

（一）管理系统参数设计

1. 方案设计子系统赋值 R_{M_1}

设计 审核	单　人	多　人
无	0.70	0.80
单人	0.80	0.95
会议	0.90	0.98

2. 方案实施子系统参数设计

（1）专家遴选工作可靠性 $R_{M_{21}}$

专业 地区	随机选取	考虑专业指向性
无回避	0.70	0.90
同区回避	0.90	0.95

（2）培训工作的可靠性 $R_{M_{22}}$

培训力度	少数人培训	不完全培训	完全培训
可靠性	0.70	0.90	0.98

（3）组织评估工作的可靠性 $R_{M_{23}}$

	无上级认定	有上级认定
专家评估	0.90	0.95
专家评估结合学校互评等	0.95	0.98

（二）信息系统参数设计

1. 自评信息核查 R_{I_1}

	简单核查	一般核查	仔细核查
可靠性	0.85	0.90	0.98

2. 现场信息采集 R_{I_2}

专家人数	≤3	3～5	≥6
可靠性	0.85	0.90	0.95

（三）专家系统 R_E

专家人数	5～9	10～14	>14
可靠性	0.90	0.95	0.99

有回访,专家评估系统可靠性为

$$R_E = 1 - (1 - R)^2$$

模型 23　某市普通高校本科新设置专业评估

一、项目评估背景

在高等学校规模不断扩大、新设置专业不断增加的情况下,如何进一步对高等学校的专业设置实行指导、检查、监督并加强新专业建设,成为各高校和教育行政部门十分关注的问题。实行目标管理和过程管理相结合,充分发挥教育中介机构的作用,组织专家对高校新设置专业建设的情况进行客观的符合实际的评价,对促进学校的教学,完善办学条件,重视新设置专业的内涵建设,保证人才培养的质量,使新专业建设走上良性的健康发展道路是有着重要的意义。

二、工作流程图（图 4.4.45）

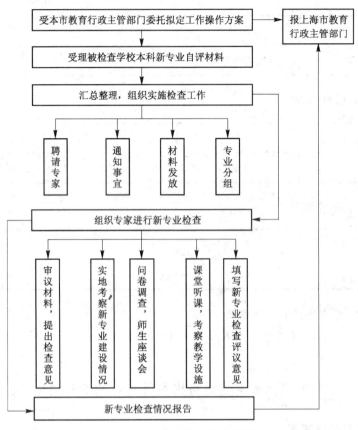

图 4.4.45　评估工作流程图

三、评估工作可靠性模型

1. 评估工作可靠性框图（图 4.4.46）

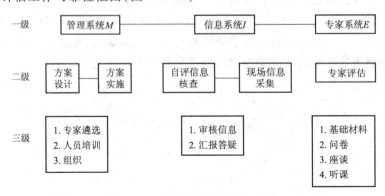

图 4.4.46　评估系统可靠性框图

2. 评估工作可靠性计算式

$$R = R_M \times R_I \times R_E$$

$$R_M = R_{M_1} \times R_{M_2} = R_{M_1} \times (R_{M_{21}} \times 0.3 + R_{M_{22}} \times 0.2 + R_{M_{23}} \times 0.5)$$

$$R_I = R_{I_1} \times R_{I_2} = (R_{I_{11}} \times 0.7 + R_{I_{12}} \times 0.3) \times (R_{I_{21}} \times 0.3 + R_{I_{22}} \times 0.2 + R_{I_{23}} \times 0.2 + R_{I_{24}} \times 0.3)$$

四、参数设计

（一）管理系统参数设计

1. 方案设计子系统 R_{M_1}

审核＼设计	单　人	多　人
无	0.70	0.80
单人	0.80	0.95
会议	0.90	0.98

2. 方案实施子系统参数设计

（1）专家遴选工作可靠性 $R_{M_{21}}$

地区＼专业	随机选取	考虑专业指向性
无回避	0.70	0.90
同区回避	0.90	0.95

（2）培训工作的可靠性 $R_{M_{22}}$

培训力度	少数人培训	不完全培训	完全培训
可靠性	0.70	0.90	0.98

（3）组织评估工作的可靠性 $R_{M_{23}}$

组织工作	不顺利	较顺利	很顺利
可靠性	0.80	0.90	0.98

（二）信息系统参数设计

1. 自评信息核查子系统参数设计

（1）审核信息可靠性 $R_{I_{11}}$

	简单核查	一般核查	仔细核查
可靠性	0.85	0.90	0.98

（2）汇报答疑可靠性 $R_{I_{12}}$

专家人数	≤3	3～5	≥6
可靠性	0.85	0.90	0.95

2. 现场信息采集子系统参数设计

（1）基础材料采集 $R_{I_{21}}$

考察范围	不很全面	较全面	很全面
可靠性	0.85	0.92	0.98

（2）问卷调查 $R_{I_{22}}$

群体种类 ＼ 调查数量	＜3%	3%～6%	＞6%
一类群体	0.85	0.92	0.95
二类及以上群体	0.88	0.95	0.98

（3）座谈 $R_{I_{23}}$

群体种类 ＼ 座谈数量	≤3 次	4～10 次	＞10 次
一类群体	0.85	0.92	0.95
二类及以上群体	0.88	0.95	0.98

（4）听课 $R_{I_{24}}$

① 预先安排听课

听课数量 听课种类	<10% 以下	10% ~ 15%	>15%
少	0.70	0.80	0.90
多	0.80	0.90	0.98

② 随机抽查听课

听课数量 听课种类	<5% 以下	5% ~ 10%	>10%
少	0.85	0.90	0.95
多	0.90	0.95	0.99

（三）专家系统 R_E

判对率（每人）	0.70	0.80	0.90
R（专家人数 5 ~ 9）	0.85	0.95	0.99
R（10 ~ 14）	0.90	0.98	1
R（ >15）	0.95	1	1

注：应根据'评选方式'对赋值 R 进行调整。R 的确定也可按表 4.3.8 中的方案二。

评选方式	投票（2 种选择）	投票（3 种以上选择）	打分
折算因子 f	1	0.95	0.90

专家评估系统可靠性为

$$R_E = R \times f$$

模型 24　市高校本科精品课程评审

一、项目评估背景

精品课程建设是教育部"质量工程"的重要内容,是切实提升高校教学质量的重要措施。按照精品课程建设的要求,评选出本市具有一流教师队伍、一流教学内容、一流教学方法、一流教材、一流教学管理等特点的示范性课程,充分体现精品课程的示范和辐射作用,对提高本市高校本科教学质量有着重要意义。

二、工作流程图（图4.4.47）

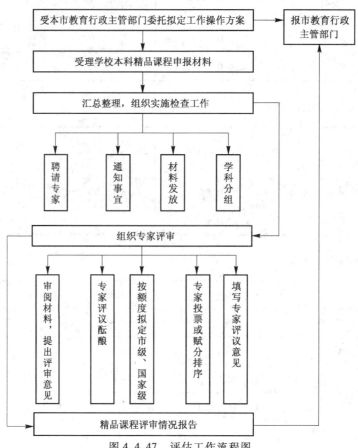

图 4.4.47　评估工作流程图

三、评估工作可靠性模型

1. 评估工作可靠性框图（图4.4.48）

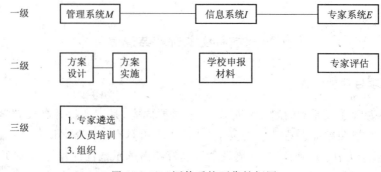

图 4.4.48　评估系统可靠性框图

2. 评估工作可靠性计算式

$$R = R_M \times R_I \times R_E$$

$$R_M = R_{M_1} \times R_{M_2} = R_{M_1} \times (R_{M_{21}} \times 0.3 + R_{M_{22}} \times 0.2 + R_{M_{23}} \times 0.5)$$

四、参数设计

（一）管理系统参数设计

1. 方案设计子系统 R_{M_1}

审核＼设计	单 人	多 人
无	0.70	0.80
单人	0.80	0.95
会议	0.90	0.98

2. 方案实施子系统参数设计

（1）专家遴选工作可靠性 $R_{M_{21}}$

地区＼专业	随机选取	考虑专业指向性
无回避	0.70	0.90
同区回避	0.90	0.95

（2）培训工作的可靠性 $R_{M_{22}}$

培训力度	少数人培训	不完全培训	完全培训
可靠性	0.70	0.90	0.98

（3）组织评估工作的可靠性 $R_{M_{23}}$

	无上级认定	有上级认定
专家评估	0.90	0.95
专家评估结合学校互评等	0.95	0.98

（二）信息系统 R_I

学校申报材料核查	简单核查	一般核查	仔细核查
可靠性	0.85	0.90	0.98

（三）专家系统 R_E

专家人数	5～9	10～14	＞14
可靠性	0.90	0.95	0.99

模型 25　市高校本科精品课程检查评估

一、项目评估背景

为了全面落实精品课程建设工作,确保本市普通高校精品课程建设质量,发挥教学优质资源的辐射示范作用,加大精品课程建设的力度,进一步加强对精品课程工作的管理,特开展本次检查工作。

二、工作流程图(图 4.4.49)

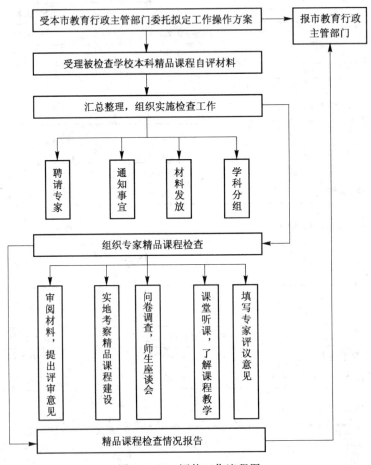

图 4.4.49　评估工作流程图

三、评估工作可靠性模型

1. 评估工作可靠性框图(图 4.4.50)

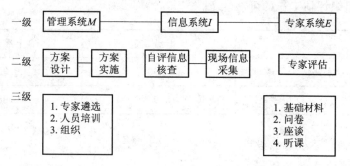

图 4.4.50　评估系统可靠性框图

2. 评估工作可靠性计算式

$$R = R_M \times R_I \times R_E$$

$$R_M = R_{M_1} \times R_{M_2} = R_{M_1} \times (R_{M_{21}} \times 0.3 + R_{M_{22}} \times 0.2 + R_{M_{23}} \times 0.5)$$

$$R_I = R_{I_1} \times R_{I_2} = R_{I_1} \times (R_{I_{21}} \times 0.2 + R_{I_{22}} \times 0.2 + R_{I_{23}} \times 0.2 + R_{I_{24}} \times 0.4)$$

四、参数设计

（一）管理系统参数设计

1. 方案设计子系统 R_{M_1}

审核＼设计	单　人	多　人
无	0.70	0.80
单人	0.80	0.95
会议	0.90	0.98

2. 方案实施子系统参数设计

（1）专家遴选工作可靠性 $R_{M_{21}}$

地区＼专业	随机选取	考虑专业指向性
无回避	0.70	0.90
同区回避	0.90	0.95

（2）培训工作的可靠性 $R_{M_{22}}$

培训力度	少数人培训	不完全培训	完全培训
可靠性	0.70	0.90	0.98

（3）组织评估工作的可靠性 $R_{M_{23}}$

	无上级认定	有上级认定
专家评估	0.90	0.95
专家评估结合学校互评等	0.95	0.98

（二）信息系统参数设计

1. 自评信息核查 R_{I_1}

	简单核查	一般核查	仔细核查
可靠性	0.85	0.90	0.98

2. 现场信息采集子系统参数设计

（1）基础材料采集 $R_{I_{21}}$

考察范围	不很全面	较全面	很全面
可靠性	0.85	0.92	0.98

（2）问卷调查 $R_{I_{22}}$

群体种类 ＼ 调查数量	＜3%	3%～6%	＞6%
一类群体	0.85	0.92	0.95
二类及以上群体	0.88	0.95	0.98

（3）座谈 $R_{I_{23}}$

群体种类 ＼ 座谈数量	≤2 次	3～5 次	＞5 次
一类群体	0.85	0.92	0.95
二类及以上群体	0.88	0.95	0.98

（4）听课 $R_{I_{24}}$

① 预先安排听课

146

听课种类 \ 听课数量	< 10%	10% ~ 15%	> 15%
少	0.70	0.80	0.90
多	0.80	0.90	0.98

② 随机抽查听课

听课种类 \ 听课数量	< 5%	5% ~ 10%	> 10%
少	0.85	0.90	0.95
多	0.90	0.95	0.99

（三）专家系统 R_E

判对率（每人）	0.70	0.80	0.90
R（专家人数 5 ~ 9）	0.85	0.95	0.99
R（10 ~ 14）	0.90	0.98	1
R（> 15）	0.95	1	1

注：应根据'评选方式'对赋值 R 进行调整。R 的确定也可按表 4.3.8 中的方案二。

评选方式	投票（2 种选择）	投票（3 种以上选择）	打分
折算因子 f	1	0.95	0.90

专家评估系统可靠性为

$$R_E = R \times f$$

模型 26 普通高校优秀教材评奖

一、项目评估背景

为进一步推进高校教材建设工作,发挥优秀教材的示范和辐射作用,特开展高校优秀教材的评奖工作,以促进教材建设和教学质量的提高。

二、工作流程图（图 4.4.51）

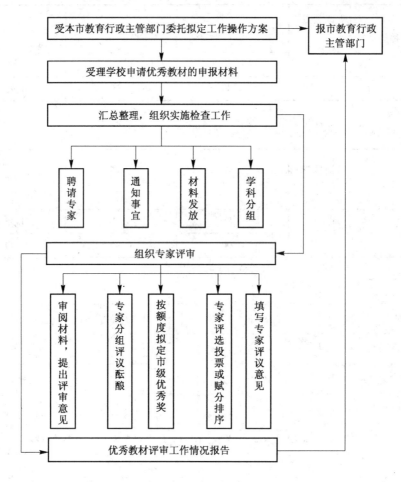

图 4.4.51　评估工作流程图

三、评估工作可靠性模型

1. 评估工作可靠性框图(图 4.4.52)

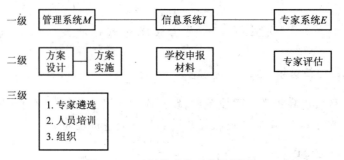

图 4.4.52　评估系统可靠性框图

2. 评估工作可靠性计算式

$$R = R_M \times R_I \times R_E$$

$$R_M = R_{M_1} \times R_{M_2} = R_{M_1} \times (R_{M_{21}} \times 0.3 + R_{M_{22}} \times 0.2 + R_{M_{23}} \times 0.5)$$

四、参数设计

（一）管理系统参数设计

1. 方案设计子系统 R_{M_1}

审核 ＼ 设计	单　人	多　人
无	0.70	0.80
单人	0.80	0.95
会议	0.90	0.98

2. 方案实施子系统参数设计

（1）专家遴选工作可靠性 $R_{M_{21}}$

地区 ＼ 专业	随机选取	考虑专业指向性
无回避	0.70	0.90
同区回避	0.90	0.95

（2）培训工作的可靠性 $R_{M_{22}}$

培训力度	少数人培训	不完全培训	完全培训
可靠性	0.70	0.90	0.98

（3）组织评估工作的可靠性 $R_{M_{23}}$

	无上级认定	有上级认定
专家评估	0.90	0.95
专家评估结合学校互评等	0.95	0.98

（二）信息系统 R_I

学校申报材料核查	简单核查	一般核查	仔细核查
可靠性	0.85	0.90	0.98

（三）专家系统赋值 R_E

判对率(每人)	0.70	0.80	0.90
R(专家人数 5~9)	0.85	0.95	0.99
$R(10~14)$	0.90	0.98	1
$R(>15)$	0.95	1	1

注:应根据'评选方式'对赋值 R 进行调整。R 的确定也可按表4.3.8中的方案二。

评选方式	投票(2种选择)	投票(3种以上选择)	打分
折算因子 f	1	0.95	0.90

专家评估系统可靠性为

$$R_E = R \times f$$

模型 27　市级优秀教学成果奖评奖

一、项目评估背景

总结和展示近年来本市高校在高等教育教学改革方面所取得的重大成果,鼓励单位和个人进行教育教学的研究和改革,奖励取得教学成果的单位和个人,促进教学水平和教育质量的不断提高。

二、工作流程图(图4.4.53)

三、评估工作可靠性模型

1. 评估工作可靠性框图(图4.4.54)

2. 评估工作可靠性计算式

$$R = R_M \times R_I \times R_E$$

$$R_M = R_{M_1} \times R_{M_2} = R_{M_1} \times (R_{M_{21}} \times 0.3 + R_{M_{22}} \times 0.2 + R_{M_{23}} \times 0.5)$$

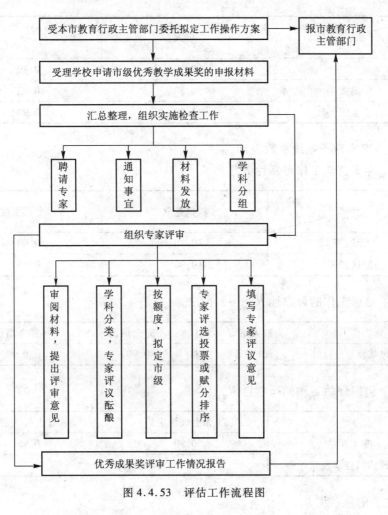

图 4.4.53 评估工作流程图

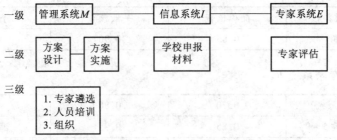

图 4.4.54 评估系统可靠性框图

四、参数设计

（一）管理系统参数设计

1. 方案设计子系统 R_{M_1}

审核 \ 设计	单人	多人
无	0.70	0.80
单人	0.80	0.95
会议	0.90	0.98

2. 方案实施子系统参数设计

（1）专家遴选工作可靠性 $R_{M_{21}}$

地区 \ 专业	随机选取	考虑专业指向性
无回避	0.70	0.90
同区回避	0.90	0.95

（2）培训工作的可靠性 $R_{M_{22}}$

培训力度	少数人培训	不完全培训	完全培训
可靠性	0.70	0.90	0.98

（3）组织评估工作的可靠性 $R_{M_{23}}$

	无上级认定	有上级认定
专家评估	0.90	0.95
专家评估结合学校互评等	0.95	0.98

（二）信息系统 R_I

学校申报材料核查	简单核查	一般核查	仔细核查
可靠性	0.85	0.90	0.98

（三）专家系统 R_E

判对率（每人）	0.70	0.80	0.90
R（专家人数 5~9）	0.85	0.95	0.99
R（10~14）	0.90	0.98	1
R（>15）	0.95	1	1
注：应根据'评选方式'对赋值 R 进行调整。R 的确定也可按表 4.3.8 中的方案二。			
评选方式	投票（2种选择）	投票（3种以上选择）	打分
折算因子 f	1	0.95	0.90

152

专家评估系统可靠性为

$$R_E = R \times f$$

模型 28　市普通高等学校设置评估

一、项目评估背景

为适应社会经济发展和高等教育办学规模、结构的协调发展,规范对学校在办学条件、硬件设施、师资力量、教学管理和教学质量等方面的基本要求,提高办学层次、水平和综合能力,提升上海高等教育的综合竞争力,按照教育部关于普通高等学校设置要求,特对申办学校进行需求和办学基本条件方面的评估。

二、工作流程图(图 4.4.55)

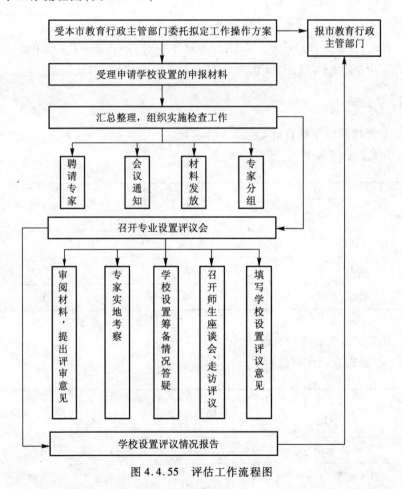

图 4.4.55　评估工作流程图

三、评估工作可靠性模型

1. 评估工作可靠性框图（图4.4.56）

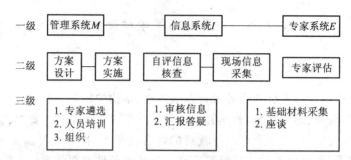

图4.4.56 评估系统可靠性框图

2. 评估工作可靠性计算式

$$R = R_M \times R_I \times R_E$$

$$R_M = R_{M_1} \times R_{M_2} = R_{M_1} \times (R_{M_{21}} \times 0.3 + R_{M_{22}} \times 0.2 + R_{M_{23}} \times 0.5)$$

$$R_I = R_{I_1} \times R_{I_2} = (R_{I_{11}} \times 0.7 + R_{I_{12}} \times 0.3) \times (R_{I_{21}} \times 0.7 + R_{I_{22}} \times 0.3)$$

四、参数设计

（一）管理系统参数设计

1. 方案设计子系统 R_{M_1}

审核 ＼ 设计	单人	多人
无	0.70	0.80
单人	0.80	0.95
会议	0.90	0.98

2. 方案实施子系统参数设计

（1）专家遴选工作可靠性 $R_{M_{21}}$

地区 ＼ 专业	随机选取	考虑专业指向性
无回避	0.70	0.90
同区回避	0.90	0.95

（2）培训工作的可靠性 $R_{M_{22}}$

培训力度	少数人培训	不完全培训	完全培训
可靠性	0.70	0.90	0.98

（3）组织评估工作的可靠性 $R_{M_{23}}$

	无上级认定	有上级认定
专家评估	0.90	0.95
专家评估结合学校互评等	0.95	0.98

（二）信息系统参数设计

1. 自评信息核查子系统参数设计

（1）审核信息可靠性 $R_{I_{11}}$

	简单核查	一般核查	仔细核查
可靠性	0.85	0.90	0.98

（2）汇报答疑可靠性 $R_{I_{12}}$

专家人数	≤3	3~5	≥6
可靠性	0.85	0.90	0.95

2. 现场信息采集子系统参数设计

（1）基础材料采集 $R_{I_{21}}$

考察范围	不很全面	较全面	很全面
可靠性	0.85	0.92	0.98

（2）座谈 $R_{I_{22}}$

座谈数量 群体种类	≤3 次	4~10 次	>10 次
一类群体	0.85	0.92	0.95
二类及以上群体	0.88	0.95	0.98

155

（三）专家系统 R_E

判对率（每人）	0.70	0.80	0.90
R（专家人数 5~9）	0.85	0.95	0.99
R（10~14）	0.90	0.98	1
R（>15）	0.95	1	1

注：应根据'评选方式'对赋值 R 进行调整。R 的确定也可按表 4.3.8 中的方案二。

评选方式	投票（2 种选择）	投票（3 种以上选择）	打分
折算因子 f	1	0.95	0.90

专家评估系统可靠性为

$$R_E = R \times f$$

模型 29 研究生课程进修班检查项目

一、项目目的与指导思想

研究本市研究生课程进修班的办学状况,总结研究生课程进修班管理的经验,及时发现研究生课程进修班在政府管理层面、学校管理层面、实际操作层面存在的问题,并提出对策和建议,以进一步规范和加强管理,从而达到提高研究生课程进修班整体办学质量的目的。

二、工作流程图（图 4.4.57）

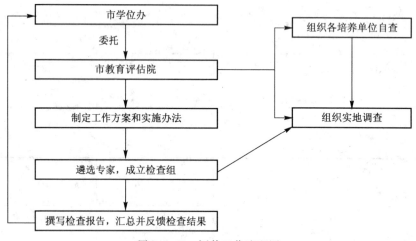

图 4.4.57 评估工作流程图

三、评估工作可靠性模型

1. 评估工作可靠性框图（图 4.4.58）

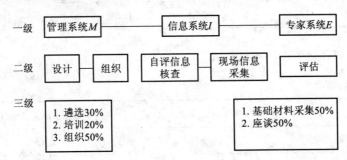

图 4.4.58 评估系统可靠性框图

2. 评估工作可靠性计算式

$$R = R_M \times R_I \times R_E$$

$$R_M = R_{M_1} \times (R_{M_{21}} \times 30\% + R_{M_{22}} \times 20\% + R_{M_{23}} \times 50\%)$$

$$R_I = R_{I_1} \times (R_{I_{21}} \times 50\% + R_{I_{22}} \times 50\%)$$

四、参数设计

（一）管理系统参数设计

1. 方案设计的可靠性 R_{M_1}

设计 审核	单人	多人
无	0.70	0.80
单人	0.80	0.95
会议	0.90	0.98

2. 组织部分子系统参数设计

（1）专家遴选工作的可靠性 $R_{M_{21}}$

专业 地区	随机选取	考虑专业指向性
无回避	0.70	0.90
同区回避	0.90	0.95

（2）培训工作的可靠性 $R_{M_{22}}$

培训力度	少数人培训	不完全培训	完全培训
可靠性	0.70	0.90	0.98

（3）组织评估工作的可靠性 $R_{M_{23}}$
方案一

	无上级认定	有上级认定
专家评估	0.90	0.95
专家评估结合学校互评等	0.95	0.98

方案二

组织工作	不顺利	较顺利	很顺利
可靠性	0.80	0.90	0.98

（二）信息系统参数设计

1. 自评材料核查可靠性 R_{I_1}

	简单核查	一般核查	仔细核查
可靠性	0.85	0.90	0.98

2. 现场信息采集子系统参数设计

（1）基础材料采集 $R_{I_{21}}$

考察范围	不很全面	较全面	很全面
可靠性	0.85	0.92	0.98

（2）座谈 $R_{I_{22}}$

座谈数量 群体种类	≤2 次	3～5 次	>5 次
一类群体	0.85	0.92	0.95
二类及以上群体	0.88	0.95	0.98

（三）专家系统参数设计

158

专家评估系统可靠性 R_E

专家人数	5~7	8~10	>10
可靠性	0.90	0.95	0.99

模型30 市研究生学位论文抽查"双盲"评议

一、项目目的与指导思想

研究生学位论文抽查"双盲"评议的目的是为了建立切实有效的质量监察机制,保证和提高本市研究生培养和学位授予质量。双盲评议坚持客观、公正的指导原则,分学科按一定比例抽查。双盲抽检评议分为博士/硕士和专业学位两大类,按照定量评价和定性评阅相结合的方式进行评议。专家主要从"选题、创新性、学术性/可行性、应用性和准确性"几大方面进行评审赋分。

二、工作流程图(图4.4.59)

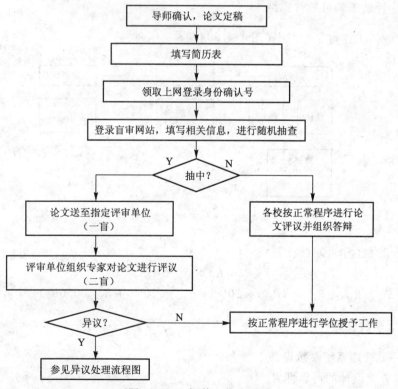

图 4.4.59 评估工作流程图

159

异议处理流程图

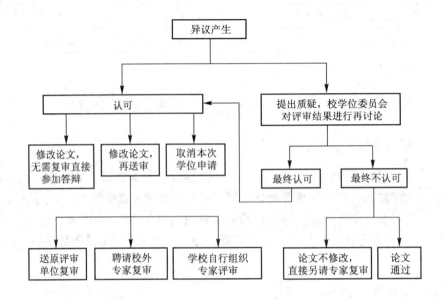

三、评估工作可靠性模型

1. 评估工作可靠性框图(图4.4.60)

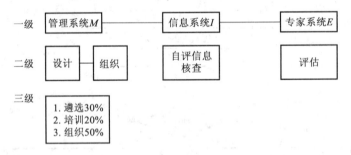

图 4.4.60　评估系统可靠性框图

2. 评估工作可靠性计算式

$$R = R_M \times R_I \times R_E$$

$$R_M = R_{M_1} \times (R_{M_{21}} \times 30\% + R_{M_{22}} \times 20\% + R_{M_{23}} \times 50\%)$$

四、参数设计

(一)管理系统参数设计

1. 方案设计的可靠性 R_{M_1}

审核 \ 设计	单人	多人
无	0.70	0.90
单人	0.90	0.98
会议	0.95	0.99

2. 组织部分子系统参数设计

（1）专家遴选工作的可靠性 $R_{M_{21}}$

地区 \ 专业	随机选取	考虑专业指向性
无回避	0.70	0.90
同区回避	0.90	0.95

（2）培训工作的可靠性 $R_{M_{22}}$

培训力度	少数人培训	不完全培训	完全培训
可靠性	0.70	0.90	0.98

（3）组织评估工作的可靠性 $R_{M_{23}}$

组织工作	不顺利	较顺利	很顺利
可靠性	0.80	0.90	0.98

（二）信息系统参数设计

自评材料核查可靠性 R_I

	简单核查	一般核查	仔细核查
可靠性	0.85	0.90	0.98

（三）专家系统参数设计

专家评估系统可靠性 R_E

专家人数	3~4	5~6	>6
可靠性	0.90	0.95	0.99

模型 31　研究生培养质量检查项目

一、项目目的与指导思想

进一步促进本市研究生教育的发展,更加合理、有效地监控研究生的培养过程,总结培养过程中的有益经验和好的做法,发现薄弱环节,使各高校将质量保证问题置于办学战略的高度予以充分重视,真正体现全面质量观、多元质量观、全社会参与质量观以及与之适应的培养模式和方法,从而提高本市的研究生教育质量。

二、工作流程图(图 4.4.61)

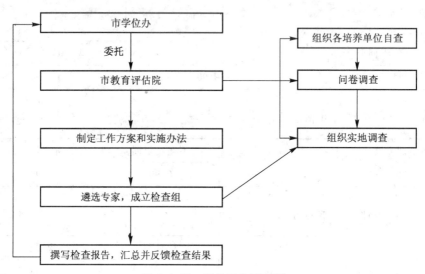

图 4.4.61　评估工作流程图

三、评估工作可靠性模型

1. 评估工作可靠性框图(图 4.4.62)

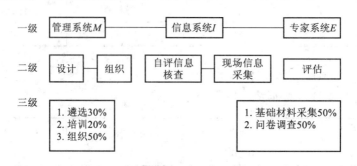

图 4.4.62　评估系统可靠性框图

162

2．评估工作可靠性计算式

$$R = R_M \times R_I \times R_E$$

$$R_M = R_{M_1} \times (R_{M_{21}} \times 30\% + R_{M_{22}} \times 20\% + R_{M_{23}} \times 50\%)$$

$$R_I = R_{I_1} \times (R_{I_{21}} \times 50\% + R_{I_{22}} \times 50\%)$$

四、参数设计

（一）管理系统参数设计

1．方案设计的可靠性 R_{M_1}

设计 审核	单人	多人
无	0.70	0.80
单人	0.80	0.95
会议	0.90	0.98

2．组织部分子系统参数设计

（1）专家遴选工作的可靠性 $R_{M_{21}}$

专业 地区	随机选取	考虑专业指向性
无回避	0.70	0.90
同区回避	0.90	0.95

（2）培训工作的可靠性 $R_{M_{22}}$

培训力度	少数人培训	不完全培训	完全培训
可靠性	0.70	0.90	0.98

（3）组织评估工作的可靠性 $R_{M_{23}}$

组织工作	不顺利	较顺利	很顺利
可靠性	0.80	0.90	0.98

（二）信息系统参数设计

1．自评材料核查可靠性 R_{I_1}

	简单核查	一般核查	仔细核查
可靠性	0.85	0.90	0.98

2. 现场信息采集子系统参数设计

（1）基础材料采集 $R_{I_{21}}$

考察范围	不很全面	较全面	很全面
可靠性	0.85	0.92	0.98

（2）问卷调查 $R_{I_{22}}$

调查数量 群体种类	<3%	3% ~ 6%	>6%
一类群体	0.85	0.92	0.95
二类及以上群体	0.88	0.95	0.98

（三）专家系统参数设计

专家评估系统可靠性 R_E

专家人数	5 ~ 7	8 ~ 10	>10
可靠性	0.90	0.95	0.99

模型 32　市研究生优秀成果评选暨全国优秀博士论文初选

一、项目目的与指导思想

为了建立与完善研究生培养的质量监督和激励机制，促进高层次创造性人才脱颖而出，提高研究生培养和学位授予质量，根据历年来市学位办的有关文件精神，遵循"科学公正，注重创新，严格筛选，宁缺毋滥"的原则进行论文评选。论文评选标准为：选题应为本学科研究的前沿，具有重要的理论意义或现实意义；在理论上或方法上有创新，取得突破性成果，具有较好的社会效果或应用前景；材料翔实，分析严密，文字表达准确。

二、工作流程图（图4.4.63）

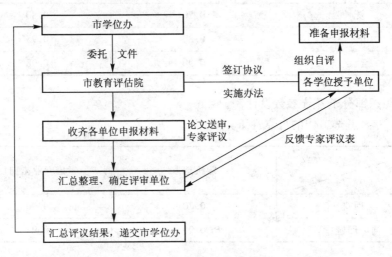

图4.4.63 评估工作流程图

三、评估工作可靠性模型

1. 评估工作可靠性框图（图4.4.64）

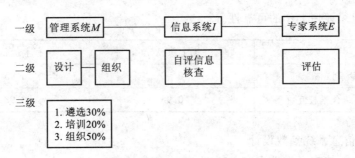

图4.4.64 评估系统可靠性框图

2. 评估工作可靠性计算式

$$R = R_M \times R_I \times R_E$$

$$R_M = R_{M_1} \times (R_{M_{21}} \times 30\% + R_{M_{22}} \times 20\% + R_{M_{23}} \times 50\%)$$

四、参数设计

（一）管理系统参数设计

1. 方案设计的可靠性 R_{M_1}

设计 审核	单人	多人
无	0.70	0.80
单人	0.80	0.95
会议	0.90	0.98

2. 组织部分子系统参数设计

（1）专家遴选工作的可靠性 $R_{M_{21}}$

专业 地区	随机选取	考虑专业指向性
无回避	0.70	0.90
同区回避	0.90	0.95

（2）培训工作的可靠性 $R_{M_{22}}$

培训力度	少数人培训	不完全培训	完全培训
可靠性	0.70	0.90	0.98

（3）组织评估工作的可靠性 $R_{M_{23}}$

	无上级认定	有上级认定
专家评估	0.90	0.95
专家评估结合学校互评等	0.95	0.98

（二）信息系统参数设计

自评材料核查可靠性 R_I

	简单核查	一般核查	仔细核查
可靠性	0.85	0.90	0.98

（三）专家系统参数设计

专家评估系统可靠性 R_E

专家人数	5~7	8~10	>10
可靠性	0.90	0.95	0.99

166

模型 33　市建设类培训机构办学能力评估

一、项目目的与指导思想

开展对本市建设类培训机构的办学能力评估的目的是为了提高培训质量,规范培训行为,进一步提升建设类职业培训机构办学水平,充分调动教育工作者的积极性和创造性,更好地为本市和国家经济建设和社会发展服务。评估标准主要分三个方面,即开设培训项目的条件、培训项目的教学工作和培训的质量与规模。

二、工作流程图(图 4.4.65)

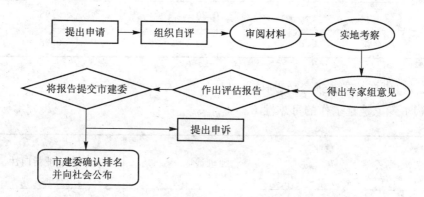

图 4.4.65　评估工作流程图

三、评估工作可靠性模型

1. 评估工作可靠性框图(图 4.4.66)

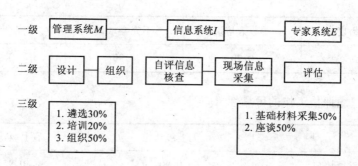

图 4.4.66　评估系统可靠性框图

2. 评估工作可靠性计算式

$$R = R_M \times R_I \times R_E$$

167

$$R_M = R_{M_1} \times (R_{M_{21}} \times 30\% + R_{M_{22}} \times 20\% + R_{M_{23}} \times 50\%)$$
$$R_I = R_{I_1} \times (R_{I_{21}} \times 50\% + R_{I_{22}} \times 50\%)$$

四、参数设计

（一）管理系统参数设计

1. 方案设计的可靠性 R_{M_1}

审核 ＼ 设计	单人	多人
无	0.70	0.80
单人	0.80	0.95
会议	0.90	0.98

2. 组织部分子系统参数设计

（1）专家遴选工作的可靠性 $R_{M_{21}}$

地区 ＼ 专业	随机选取	考虑专业指向性
无回避	0.70	0.90
同区回避	0.90	0.95

（2）培训工作的可靠性 $R_{M_{22}}$

培训力度	少数人培训	不完全培训	完全培训
可靠性	0.70	0.90	0.98

（3）组织评估工作的可靠性 $R_{M_{23}}$

	无上级认定	有上级认定
专家评估	0.90	0.95
专家评估结合学校互评等	0.95	0.98

（二）信息系统参数设计

1. 自评材料核查可靠性 R_{I_1}

	简单核查	一般核查	仔细核查
可靠性	0.85	0.90	0.98

2. 现场信息采集子系统参数设计
（1）基础材料采集 $R_{I_{21}}$

考察范围	不很全面	较全面	很全面
可靠性	0.85	0.92	0.98

（2）座谈 $R_{I_{22}}$

群体种类 ＼ 座谈数量	≤3 次	4～10 次	>10 次
一类群体	0.85	0.92	0.95
二类及以上群体	0.88	0.95	0.98

（三）专家系统参数设计
专家评估系统可靠性 R_E

专家人数	5～7	8～10	>10
可靠性	0.90	0.95	0.99

模型 34　市中小学行为规范示范校评审项目

一、项目目的与指导思想

为了切实贯彻《中共中央国务院关于进一步加强和改进未成年人思想道德建设的若干意见》的精神，充分发挥学校在未成年人思想道德建设中的主渠道、主阵地、主课堂作用，某市以建设新一轮本市中小学行为规范示范校（含中职学校）为契机，积极探索新世纪新时期未成年人思想道德建设的新思路。在示范校的评审中，市教育行政部门转变政府职能，创新教育管理机制，通过委托专业性的评估机构实施专业化评估，促进构建一套"典型示范，整体提升"的全面推进未成年人思想教育工作的新模式。评审标准包括 4 个一级指标，即学校建设与管理、学生自我教育能力培养、实施效果和特色。

二、工作流程图(图 4.4.67)

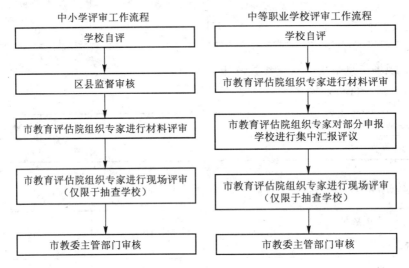

图 4.4.67　评估工作流程图

三、评估工作可靠性模型

1. 评估工作可靠性框图(图 4.4.68)

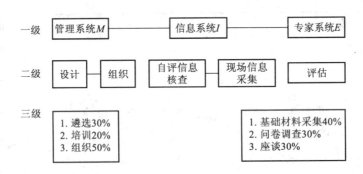

图 4.4.68　评估系统可靠性框图

2. 评估工作可靠性计算式

$$R = R_M \times R_I \times R_E$$

$$R_M = R_{M_1} \times (R_{M_{21}} \times 30\% + R_{M_{22}} \times 20\% + R_{M_{23}} \times 50\%)$$

$$R_I = R_{I_1} \times (R_{I_{21}} \times 40\% + R_{I_{22}} \times 30\% + R_{I_{23}} \times 30\%)$$

四、参数设计

（一）管理系统参数设计

1. 方案设计的可靠性 R_{M_1}

审核＼设计	单人	多人
无	0.70	0.80
单人	0.80	0.95
会议	0.90	0.98

2. 组织部分子系统参数设计

（1）专家遴选工作的可靠性 $R_{M_{21}}$

地区＼专业	随机选取	考虑专业指向性
无回避	0.70	0.90
同区回避	0.90	0.95

（2）培训工作的可靠性 $R_{M_{22}}$

培训力度	少数人培训	不完全培训	完全培训
可靠性	0.70	0.90	0.98

（3）组织评估工作的可靠性 $R_{M_{23}}$

	无上级认定	有上级认定
专家评估	0.90	0.95
专家评估结合学校互评等	0.95	0.98

（二）信息系统参数设计

1. 自评材料核查可靠性 R_{I_1}

	简单核查	一般核查	仔细核查
可靠性	0.85	0.90	0.98

2. 现场信息采集子系统参数设计

（1）基础材料采集 $R_{I_{21}}$

考察范围	不很全面	较全面	很全面
可靠性	0.85	0.92	0.98

（2）问卷调查 $R_{I_{22}}$

调查数量 群体种类	<3%	3%~6%	>6%
一类群体	0.85	0.92	0.95
二类及以上群体	0.88	0.95	0.98

（3）座谈 $R_{I_{22}}$

座谈数量 群体种类	≤3 次	4~10 次	>10 次
一类群体	0.85	0.92	0.95
二类及以上群体	0.88	0.95	0.98

（三）专家系统参数设计

专家评估系统可靠性 R_E

专家人数	5~9	10~14	>14
可靠性	0.90	0.95	0.99

模型 35　本市区县教师进修学院建设水平评估

一、项目目的与指导思想

教育部就加快推进县级教师培训机构的改革和建设,构建多功能的区域性教师学习与资源中心,发布了一系列指导性文件,并于 2005 年颁布《关于开展示范性县级教师培训机构评估认定工作的通知》,决定于 2005—2007 年在全国范围内组织评估认定 150 所左右示范性县级教师培训机构。

为促进教师进修院校内涵发展,某市教育行政部门决定在 2006—2008 年 3 年间组织一轮本市区县教师进修院校建设水平评估。开展这项评估工作的目的是贯彻"以评促建,以评促改,评建结合,重在建设"的方针,依据教育部对县级教师培训机构建设的指导意见,加强进修院校的标准化建设,强化区县政府责任,推进机构改革创新,促进内涵建设和功能完善,提高本市区县教师进修院校的建设水平。评估采用"标准引导与自主发展相结合","学校自评与专家评估相结合"的模式,将评定出"示范性院校"和"达标性院校",评估结果也将作为报送教育部"示范性县级教师培训机构"的重要依据。评估标准包含 7 个一级指标:① 领导组织;② 基础条件;③ 师资队伍;④ 功能发挥;⑤ 常规管理;⑥ 工作实绩;⑦ 特色创新。

二、工作流程图(图 4.4.69)

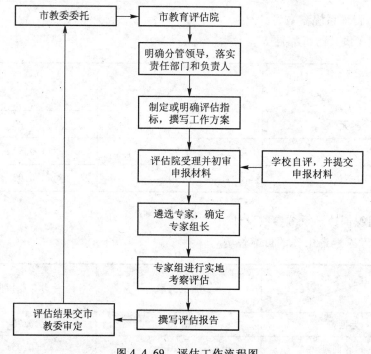

图 4.4.69　评估工作流程图

三、评估工作可靠性模型

1. 评估工作可靠性框图（图 4.4.70）

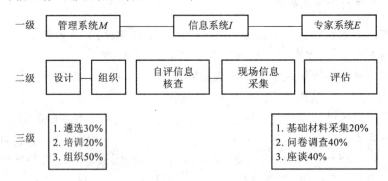

图 4.4.70　评估系统可靠性框图

2. 评估工作可靠性计算式

$$R = R_M \times R_I \times R_E$$

$$R_M = R_{M_1} \times (R_{M_{21}} \times 30\% + R_{M_{22}} \times 20\% + R_{M_{23}} \times 50\%)$$

$$R_I = R_{I_1} \times (R_{I_{21}} \times 20\% + R_{I_{22}} \times 40\% + R_{I_{23}} \times 40\%)$$

四、参数设计

（一）管理系统参数设计

1. 方案设计的可靠性 R_{M_1}

审核 ＼ 设计	单人	多人
无	0.70	0.80
单人	0.80	0.95
会议	0.90	0.98

2. 组织部分子系统参数设计

（1）专家遴选工作的可靠性 $R_{M_{21}}$

地区 ＼ 专业	随机选取	考虑专业指向性
无回避	0.70	0.90
同区回避	0.90	0.95

（2）培训工作的可靠性 $R_{M_{22}}$

培训力度	少数人培训	不完全培训	完全培训
可靠性	0.70	0.90	0.98

（3）组织评估工作的可靠性 $R_{M_{23}}$

	无上级认定	有上级认定
专家评估	0.90	0.95
专家评估结合学校互评等	0.95	0.98

（二）信息系统参数设计

1. 自评材料核查可靠性 R_{I_1}

	简单核查	一般核查	仔细核查
可靠性	0.85	0.92	0.98

2. 现场信息采集子系统参数设计

（1）基础材料采集 $R_{I_{21}}$

考察范围	不很全面	较全面	很全面
可靠性	0.85	0.92	0.98

（2）问卷调查 $R_{I_{22}}$

调查数量 群体种类	<3%	3%~6%	>6%
一类群体	0.85	0.92	0.95
二类及以上群体	0.88	0.95	0.98

（3）座谈 $R_{I_{23}}$

座谈数量 群体种类	≤3次	4~10次	>10次
一类群体	0.85	0.92	0.95
二类及以上群体	0.88	0.95	0.98

（三）专家系统参数设计

专家评估系统可靠性 R_E

专家人数	5 ~ 7	8 ~ 10	> 10
可靠性	0.90	0.95	0.99

模型 36　市重点学科建设绩效评估验收

一、项目目的与指导思想

学科建设绩效评估的目的是：① 核定各学科既定目标和科研任务的完成情况。② 评估重点为基地建设、队伍建设所产生的效益，客观判断学科在该领域所处的地位和发展水平。③ 判断学科在自我发展能力、管理机制创新、发展的新增长点和潜力等方面的状况，加强同行专家对学科建设的指导和帮助，大力推进本市高校重点学科的提高。

本次评估根据《本市重点学科建设规划书》中规定的各学科的既定目标和建设任务，围绕《本市重点学科（自然科学类或文科类）建设评估指标体系》来进行，由评估专家组对各学科的建设绩效及发展水平和潜力作出综合评估。评估标准包括三个部分：① 学科建设规划。② 学科建设管理。③ 学科水平和潜力。

二、工作流程图（图 4.4.71）

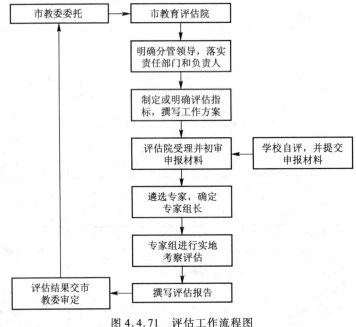

图 4.4.71　评估工作流程图

三、评估工作可靠性模型

1. 评估工作可靠性框图(图 4.4.72)

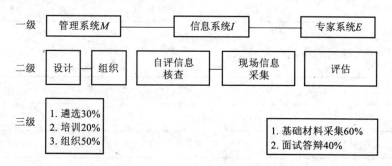

图 4.4.72　评估系统可靠性框图

2. 评估工作可靠性计算式

$$R = R_M \times R_I \times R_E$$
$$R_M = R_{M_1} \times (R_{M_{21}} \times 30\% + R_{M_{22}} \times 20\% + R_{M_{23}} \times 50\%)$$
$$R_I = R_{I_1} \times (R_{I_{21}} \times 60\% + R_{I_{22}} \times 40\%)$$

四、参数设计

(一)管理系统参数设计

1. 方案设计的可靠性 R_{M_1}

审核　＼　设计	单人	多人
无	0.70	0.80
单人	0.80	0.95
会议	0.90	0.98

2. 组织部分子系统参数设计

(1)专家遴选工作的可靠性 $R_{M_{21}}$

地区　＼　专业	随机选取	考虑专业指向性
无回避	0.70	0.90
同区回避	0.90	0.95

（2）培训工作的可靠性 $R_{M_{22}}$

培训力度	少数人培训	不完全培训	完全培训
可靠性	0.70	0.90	0.98

（3）组织评估工作的可靠性 $R_{M_{23}}$

	无上级认定	有上级认定
专家评估	0.90	0.95
专家评估结合学校互评等	0.95	0.98

（二）信息系统参数设计

1. 自评材料核查可靠性 R_{I_1}

	简单核查	一般核查	仔细核查
可靠性	0.85	0.90	0.98

2. 现场信息采集子系统参数设计

（1）基础材料采集 $R_{I_{21}}$

考察范围	不很全面	较全面	很全面
可靠性	0.85	0.92	0.98

（2）面试答辩 $R_{I_{22}}$

专家人数	≤3	3~5	≥6
可靠性	0.85	0.90	0.95

（三）专家系统参数设计

专家评估系统可靠性 R_E

专家人数	5~7	8~10	>10
可靠性	0.90	0.95	0.99

模型 37　本市外籍人员子女学校办学状况综合评估

一、项目目的与指导思想

通过评估,为有关国际学校提供办学水平鉴定,为申请增加教学点提供依据;促进外籍人员子女学校符合我国有关法律规范,改进和提高教育质量,努力为吸引和稳定外商在该地投资和创业提供良好的环境。整个评估指标体系分为常规管理、财务运作、硬件建设和学生服务 4 个方面,下设运行机制、教学管理、聘用管理、档案管理、财务来源和运作、校舍管理、使用管理、招生、学习生活、引导服务等二级指标及 44 个具体观测评判条目,并按优、良、中、差 4 个等级打分后综合评定。

二、工作流程图(图 4.4.73)

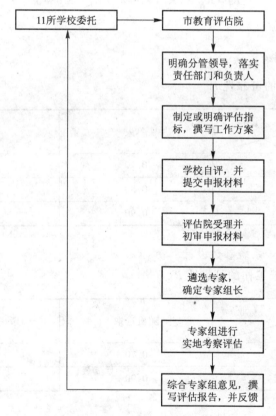

图 4.4.73　评估工作流程图

三、评估工作可靠性模型

1. 评估工作可靠性框图(图 4.4.74)

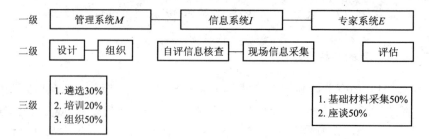

图 4.4.74 评估系统可靠性框图

2. 评估工作可靠性计算式

$$R = R_M \times R_I \times R_E$$

$$R_M = R_{M_1} \times (R_{M_{21}} \times 30\% + R_{M_{22}} \times 20\% + R_{M_{23}} \times 50\%)$$

$$R_I = R_{I_1} \times (R_{I_{21}} \times 50\% + R_{I_{22}} \times 50\%)$$

四、参数设计

（一）管理系统参数设计

1. 方案设计的可靠性 R_{M_1}

审核 ＼ 设计	单人	多人
无	0.70	0.80
单人	0.80	0.95
会议	0.90	0.98

2. 组织部分子系统参数设计

（1）专家遴选工作的可靠性 $R_{M_{21}}$

地区 ＼ 专业	随机选取	考虑专业指向性
无回避	0.70	0.90
同区回避	0.90	0.95

（2）培训工作的可靠性 $R_{M_{22}}$

培训力度	少数人培训	不完全培训	完全培训
可靠性	0.70	0.90	0.98

（3）组织评估工作的可靠性 $R_{M_{23}}$

组织工作	不顺利	较顺利	很顺利
可靠性	0.80	0.90	0.98

（二）信息系统参数设计

1. 自评材料核查可靠性 R_{I_1}

	简单核查	一般核查	仔细核查
可靠性	0.85	0.90	0.98

2. 现场信息采集子系统参数设计

（1）基础材料采集 $R_{I_{21}}$

考察范围	不很全面	较全面	很全面
可靠性	0.85	0.92	0.98

（2）座谈 $R_{I_{22}}$

座谈数量 / 群体种类	≤3 次	4~10 次	>10 次
一类群体	0.85	0.92	0.95
二类及以上群体	0.88	0.95	0.98

（三）专家系统参数设计

专家评估系统可靠性 R_E

专家人数	5~7	8~10	>10
可靠性	0.90	0.95	0.99

模型 38　市中学教师高级职务任职资格评审论文鉴定

一、项目目的与指导思想

申报者撰写的论文,是申报者教育科研水平的重要组成部分。对论文预先鉴定有利于申报教师了解本人的教科研水平,有利于专家进行高级职务评审工作。

评估标准如下：

1. 提交论文要求

申请人提交代表本人教育教学水平的教科研成果一篇，提交的教科研成果应是中级职务以来在区县级及以上刊物上发表的或在区县级以上学术会议交流通过的，提交的教科研成果应与所任教育教学工作及以后所申报的学科相一致。

2. 论文鉴定标准

专家依据论文的先进性、科学性、实践性三方面作出评价意见。

二、工作流程图（图4.4.75）

1. 接受委托

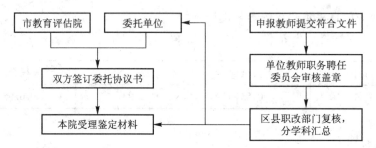

2. 专家论文鉴定

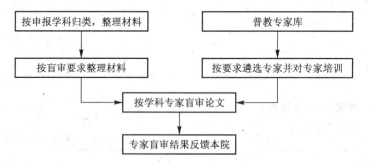

3. 结论汇总反馈

图4.4.75 评估工作流程图

三、评估工作可靠性模型

1. 评估工作可靠性框图（图4.4.76）

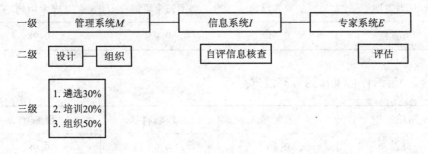

图 4.4.76 评估系统可靠性框图

2. 评估工作可靠性计算式

$$R = R_M \times R_I \times R_E$$

$$R_M = R_{M_1} \times (R_{M_{21}} \times 30\% + R_{M_{22}} \times 20\% + R_{M_{23}} \times 50\%)$$

$$R_I = R_{I_1}$$

四、参数设计

（一）管理系统参数设计

1. 方案设计的可靠性 R_{M_1}

审核 设计	单人	多人
无	0.70	0.80
单人	0.80	0.95
会议	0.90	0.98

2. 组织部分子系统参数设计

（1）专家遴选工作的可靠性 $R_{M_{21}}$

地区 专业	随机选取	考虑专业指向性
无回避	0.70	0.90
同区回避	0.90	0.95

（2）培训工作的可靠性 $R_{M_{22}}$

培训力度	少数人培训	不完全培训	完全培训
可靠性	0.85	0.93	0.98

（3）组织评估工作的可靠性 $R_{M_{23}}$

组织工作	不顺利	较顺利	很顺利
可靠性	0.80	0.90	0.98

（二）信息系统参数设计

自评材料核查可靠性 R_I

	简单核查	一般核查	仔细核查
可靠性	0.85	0.92	0.98

（三）专家系统参数设计

专家评估系统可靠性 R_E

专家人数	3～5	4～5	＞5
可靠性	0.90	0.95	0.99

模型 39　市中学教师高级职务任职资格评审

一、项目目的与指导思想

为加快本市普教系统中小学人事制度改革,进一步加强专业技术人员队伍建设,促进教师专业化发展,根据人事部、教育部《关于深化中小学人事制度改革的实施意见》的通知精神,营造良好的人才成长环境,逐步建立起符合本市中小学特点的教师管理制度。

评审标准:专家从师德修养与工作业绩、教育教学能力、教育教学研究水平三方面综合进行评价。

二、工作流程图(图4.4.77)

1. 接受委托

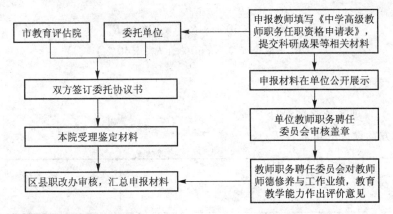

2. 学科组综合评议

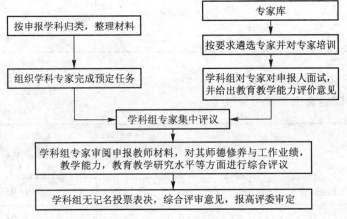

图 4.4.77　评估工作流程图

三、评估工作可靠性模型

1. 评估工作可靠性框图(图 4.4.78)

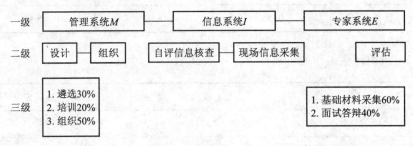

图 4.4.78　评估系统可靠性框图

2. 评估工作可靠性计算式

$$R = R_M \times R_I \times R_E$$
$$R_M = R_{M_1} \times (R_{M_{21}} \times 30\% + R_{M_{22}} \times 20\% + R_{M_{23}} \times 50\%)$$
$$R_I = R_{I_1} \times (R_{I_{21}} \times 60\% + R_{I_{22}} \times 40\%)$$

四、参数设计

（一）管理系统参数设计

1. 方案设计的可靠性 R_{M_1}

审核＼设计	单人	多人
无	0.70	0.80
单人	0.80	0.95
会议	0.90	0.98

2. 组织部分子系统参数设计

（1）专家遴选工作的可靠性 $R_{M_{21}}$

地区＼专业	随机选取	考虑专业指向性
无回避	0.70	0.95
同区回避	0.90	0.98

（2）培训工作的可靠性 $R_{M_{22}}$

培训力度	少数人培训	不完全培训	完全培训
可靠性	0.85	0.92	0.98

（3）组织评估工作的可靠性 $R_{M_{23}}$

	无上级认定	有上级认定
专家评估	0.90	0.95
专家评估结合学校互评等	0.95	0.98

（二）信息系统参数设计

1. 自评材料核查可靠性 R_{I_1}

	简单核查	一般核查	仔细核查
可靠性	0.85	0.90	0.98

2. 现场信息采集子系统参数设计

（1）基础材料采集 $R_{I_{21}}$

	不很全面	较全面	很全面
考察范围			
可靠性	0.85	0.92	0.98

（2）面试答辩 $R_{I_{22}}$

专家人数	≤3	3~5	≥6
可靠性	0.85	0.95	0.98

（三）专家系统参数设计

专家评估系统可靠性 R_E

专家人数	5~7	8~10	>10
可靠性	0.90	0.95	0.99

模型 40　市中专教师高级专业技术职务任职资格评审

一、项目目的与指导思想

为加快推进教育人事制度的改革,进一步深化完善中等专业学校教师职务聘任制度,促进专业技术职务评审与聘任由身份管理为主向岗位管理为主的转变,建立起按需设岗、按岗聘任、择优录取的专业技术职务聘任机制,有助于竞争和激励机制的完善,鼓励教师热爱教育教学、爱岗敬业、不断学习,提高中专教师师资队伍的整体素质。

评审标准:专家从思德、教育教学、教育教学研究水平三方面综合评价。

二、工作流程图（图4.4.79）

1. 专家鉴定

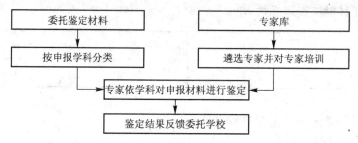

2. 学科评议组评议

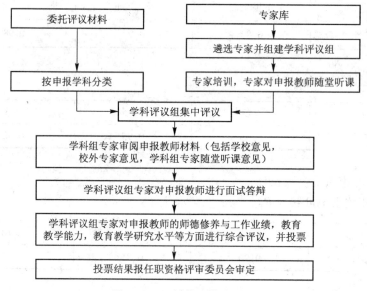

图 4.4.79　评估工作流程图

三、评估工作可靠性模型

1. 评估工作可靠性框图(图 4.4.80)

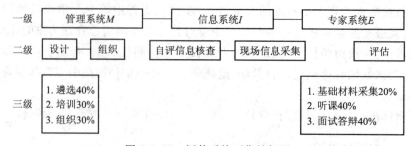

图 4.4.80　评估系统可靠性框图

2. 评估工作可靠性计算式

$$R = R_M \times R_I \times R_E$$

$$R_M = R_{M_1} \times (R_{M_{21}} \times 30\% + R_{M_{22}} \times 20\% + R_{M_{23}} \times 50\%)$$

$$R_I = R_{I_1} \times (R_{I_{21}} \times 20\% + R_{I_{22}} \times 40\% + R_{I_{23}} \times 40\%)$$

四、参数设计

（一）管理系统参数设计

1. 方案设计的可靠性 R_{M_1}

审核 ＼ 设计	单人	多人
无	0.70	0.80
单人	0.80	0.95
会议	0.90	0.98

2. 组织部分子系统参数设计

（1）专家遴选工作的可靠性 $R_{M_{21}}$

地区 ＼ 专业	随机选取	考虑专业指向性
无回避	0.50	0.90
同区回避	0.90	0.95

（2）培训工作的可靠性 $R_{M_{22}}$

培训力度	少数人培训	不完全培训	完全培训
可靠性	0.80	0.90	0.98

（3）组织评估工作的可靠性 $R_{M_{23}}$

	无上级认定	有上级认定
专家评估	0.90	0.95
专家评估结合学校互评等	0.95	0.98

（二）信息系统参数设计

1. 自评材料核查可靠性 R_{I_1}

	简单核查	一般核查	仔细核查
可靠性	0.85	0.90	0.98

2. 现场信息采集子系统参数设计

（1）基础材料采集 $R_{I_{21}}$

考察范围	不很全面	较全面	很全面
可靠性	0.85	0.92	0.98

（2）听课 $R_{I_{22}}$

① 预先安排听课

听课数量/节	1	2	2
可靠性	0.90	0.95	0.98

② 随机抽查听课

听课数量/节	1	2	2
可靠性	0.90	0.95	0.99

（3）面试答辩 $R_{I_{23}}$

专家人数	≤3	3~5	≥6
可靠性	0.85	0.95	0.98

（三）专家系统参数设计

专家评估系统可靠性 R_E

专家人数	5~7	8~10	>10
可靠性	0.90	0.95	0.99

模型 41　市中等职业学校校长（书记）职级评审和认定业务

一、项目目的与指导思想

通过对校长职级审定和认定，进一步增强中等职业学校校长办好学校的责任心、紧迫感和规范办学的自觉性，努力培养一支具有市场意识、品牌意识和创新意识，适应职业及教育发展需要，能推进现代职业教育体系建立的中等职业学校校长队伍；并建立具有中等职业教育特点和符合中等职业教育校长实际的管理制度，形成校长职级制度等长效管理机制。

评价标准：以市教育行政部门的有关文件为依据，参照中等职业学校校长职级评价指标体系，通过民主测评、查看材料、面试等，由专家赋分。

二、工作流程图（图4.4.81）

专家组评审和认定

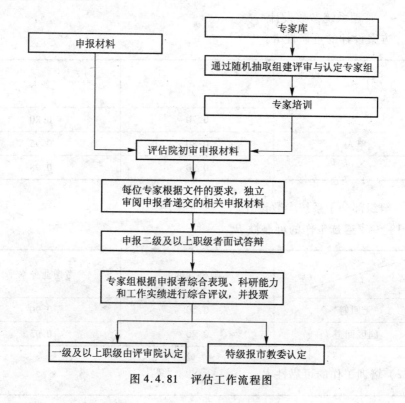

图 4.4.81　评估工作流程图

三、评估工作可靠性模型

1. 评估工作可靠性框图（图4.4.82）

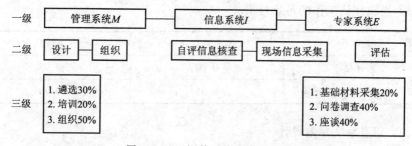

图 4.4.82　评估系统可靠性框图

2. 评估工作可靠性计算式

$$R = R_M \times R_I \times R_E$$

$$R_M = R_{M_1} \times (R_{M_{21}} \times 30\% + R_{M_{22}} \times 20\% + R_{M_{23}} \times 50\%)$$

$$R_I = R_{I_1} \times (R_{I_{21}} \times 20\% + R_{I_{22}} \times 40\% + R_{I_{23}} \times 40\%)$$

四、参数设计

（一）管理系统参数设计

1. 方案设计的可靠性 R_{M_1}

审核 　　　 设计	单人	多人
无	0.70	0.80
单人	0.80	0.95
会议	0.90	0.98

2. 组织部分子系统参数设计

（1）专家遴选工作的可靠性 $R_{M_{21}}$

地区 　　　 专业	随机选取	考虑业务水平
无回避	0.50	0.90
同区回避	0.70	0.95

（2）培训工作的可靠性 $R_{M_{22}}$

培训力度	少数人培训	不完全培训	完全培训
可靠性	0.85	0.90	0.98

（3）组织评估工作的可靠性 $R_{M_{23}}$

	无上级认定	有上级认定
专家评估	0.90	0.95
专家评估结合学校互评等	0.95	0.98

（二）信息系统参数设计

1. 自评材料核查可靠性 R_{I_1}

	简单核查	一般核查	仔细核查
可靠性	0.85	0.90	0.98

2. 现场信息采集子系统参数设计

（1）基础材料采集 $R_{I_{21}}$

考察范围	不很全面	较全面	很全面
可靠性	0.85	0.92	0.98

（2）问卷调查 $R_{I_{22}}$

调查数量　群体种类	<3%	3%～6%	>6%
一类群体	0.85	0.92	0.95
二类及以上群体	0.88	0.95	0.98

（3）座谈 $R_{I_{23}}$

座谈数量　群体种类	≤3次	4～10次	>10次
一类群体	0.85	0.92	0.95
二类及以上群体	0.88	0.95	0.98

（三）专家系统参数设计

专家评估系统可靠性 R_E

专家人数	5～7	8～10	>10
可靠性	0.90	0.95	0.99

模型 42　市高校学生思想政治教育教师职务聘任

一、项目目的与指导思想

为进一步加强辅导员队伍建设,建立学生思想政治教育教师队伍发展的长效机制,充分体现思想政治工作的特殊性,规范高校学生思想政治教育教师职务聘任评议工作,特开展本评议。

评议原则为突出思想政治教育工作实绩,注重思想政治教育科研能力,强调从事学生工作基本年限。

二、工作流程图(图4.4.83)

1. 专家鉴定

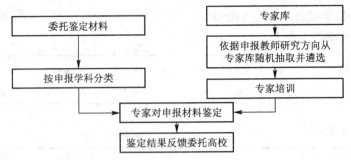

2. 评议组综合评议

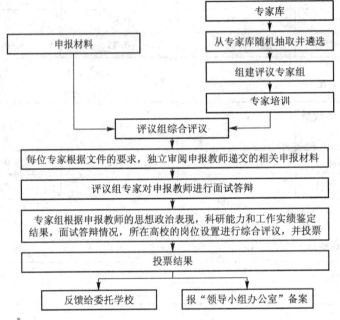

图 4.4.83　评估工作流程图

三、评估工作可靠性模型

1. 评估工作可靠性框图（图 4.4.84）

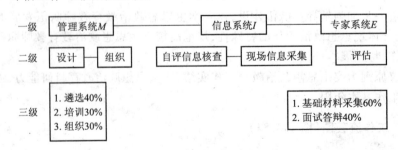

图 4.4.84　评估系统可靠性框图

2. 评估工作可靠性计算式

$$R = R_M \times R_I \times R_E$$

$$R_M = R_{M_1} \times (R_{M_{21}} \times 40\% + R_{M_{22}} \times 30\% + R_{M_{23}} \times 30\%)$$

$$R_I = R_{I_1} \times (R_{I_{21}} \times 60\% + R_{I_{22}} \times 40\%)$$

四、参数设计

（一）管理系统参数设计

1. 方案设计的可靠性 R_{M_1}

审核 ＼ 设计	单人	多人
无	0.70	0.80
单人	0.80	0.95
会议	0.90	0.98

2. 组织部分子系统参数设计

（1）专家遴选工作的可靠性 $R_{M_{21}}$

地区 ＼ 专业	随机选取	考虑专业指向性
无回避	0.60	0.90
同区回避	0.80	0.95

（2）培训工作的可靠性 $R_{M_{22}}$

培训力度	少数人培训	不完全培训	完全培训
可靠性	0.70	0.90	0.98

（3）组织评估工作的可靠性 $R_{M_{23}}$

组织工作	不顺利	较顺利	很顺利
可靠性	0.80	0.90	0.98

（二）信息系统参数设计

1. 自评材料核查可靠性 R_{I_1}

	简单核查	一般核查	仔细核查
可靠性	0.85	0.90	0.98

2. 现场信息采集子系统参数设计

（1）基础材料采集 $R_{I_{21}}$

考察范围	不很全面	较全面	很全面
可靠性	0.85	0.92	0.98

（2）面试答辩 $R_{I_{22}}$

专家人数	≤ 3	$3 \sim 5$	≥ 6
可靠性	0.85	0.90	0.98

（三）专家系统参数设计

专家评估系统可靠性 R_E

专家人数	$5 \sim 7$	$8 \sim 10$	> 10
可靠性	0.90	0.95	0.99

模型 43　市高等学校教师职务和其他学校专业技术职务学术水平与技术能力评议

一、项目目的

进一步深化本市高等学校教师职务和其他专业技术职务制度改革，加强高等学校教师和其他专业技术人员队伍建设，推进高等教育改革和发展。

评议标准：申报教师应符合本市教育委员会《关于印发〈高等学校教师职务和其他专业技术职务聘任办法〉的实施细则（试行）》的规定，具备应聘教授、副教授的基本条件。

二、工作流程图（图 4.4.85）

专家鉴定

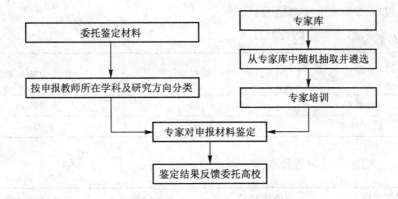

图 4.4.85　评估工作流程图

三、评估工作可靠性模型

1. 评估工作可靠性框图（图 4.4.86）

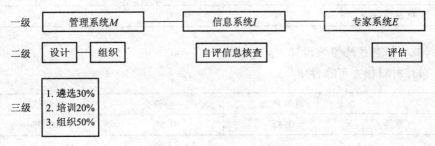

图 4.4.86　评估系统可靠性框图

2. 评估工作可靠性计算式

$$R = R_M \times R_I \times R_E$$
$$R_M = R_{M_1} \times (R_{M_{21}} \times 30\% + R_{M_{22}} \times 20\% + R_{M_{23}} \times 50\%)$$

四、参数设计

（一）管理系统参数设计

1. 方案设计的可靠性 R_{M_1}

审核　　　设计	单人	多人
无	0.70	0.80
单人	0.80	0.95
会议	0.90	0.98

2．组织部分子系统参数设计

（1）专家遴选工作的可靠性 $R_{M_{21}}$

地区 ＼ 专业	随机选取	考虑专业指向性
无回避	0.70	0.90
同区回避	0.90	0.95

（2）培训工作的可靠性 $R_{M_{22}}$

培训力度	少数人培训	不完全培训	完全培训
可靠性	0.70	0.90	0.98

（3）组织评估工作的可靠性 $R_{M_{23}}$

组织工作	不顺利	较顺利	很顺利
可靠性	0.80	0.90	0.98

（二）信息系统参数设计

自评材料核查可靠性 R_I

	简单核查	一般核查	仔细核查
可靠性	0.85	0.90	0.98

（三）专家系统参数设计

专家评估系统可靠性 R_E

专家人数	5～7	8～10	＞10
可靠性	0.90	0.95	0.99

模型 44　市普通高等学校语言文字工作达标评估

一、项目目的与指导思想

本项目的目的有三：第一，是为了进一步提高广大师生对语言文字工作重要意义的认识，提高对国家语言文字工作法律、法规和方针政策的知晓率，贯彻新时期语言文字工作方针，政策和任务。第二，是为了进一步推动高校语言文字工作管理力度，健全机构，建章立制，把语言文字规范化工作融合在教育教学和学校的常规管理中，形成协调有效、依法管理的机制，使语言文字工作走向制度化、规范化、科学化的轨道。第三,是为了进一步推动高校不断提高语言文字规范化水平,提高人才培养的综合素质,积极开展研究,努力创建规范文明的语言文字环境,使学校的语言文字规范化、标准化水平适应城市建设以及经济、社会发展的要求,在语言文字规范方面发挥基础、示范作用,为社会主义现代化事业做出贡献。

二、工作流程图(图 4.4.87)

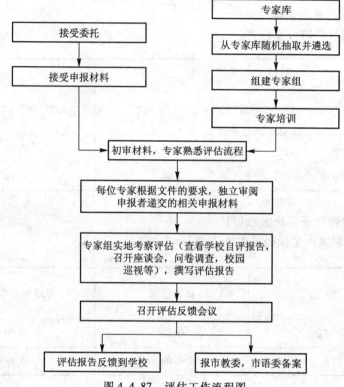

图 4.4.87　评估工作流程图

三、评估工作可靠性模型

1. 评估工作可靠性框图(图 4.4.88)

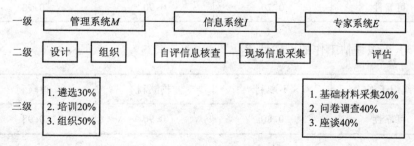

图 4.4.88　评估系统可靠性框图

2. 评估工作可靠性计算式

$$R = R_M \times R_I \times R_E$$

$$R_M = R_{M_1} \times (R_{M_{21}} \times 30\% + R_{M_{22}} \times 20\% + R_{M_{23}} \times 50\%)$$

$$R_I = R_{I_1} \times (R_{I_{21}} \times 20\% + R_{I_{22}} \times 40\% + R_{I_{23}} \times 40\%)$$

四、参数设计

（一）管理系统参数设计

1. 方案设计的可靠性 R_{M_1}

审核 ＼ 设计	单人	多人
无	0.70	0.80
单人	0.80	0.95
会议	0.90	0.98

2. 组织部分子系统参数设计

（1）专家遴选工作的可靠性 $R_{M_{21}}$

地区 ＼ 专业	随机选取	考虑专业指向性
无回避	0.70	0.90
同区回避	0.90	0.95

（2）培训工作的可靠性 $R_{M_{22}}$

培训力度	少数人培训	不完全培训	完全培训
可靠性	0.70	0.90	0.98

（3）组织评估工作的可靠性 $R_{M_{23}}$

组织工作	不顺利	较顺利	很顺利
可靠性	0.80	0.90	0.98

（二）信息系统参数设计

1. 自评材料核查可靠性 R_{I_1}

	简单核查	一般核查	仔细核查
可靠性	0.85	0.90	0.98

2. 现场信息采集子系统参数设计

（1）基础材料采集 $R_{I_{21}}$

考察范围	不很全面	较全面	很全面
可靠性	0.85	0.92	0.98

（2）问卷调查 $R_{I_{22}}$

调查数量 群体种类	<3%	3% ~6%	>6%
一类群体	0.85	0.92	0.95
二类及以上群体	0.88	0.95	0.98

（3）座谈 $R_{I_{23}}$

座谈数量 群体种类	≤2次	3~5次	>5次
一类群体	0.85	0.92	0.95
二类及以上群体	0.88	0.95	0.98

（三）专家系统参数设计

专家评估系统可靠性 R_E

专家人数	5~7	8~10	>10
可靠性	0.90	0.95	0.99

模型45 市教育系统政府投资项目预算绩效评价

一、项目目的与指导思想

开展政府投资项目绩效评价工作,有利于改进现行政府投资资金支出行为和方式,加强各教育单位部门预算管理;通过对项目的社会、经济、环境综合效益和合规性、合理有效性的评判,促进各教育单位进一步调整投资结构,加强资金管理,进一步提高项目投资效益以及项目决策、管理和建设水平;强化绩效评价的引领作用,丰富和完善我国政府项目投资的监控体系建设,激励学校办出水平、办出特色。

二、工作流程图(图4.4.89)

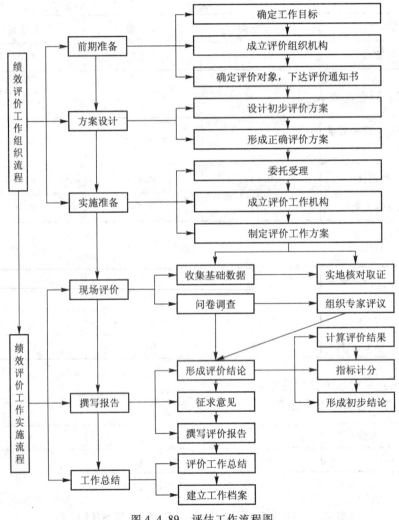

图4.4.89 评估工作流程图

三、评估工作可靠性模型

1. 评估工作可靠性框图(图4.4.90)

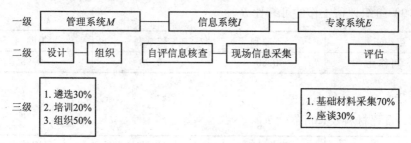

图 4.4.90　评估系统可靠性框图

2. 评估工作可靠性计算式

$$R = R_M \times R_I \times R_E$$

$$R_M = R_{M_1} \times (R_{M_{21}} \times 30\% + R_{M_{22}} \times 20\% + R_{M_{23}} \times 50\%)$$

$$R_I = R_{I_1} \times (R_{I_{21}} \times 70\% + R_{I_{22}} \times 30\%)$$

四、参数设计

（一）管理系统参数设计

1. 方案设计的可靠性 R_{M_1}

审核 ＼ 设计	单人	多人
无	0.70	0.80
单人	0.80	0.95
会议	0.90	0.98

2. 组织部分子系统参数设计

（1）专家遴选工作的可靠性 $R_{M_{21}}$

地区 ＼ 专业	随机选取	考虑业务水平
无回避	0.70	0.90
同区回避	0.90	0.95

（2）培训工作的可靠性 $R_{M_{22}}$

培训力度	少数人培训	不完全培训	完全培训
可靠性	0.70	0.90	0.98

（3）组织评估工作的可靠性 $R_{M_{23}}$

组织工作	不顺利	较顺利	很顺利
可靠性	0.80	0.90	0.98

（二）信息系统参数设计

1. 自评材料核查可靠性 R_{I_1}

	简单核查	一般核查	仔细核查
可靠性	0.85	0.90	0.98

2. 现场信息采集子系统参数设计

（1）基础材料采集 $R_{I_{21}}$

考察范围	不很全面	较全面	很全面
可靠性	0.85	0.92	0.98

（2）座谈 $R_{I_{22}}$

座谈数量 群体种类	≤2 次	3～4 次	>4 次
一类群体	0.85	0.92	0.95
二类及以上群体	0.88	0.95	0.98

（三）专家系统参数设计

专家评估系统可靠性 R_E

专家人数	5～7	8～9	>9
可靠性	0.90	0.95	0.99

模型 46　中外合作办学机构/项目的评议

一、项目目的与指导思想

通过评议确保在本地区设置的中外合作办学机构和合作举办的项目所开展的办学活动能够遵守中国法律和公共道德,不损害中国国家主权、安全和社会公共利益,保证教育、教学质量,致力于培养中国社会主义建设事业所需的各类人才。

二、工作流程图（图 4.4.91）

1. 中外合作办学工作小组对材料进行审查

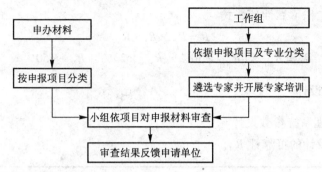

2. 学科评议组评议

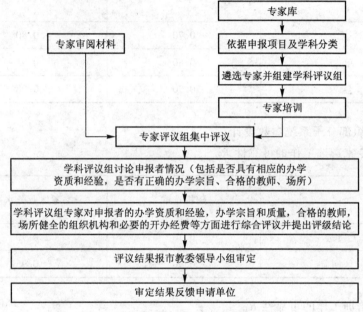

图 4.4.91 评估工作流程图

三、评估工作可靠性模型

1. 评估工作可靠性框图(图 4.4.92)

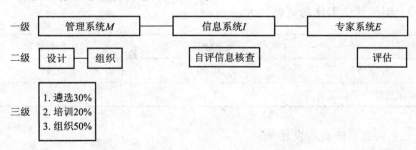

图 4.4.92 评估系统可靠性框图

2. 评估工作可靠性计算式

$$R = R_M \times R_I \times R_E$$

$$R_M = R_{M_1} \times (R_{M_{21}} \times 30\% + R_{M_{22}} \times 20\% + R_{M_{23}} \times 50\%)$$

四、参数设计

（一）管理系统参数设计

1. 方案设计的可靠性 R_{M_1}

审核＼设计	单人	多人
无	0.70	0.80
单人	0.80	0.95
会议	0.90	0.98

2. 组织部分子系统参数设计

（1）专家遴选工作的可靠性 $R_{M_{21}}$

地区＼专业	随机选取	考虑业务水平
无回避	0.70	0.90
同区回避	0.90	0.95

（2）培训工作的可靠性 $R_{M_{22}}$

培训力度	少数人培训	不完全培训	完全培训
可靠性	0.70	0.90	0.98

（3）组织评估工作的可靠性 $R_{M_{23}}$

	无上级认定	有上级认定
专家评估	0.90	0.95
专家评估结合学校互评等	0.95	0.98

（二）信息系统参数设计

自评材料核查可靠性 R_I

	简单核查	一般核查	仔细核查
可靠性	0.80	0.90	0.98

（三）专家系统参数设计

专家评估系统可靠性 R_E

专家人数	5～7	8～10	>10
可靠性	0.90	0.95	0.99

第五章　教育评估可靠性分析案例

本章应用第四章给出的教育评估建模方法,对一些实例先建模再进行可靠性分析,通过举例进一步说明建模和分析方法。

§5.1　关于高校重点学科遴选评估的可靠性分析

一、项目简介

该省为了统筹规划本地区高等院校的重点学科建设工作,构建重点学科的层级体系,推动本地区高校顺应该省乃至全国经济社会发展的需求,增强高校学科人才培养、自主创新和服务经济社会的能力,省教育行政部门自 2000 年以来对本地区高等院校的重点学科实施了分类、分期建设计划。本案例是该省 2007 年对所在地区部属高校进行的省级重点学科建设的遴选评估项目。受省教育行政部门的委托,该评估项目由该省的专业性教育评估机构负责组织实施。

本次重点学科评选共涉及该省部属高校的 193 个申报学科。在这 193 个申报学科中,自然科学类共 121 个,占 63%;人文社科类有 64 个,占 33%;综合类的占 4%。本次评选按学科分为 9 组同时进行,其中,自然科学类 6 个组,人文社科类 3 个组。共聘请评选专家 77 名,其中,外地专家 31 名。依照"依托基础、注重潜力、面向需求、文理兼顾"的原则以及省教育行政部门的重点学科建设规划,最终有 72 个学科被评为本期省级重点建设学科,占总申报学科数量的 40.9%。

为了对该项评估系统的可靠性进行分析,我们需要对评估的过程进行熟悉和了解。

二、评估过程

(一) 制订评估方案

为了高效、有序地完成此次评选工作,体现评选工作的专业性和科学性,有关教育评估机构在接受委托后,制订了详细的评选工作方案及备选工作方案,并在征求专家、省有关教育行政部门的意见和建议后几易其稿,不断完善。评估方案获得了省教育行政部门的认可。在评估方案中,对评估的原则、方式、专家遴选、评估标准与指标、评选程序、评选日程安排等进行了详细规定和说明。

（二）明确评估原则与方式

本次评选是根据"依托基础、注重潜力、面向需求、文理兼顾"和"尊重专家意见，重视学校实际，政府适当调控"的原则进行的。评选采用了书面材料集中评审与现场答辩相结合的方式。经过材料预审（初步筛选）、现场答辩（二次筛选）、综合平衡（三次筛选）三道程序，得出了最终评选结果。在评估程序上，评估机构与被评院校和学科进行了事先沟通与交流。

（三）研制评估标准与指标

在评估标准和指标的设计与研制上，评估机构充分利用了制订评估标准的专业方法，即头脑风暴法与特尔斐法，会同省教育行政部门有关领导及省知名专家，根据本地区社会经济发展的需要，该省重点学科发展的现状与自身需求，参照教育部高等学校重点学科的评价指标及标准，反复研究与讨论，研制出了评估的标准与指标。评估标准主要围绕以下三个方面：学科现有基础；学科建设规划；学科的社会需求形成。具体的9项评选指标略。

（四）遴选评估专家

本次评选专家的资格是学科领域知名、有评估经验、有时间保证、身体健康的正高级人士。专家的产生方式是充分利用省教育厅及评估机构的专家库，由省教育厅、省教育评估机构、外省市教育评估机构及有关高校共同推荐，由省教育厅与评估机构审核与确认。专家主要来源是省属高校相关领域，外省市现有国家重点学科、本省范围内的科学院、社科院，有关管理部门及有关企事业单位等的知名专家。对部属高校的专家进行了回避。遴选专家时充分考虑到了各学科组的专家的知识领域与被评学科的相关程度，以及各学科组的专家分配比例，每个学科组的专家数量最后确定为7～9名。

（五）组织实施评估

在集中评估前，省教育行政部门及评估机构对评估专家进行了专门培训，就有关评估事项及专家评估纪律进行了详细解释与说明。各学科组专家对申报材料进行了预审，听取了学科带头人的现场答辩。各位专家根据材料预审和答辩情况，对照评估标准和指标，对每个被评学科按百分制进行了综合评分和排名，并给出了书面评估意见和建议。

（六）评估结果整理

评估机构对各学科组专家的书面评估意见和建议进行了汇总与整理，并在规定时间递交至省教育行政部门。省教育行政部门对各组专家的评分、排名进行了汇总统计，并根据专家的书面评估意见和建议以及学校实际综合平衡，得出了每个被评学科的最终排名。

（七）公布评选结果

为了避免无关因素的干扰，确保评估结果的公平与公正，在评选工作结束后一周内,入选该期重点学科的名单就得到了确定,随即由省教育行政部门在网上进行了公布。

三、该评估项目系统的可靠性计算

根据前面有关章节的介绍,评估项目的可靠性计算需要有三个步骤。首先,需要将该项目的组织实施流程转化为可靠性框图,进行可靠性建模。其次,是对可靠性模型中的每个系统要素赋值,进行参数设计。第三,根据可靠性设计的参数,计算出可靠性量值。教育评估系统的可靠性用 R 表示。

(一)该评估项目总系统的可靠性模型

根据该评估项目的实施流程,该项评估工作的可靠性框图仍包含三个系统,即管理系统 M、信息系统 I 和专家系统 E。其可靠性模型如图 5.1 所示。

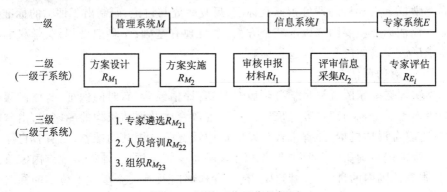

图 5.1　评估工作可靠性框图

(二)可靠性参数设计与计算式

按照简单易用的原则,本案例中的参数设计值如下:

1. 管理系统赋值 R_M 与计算式

(1)方案设计子系统赋值 R_{M_1}

设计 审核	单人	多人
无	0.60	0.70
单人	0.75	0.80
会议	0.85	0.98

(2)方案实施子系统赋值 R_{M_2}

假定满足所聘请的专家工作都认真负责的前提条件。

① 专家遴选工作可靠性 $R_{M_{21}}$（权数0.5）

专业 地区	随机选取	考虑专业指向性
无回避	0.70	0.75
有回避	0.85	0.95

② 培训工作的可靠性 $R_{M_{22}}$（权数 0.3）

培训力度	少数人培训	不完全培训	完全培训
可靠性	0.70	0.80	0.98

③ 组织评估工作的可靠性 $R_{M_{23}}$（权数 0.2）

组织工作 认定	不顺利	较顺利	顺利
无上级认定	0.75	0.80	0.85
有上级认定	0.90	0.95	0.98

管理系统可靠性 R_M 的计算式

$$R_M = R_{M_1} \times R_{M_2} = R_{M_1} \times (R_{M_{21}} \times a_1 + R_{M_{22}} \times a_2 + R_{M_{23}} \times a_3), \sum_{i=1}^{3} a_i = 1$$

2. 信息系统赋值 R_I 与计算式

（1）审核申报材料 R_{I_1}

核查程度	无核查	简单核查	仔细核查
可靠性	0.70	0.85	0.98

（2）答辩信息采集 R_{I_2}

获取信息程度	不全面	较全面	很全面
可靠性	0.70	0.85	0.95

信息系统的可靠性 R_I 计算式

$$R_I = R_{I_1} \times R_{I_2}$$

3. 专家系统赋值 R_E 与计算式

第 i 组专家可靠性赋值为 R_{E_i}，其中，$i = 1, 2, \cdots, k$。

211

专家人数	3 ~ 5	6 ~ 8	≥9
可靠性	0.85	0.90	0.98

专家系统可靠性 R_E 计算式

$$R_E = \sqrt[k]{\prod_{i=1}^{k} R_{E_i}}$$

（三）该评估项目总系统的可靠性

1. 可靠性计算式

（1）总系统的可靠性计算式为

$$R = R_M \times R_I \times R_E$$

其中，R 表示总系统可靠性，R_M 表示管理系统可靠性，R_I 表示信息系统可靠性，R_E 表示专家系统可靠性。

（2）管理系统可靠性 R_M 的计算式

$$R_M = R_{M_1} \times R_{M_2} = R_{M_1} \times (R_{M_{21}} \times a_1 + R_{M_{22}} \times a_2 + R_{M_{23}} \times a_3), \sum_{i=1}^{3} a_i = 1$$

（3）信息系统的可靠性 R_I 计算式

$$R_I = R_{I_1} \times R_{I_2}$$

（4）专家系统的可靠性 R_E 计算式

$$R_E = \sqrt[k]{\prod_{i=1}^{k} R_{E_i}}$$

2. 该项目赋值

（1）管理系统

① 该项目方案由多人设计，且经过专家会议复审，故方案设计赋值为 0.98。

② 专家遴选采取了回避原则，且聘请的专家为内行，故方案实施中专家遴选赋值为 0.95；所有专家都接受了评估工作培训，培训到位，故方案实施中培训赋值为 0.98；该项目的组织工作由专职秘书负责，评估组织程序经过论证和认定，故组织评估工作赋值为 0.98。

（2）信息系统

① 对申报材料进行了仔细核查，故申报材料审核赋值为 0.98。

② 答辩信息采集很全面，故答辩信息采集赋值 0.95。

（3）专家系统

专家组有 6 组保持了每组 8 人的专家数量，故赋值 0.9；另外有 3 组保持了每组 9 人的数量，故赋值 0.98。

3. 该项目总系统的可靠性计算

根据上述各个系统的可靠性赋值与计算式，我们可以计算出该项评估总系统的可靠性。

212

第一步：分别计算出管理系统可靠性 R_M、信息系统的可靠性 R_I、专家系统的可靠性 R_E。

$$R_M = R_{M_1} \times R_{M_2} = R_{M_1} \times (R_{M_{21}} \times a_1 + R_{M_{22}} \times a_2 + R_{M_{23}} \times a_3)$$

$$= 0.98 \times (0.95 \times 0.5 + 0.98 \times 0.3 + 0.98 \times 0.2) = 0.945\ 7$$

$$R_I = R_{I_1} \times R_{I_2} = 0.98 \times 0.95 = 0.931$$

$$R_E = \sqrt[k]{\prod_{i=1}^{k} R_{E_i}} = \sqrt[k]{0.9^6 \times 0.98^3} = 0.925\ 9$$

第二步：计算出总系统的可靠性。

$$R = R_M \times R_I \times R_E = 0.945\ 7 \times 0.931 \times 0.925\ 9 = 0.815\ 2$$

四、影响评估系统可靠性的因素分析

通过上述计算得知,该项评估工作总系统的可靠性为 81.5%。这一数据表明,本项评估系统的可靠性还是比较稳定的,能够真实地反映被评对象的客观实际。一般而言,影响评估工作总系统可靠性的因素有很多,且各系统中的要素对可靠性的影响程度也存在较大差异。从该项评估活动的整体方案制订、组织实施过程、信息采集、专家工作状态和结果处理等方面来看,还是在很大程度上进行了周密思考和精心设计的。

第一,从管理系统上分析。该评估项目在制订评估方案时,不仅经过了评估机构项目负责人和分管领导、委托方项目负责人及相关领导等多人的反复磋商,而且征求了有关专家的意见和建议,结合本省的实际,最终确定了评估实施方案。评估方案在评估方式、评估原则、评估标准、评估程序等多个方面体现了委托方与被委托方以及高校有关专家的一致性意见,这为整个评估的顺利组织与实施奠定了良好的基础。特别是在评估标准的制订与确定方面,评估机构充分利用了制订评估标准的专业方法,即头脑风暴法与特尔斐法来研制遴选评估标准,并会同省教育行政部门有关领导以及高校、企业界等知名专家,根据本地区社会经济发展的需要,本省重点学科发展的现状与自身需求,参照教育部高等学校重点学科的评价标准及指标进行了反复研究与讨论,使得研制的评估标准具备了良好的认同基础。同时,为了充分体现对被评对象的尊重,争取得到被评对象的积极配合和最大支持,在评估程序上,评估机构与被评院校和学科进行了事先沟通与交流,并在学科分组的准确度等方面征求被评对象的意见,对于合理的请求适时进行了相应调整。被评对象还递交了同意接受所采用的评估程序和分组方式的书面意见。可以说,在方案设计这一环节的可靠性方面,该评估项目的工作人员考虑得比较成熟。

在方案实施环节,该项评估充分考虑到了评估专家的科学遴选,包括专家的产生方式、专家资格、专家来源、专家的数量与比例等。特别是在专家来源方面,采取了省内与省外相结合、高教领域与企业界以及科研院所相结合、学科专家与评估专

家相结合的原则,同时充分考虑了专家的知识领域与被评学科的相关程度,并对专家与被评对象的利益关系采取了回避措施。在评估实施前,对所有参与评估的专家进行了全员培训,就评估目的、评估标准的把握、评估纪律、评估结论的形式等进行了详细介绍和解读。由于是由专业性评估机构实施的评估,因此,评估项目的组织工作也相对比较专业,在评估专家的保密措施、评估材料的分类与整理、评估答辩的安排、评估结果的处理与分析上等都进展顺利。这些都使得评估工作的管理系统显得有理、有序。

在管理系统中,如果在方案设计时采取的是单人进行方案设计,由会议进行审核;在专家遴选时采取有回避的随机确定;由于部分专家迟到导致专家培训不完全;评估组织工作比较顺利但无上级认定,则管理系统的可靠性由原来的94.57%变成了

$$R_M = R_{M_1} \times R_{M_2} = R_{M_1} \times (R_{M_{21}} \times a_1 + R_{M_{22}} \times a_2 + R_{M_{23}} \times a_3)$$

$$= 0.85 \times (0.85 \times 0.5 + 0.8 \times 0.3 + 0.85 \times 0.2) = 0.709\,7$$

而总系统的可靠性则相应变成了

$$R = R_M \times R_I \times R_E = 0.945\,7 \times 0.709\,7 \times 0.925\,9 = 0.621\,4$$

即62.14%。由此可以看出,系统的整体可靠性因为评估组织管理上的不完善而有所降低,但还不至于对评估的真实有效性产生根本性的影响。

第二,从信息系统上分析。本次评估的信息采集相对比较简单,主要在材料预审和现场答辩两个环节对申报材料进行了初选和核实。相对而言,材料预审环节十分重要。对于各被评对象申报上来的材料,其真实性和准确性必须得到有效核实。为此,评估机构与委托方进行了沟通,充分利用委托方已有的被评对象数据库,对申报材料中的基础信息部分进行了初步核实。在现场答辩环节,评估专家对被评对象的书面材料进行了质疑,并与学科带头人在其学科建设措施的可行性、建设方案的可操作性等方面进行了辩论。应该说,该评估项目的信息系统运行得也相对可靠。

如果该项目的申报材料没有核查程序或答辩信息采集不全面,则信息系统的可靠性就会发生变化,变成0.66或0.68,总系统的可靠性也会相应发生改变,为

$$R = R_M \times R_I \times R_E = 0.945\,7 \times 0.66 \times 0.925\,9 = 0.577\,9$$

或

$$R = R_M \times R_I \times R_E = 0.945\,7 \times 0.66 \times 0.925\,9 = 0.595\,4$$

即可靠性就成了57.79%或59.54%。如此看来,总系统的可靠性较就相当低了。从这一结果可以看出,信息来源的真实性、全面性对整个系统的可靠性起着关键性的作用。

第三,从专家系统上看。专家是评估活动有效实施的关键所在。专家的能力与水平、专家的品德与敬业精神等是评估结果保持公正、客观的重要法宝。专家系统的稳健运转是维持整个评估总系统可靠性的重中之重。在该评估项目中,专家

组有 3 组保持了每组 9 人的数量,另外 6 组也每组平均有 8 人。这些专家在材料的预审中、答辩过程的对质中、同组专家的交流中形成了独自的判断,并对该项目是否评选得上进行了书面优劣评述。专家对被评对象既进行了定量评估(打分、排序),又做出了定性分析(优劣评述)。在评估专家系统的可靠性计算上,我们采用了几何平均数来对各专家组的可靠性进行了计算,以最大限度地避免各专家组在评估结论上产生的误差。应该说,在专家系统,该评估项目也力图做到尽善尽美。

事实上,影响评估工作可靠性的因素并不限于上述三个系统,实际的评估活动要比上述的可靠性模型复杂些。本案例反映出评估信息的真实性、全面性是影响评估可靠性的核心要素。相对而言,专家遴选和评分的误差以及评估活动组织的顺畅与否,在本项目中处于次要地位。为了进一步提高评估工作的质量与水平,确保评估结果的客观与公正,无论是学校提供的数据信息,还是专家到现场考察耳闻目睹获得的信息,抑或是专家通过被评者的答辩获得的信息,都必须真实、可靠、全面,且能相互印证和支撑,因为这是专家赖以判断的重要依据。没有信息的真实性、准确性,专家水平再高,组织工作再严密,评估的结论也无法保持公平与客观,评估的可靠性也就无从谈起。

最后值得注意的是,本案例中的参数设计不尽科学,只是根据经验和简便易行的原则进行的,还需进一步改进与完善。为此,周到、细致地考虑评估流程的每一个环节,深入分析各评估系统的构成要素,并在积累多年数据的基础上科学计算出可靠性的标准参数十分重要。

§5.2　关于社区教育示范街镇评选的可靠性分析

一、项目简介

2006 年,为落实教育部《关于推进社区教育工作的若干意见》(教职成〔2004〕16 号)的精神,进一步推进省社区教育实验工作,省专业评估机构组织了该省社区教育实验街道(乡镇)评审,共设立 50 多个社区教育实验街道(乡镇)。至 2008 年底,在各社区教育实验街道(乡镇)的努力下,社区教育实验工作取得明显的成效,大部分实验街镇都成立了社区教育委员会,组建了一支社区教育队伍,投入一定社区教育经费。为了检验实验街镇的社区教育工作,继续推动社区教育发展,该省教育行政部门决定在社区教育实验街道(乡镇)中开展示范街道(乡镇)评选工作。

同时,2008 年 3 月,教育部职成教司委托中国成人教育协会社区教育专业委员会组织开展全国社区教育示范街道(乡镇)、示范项目的评审,要求各省市推荐街道(乡镇)。因此,该省教育行政部门决定将社区教育示范街道(乡镇)评选同时与推荐全国社区教育示范街道(乡镇)相结合,评选结果作为推荐参加全国评选的依据。

二、评估实施过程

（一）制订评估方案

为了高效、有序地完成此次评选工作，体现评估的专业性、科学性，该省专业评估机构在接受委托后，根据具体的情况，制订了详细的评估方案，并在征求专家、省教育行政部门和被评单位的意见和建议后几易其稿，不断完善。在评估方案中，对评估方式、评估程序、评估日程安排等方面进行了详细规定。

（二）开发网上评估系统

该省专业评估机构结合此次评估实际情况，与计算机软件公司开发了"社区教育示范街道（乡镇）网上评选系统"。该评选系统包括申报材料上传系统、材料相关信息屏蔽系统、专家评选系统、评选过程实时跟踪系统、评选结果统计分析系统5大模块。

（三）专家遴选

此次参与评选的专家共计68人，分为理论专家组和同行专家组。理论专家组由3位全国专家和8位该省的专家组成。同行专家组由每个市县推荐本市县的3位社区教育专家组成，共计57人，主要有市县分管社区教育的教育局局长、职成教科科长、社区学院院长及其他专家。

（四）组织实施评估

各申报街道（乡镇）在自评和区县评审的基础上，将申报材料交至该省学习型社会建设服务指导中心办公室（以下简称"学指办"），由学指办对申报材料进行审核、整理，然后上传至网上评选系统。最终，有27个街道（乡镇）符合评审要求，进入网上评选阶段。评估系统对材料中涉及申报单位的所有信息进行了屏蔽，使专家特别是同行专家能够公正地进行评估，避免了情感因素的影响。

在网上评估之前，评估机构制订了翔实、易于操作的网上评估操作手册，对专家进行了专门培训，主要详细解释了有关评估纪律、评估注意事项，并向专家演示了网上评估的具体操作流程。

在专家网上评估过程中，专家登录网上评选系统，审阅街道（乡镇）申报材料，并选出最少12个、最多不超过18个街道（乡镇）为示范街道（乡镇）。评估机构工作人员通过"评选过程实时跟踪"系统，及时了解评选情况，并利用电话、网络等手段，帮助专家解决评估过程中遇到的问题。

（五）评估结果汇总

经过专家网上评选之后，该省专业评估机构运用"评选系统的统计分析模块"对评选结果从以下几方面进行了自动统计分析。这些方面包括：所有理论专家评选情况统计，所有同行专家评选情况统计，理论专家组、同行专家组评选情况综合汇总，理论专家组、同行专家组评选情况对照分析，部分理论专家评选情况统计

（非实验项目专家），部分理论专家评选情况统计（实验项目专家），市区同行专家评选情况统计，郊区同行专家评选情况统计。

并对理论专家组与同行专家组的评选结果进行综合，得出此次评选的综合排名，形成《某省社区教育示范街道（乡镇）评选·评选情况综合汇总表》，上报该省教育行政部门。

三、该评估项目系统的可靠性计算

根据前面章节的介绍，评估项目可靠性计算需要有三个步骤。首先，需要将该项目的组织实施流程转化为可靠性框图，进行可靠性建模。其次，是对可靠性模型中的每个系统要素赋值，进行参数设计。第三，根据设计的参数，计算出可靠性量值。教育评估系统的可靠性用 R 表示。

（一）该评估项目总系统的可靠性模型

根据该评估项目实施的流程，该评估工作的可靠性框图仍包括三个系统，即管理系统 M、信息系统 I 和专家系统 E。其可靠性模型如图 5.2 所示。

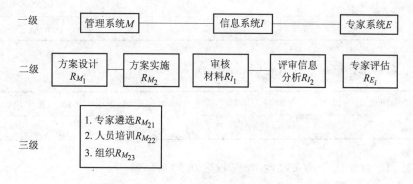

图 5.2　评估工作可靠性框图

（二）可靠性参数设计与计算式

根据简单易用的原则，本案例中的参数设计值如下：

1. 管理系统赋值 R_M 与计算式

（1）方案设计子系统赋值 R_{M_1}

① 方案设计工作可靠性 $R_{M_{11}}$（权数 0.5）

研究 设计	无前期课题研究	有前期课题研究
单人	0.70	0.85
多人	0.90	0.95

② 方案修改论证可靠性 $R_{M_{12}}$（权数0.5）

论证 ＼ 修改	单人	多人
无	0.80	0.90
单人	0.90	0.95
会议	0.95	0.98

（2）方案实施子系统赋值 R_{M_2}

假定满足所聘请的专家工作都认真负责的前提条件。

① 专家遴选工作可靠性 $R_{M_{21}}$（权数0.3）

地区 ＼ 专业	随机选取	考虑专业指向
仅本省	0.70	0.85
包括全国	0.90	0.95

② 培训工作的可靠性 $R_{M_{22}}$（权数0.2）

培训力度	少数人培训	不完全培训	完全培训
可靠性	0.70	0.85	0.98

③ 组织评估工作的可靠性 $R_{M_{23}}$（权数0.5）

认定 ＼ 组织工作	不顺利	较顺利	顺利
无上级认定	0.70	0.90	0.95
有上级认定	0.85	0.95	0.98

管理系统可靠性 R_M 的计算式

$$R_M = R_{M_1} \times R_{M_2}$$

$$R_{M_1} = (R_{M_{11}} \times a_1 + R_{M_{12}} \times a_2), \sum_{i=1}^{2} a_i = 1$$

$$R_{M_2} = (R_{M_{21}} \times a_1 + R_{M_{22}} \times a_2 + R_{M_{23}} \times a_3), \sum_{i=1}^{3} a_i = 1$$

2. 信息系统赋值 R_I

218

（1）审核申报材料 R_{I_1}

审核程度 信息屏蔽	无审核	简单审核	仔细审核
不屏蔽信息	0.70	0.85	0.95
屏蔽信息	0.85	0.92	0.99

（2）评审信息分析 R_{I_2}

分析程度 分析方式	不分析	简单分析	仔细分析
人工分析	0.70	0.80	0.90
电脑分析	0.70	0.85	0.90
人工与电脑相结合	0.70	0.90	0.99

信息系统的可靠性 R_I 计算式

$$R_I = R_{I_1} \times R_{I_2}$$

3. 专家系统赋值 R_E 与计算式

第 i 组专家可靠性赋值为 R_{E_i}，其中，$i = 1, 2, \cdots, k$。

专家人数	6～8	9～11	＞11
可靠性	0.90	0.95($i=1$)	0.98($i=2$)

专家系统可靠性 R_E 计算式

$$R_E = \sqrt[k]{\prod_{i=1}^{k} R_{E_i}}$$

（三）该评估项目总系统的可靠性

1. 项目赋值说明

（1）管理系统

① 该项目实施方案由多人设计，前期没有课题研究基础，故方案起草赋值为 0.9；实施方案经过多人多次修改，并经过多次专家会议论证，故方案修改论证赋值为 0.98。

② 聘请专家均为社区教育方面的专家，且聘请了全国的专家，故方案实施中专家遴选赋值为 0.95；对每个聘请专家进行评估技术、评估纪律等全方位的培训，故方案实施中培训赋值为 0.98；该项目组织工作由专人负责，进展顺利，且得到委托方认可，故方案实施中组织工作赋值为 0.98。

（2）信息系统

① 对申报材料进行了仔细审核,并将材料中有关申报单位的信息进行了屏蔽,避免了专家的感情因素影响,故评估审核申报材料赋值为 0.99。

② 网上评估系统对专家的评选结果进行了统计分析,评估工作人员运用统计软件对评估结果进行了 7 种对比分析,故评估结果分析赋值为 0.99。

（3）专家系统

此项评估聘请了总计 68 位专家,并分为两组,故 11 位理论专家组的赋值为 0.95,57 位同行专家组的赋值为 0.98。

2. 可靠性计算式

（1）总系统的可靠性计算式为

$$R = R_M \times R_I \times R_E$$

其中,R 表示总系统可靠性,R_M 表示管理系统可靠性,R_I 表示信息系统可靠性,R_E 表示专家系统可靠性。

（2）管理系统可靠性 R_M 的计算式

$$R_M = R_{M_1} \times R_{M_2}$$

$$R_{M_1} = (R_{M_{11}} \times a_1 + R_{M_{12}} \times a_2), \sum_{i=1}^{2} a_i = 1$$

$$R_{M_2} = (R_{M_{21}} \times a_1 + R_{M_{22}} \times a_2 + R_{M_{23}} \times a_3), \sum_{i=1}^{3} a_i = 1$$

（3）信息系统的可靠性 R_I 计算式

$$R_I = R_{I_1} \times R_{I_2}$$

（4）专家系统可靠性 R_E 计算式

$$R_E = \sqrt[k]{\prod_{i=1}^{k} R_{E_i}}$$

3. 该项目总系统的可靠性计算

根据上述各个系统的可靠性赋值与计算式,我们可以计算出该项评估总系统的可靠性。

第一步:分别计算出管理系统可靠性 R_M、信息系统的可靠性 R_I、专家系统可靠性 R_E。

$$R_M = R_{M_1} \times R_{M_2} = (R_{M_{11}} \times a_1 + R_{M_{12}} \times a_2) \times (R_{M_{21}} \times a_1 + R_{M_{22}} \times a_2 + R_{M_{23}} \times a_3)$$

$$= (0.9 \times 0.5 + 0.98 \times 0.5) \times (0.95 \times 0.3 + 0.98 \times 0.2 + 0.98 \times 0.5)$$

$$= (0.45 + 0.49) \times (0.285 + 0.196 + 0.49)$$

$$= 0.94 \times 0.971 = 0.912\ 74$$

$$R_I = R_{I_1} \times R_{I_2} = 0.99 \times 0.99 = 0.980\ 1$$

$$R_E = \sqrt[k]{\prod_{i=1}^{k} R_{E_i}} = \sqrt[2]{\prod_{i=1}^{2} R_{E_2}} = \sqrt[2]{0.95 \times 0.98} = 0.964\ 9$$

第二步：计算出总系统的可靠性。

$$R = R_M \times R_I \times R_E = 0.912\ 74 \times 0.980\ 1 \times 0.964\ 9 \approx 0.863\ 2$$

4. 项目相关结果分析

从上面可靠性计算结果，可以进一步对计算结果进行分析。

（1）管理系统

管理系统可靠性与其他两个系统对比相对较低，主要是由于方案起草没有以课题研究作为基础，致使方案设计环节可靠性降低。

（2）信息系统

信息系统可靠性相对最高，主要由于申报材料审核、评估结果分析方面表现突出，对申报单位信息进行了屏蔽，评估结果分析全面、到位。

（3）专家系统

专家系统可靠性相对较高，主要是由于同行专家较多，并且聘请了全国专家。而理论专家人数较少则有点拉低了专家系统的可靠性。

5. 影响可靠性的关键数据分析

从上述可靠性计算以及结果分析来看，信息系统的数据对于确保本项目可靠性起到了关键作用，正是由于信息系统可靠性较高才使得总系统可靠性较高。而信息系统可靠性较高正是由于采用了先进的网上评估技术以及教育统计分析。管理系统中方案起草数据对总系统可靠性影响较大，是由于方案起草前期没有课题研究作为基础，因此方案起草赋值较低，拉低了管理系统的可靠性分数。

四、影响评估系统可靠性的因素分析

通过上述计算，该评估工作总系统的可靠性为 86.32%。这一数据表明，此项目的可靠性还是比较稳定的，能够真实地反映被评对象的客观事实。通常有诸多因素会影响评估工作总系统，并且各系统的要素对可靠性的影响程度也不尽相同。从该项评估工作的各方面来看，还是在很大程度上进行了周密思考和精心实施的。

第一，管理系统方面。该评估在制订评估方案时，不仅经过了项目负责人和分管领导、委托方负责人和相关领导、专家的反复磋商，最终确定了评估方案，而且在评估方式、评估程序等方面也体现了委托方与被委托方以及有关专家的意见，且符合被评对象和社区教育的特点。

在项目实施阶段，该项目对评估专家的遴选也非常注意，包括专家的产生方式、专家来源、专家分组等。特别是在专家分组和专家来源方面，将专家分为理论专家组和同行专家组，充分考虑了专家的知识、经验与被评对象的相关性，采用省内、省外相结合、理论与同行相结合的原则进行专家遴选。在评估实施前，对评估专家进行培训，培训不仅涉及评估注意事项、评估纪律，还专门对如何进行网上评估进行了演示和讲解。在评估实施期间，评估工作人员通过电话、网络对评估专家进行帮助，及时解决专家遇到的问题，提高了评估的准确性。由于项目实施是由专

业的评估机构负责,因此评估项目的组织工作比较专业,在评估程序安排、评估实施等方面进展顺利,使得评估工作的管理系统有序、顺畅、可靠。

其次,信息系统方面。本次评估的信息采集比较特殊,不仅有材料预审,对被评对象申报材料的真实性、准确性进行了有效核实,还对申报材料所涉及的申报单位的信息进行了技术屏蔽,从而使得在评选阶段所获取的信息未受到感情等因素影响,专家可以公正地对被评对象进行评选。在评估结果的处理方面,此次评估运用技术手段,对评估结果进行了多方面的统计分析并进行了对比,最终形成评估结论,保证了评估结果处理不受人为因素影响,比较客观公正。因此,该评估的信息系统相对可靠。

再次,专家系统方面。该评估的专家系统有两个组:理论组、同行组,专家的数量达到了 68 人,并引入省外专家。遴选时,该评估比较注意专家的资格等条件,并且在网上评估系统中设计了"专家评选情况分析"模块,可以对每位专家的评选结果进行分析,了解这些专家的评选结果与最终结果的吻合度,以及同行专家对于自己区县的评选情况,增强了专家的责任心。因此,该评估的专家系统也是比较可靠的。

影响评估工作的因素还有很多,如果仔细分析,在实际的评估工作中,可靠性分析的模型是相当复杂的。对于这个案例的可靠性分析,还有几个关键环节,也可以放在可靠性分析中,如评估标准的制订、评估最终结果的确定等。在这一案例中,评估标准是在委托给评估机构之前就制订好了,评估机构并未参与评估标准的制订,评估机构的专业性没有得到更好的体现,在一定程度上影响了该评估的可靠性。

§5.3 关于高校领军人才评审的可靠性分析

一、项目简介

为了树立和落实科学发展观和科学人才观,进一步贯彻省政府的"科教兴市"主战略和该省作为"国际金融、贸易、航运中心"的定位,积极创新高校高层次人才工作机制和方式,大力营造高校领军人才脱颖而出的环境,不断增强领军人才队伍的能力和活力,努力造就一支德才兼备、开拓创新、团队效应突出、适应该省经济和社会各项事业发展需求的高校领军人才队伍。省教育行政部门自 2006 年以来对本省高校领军人才队伍进行了规划与建设。本案例为该省 2008 年对所在地区高校领军人才进行的省级评审项目。受省教育行政部门的委托,该评审项目由本省的专业性教育评估机构负责组织实施。

本次是该省第三次进行领军人才评审,共有 32 所高校 70 名候选人申报,其中学校推荐 56 人,专家举荐 11 人,个人自荐 2 人,社会团体举荐 1 人。32 所高校申报的 70 名候选人中,所申报的学科包括自然科学 11 个(不含医学)、医学 3 个、社会科学 11 个。学科范围涉及医学、管理、法律、文史、材料科学、化学化工、动力、电子信息等多个学科领域。

此次评审专家组由 35 位来自 17 个不同单位,且均为在各自的学术领域中有较高的学术权威并有一定知名度的专家组成。按照"道德素质过硬、专业贡献重大、团队效应突出、引领作用显著"的基本条件以及领军人才选拔的分类评价标准;坚持"公平、平等、竞争、择优"的原则,注重候选人的实力和水平,重点关注创新精神和团队精神,同时兼顾院校和学科等方面的平衡。最后,确定上报 36 名候选人为本年度领军人才,占总申报人数的 51.4%。

为了对该项评审的可靠性进行分析,我们需要对评审的过程进行熟悉和了解。

二、评审过程

(一)制订评审方案

为了高效、有序地完成此次评审工作,体现评审工作的专业性和科学性,有关教育评估机构在接受委托后,制订了详细的评审工作方案及备选工作方案,并在征求专家和省有关教育行政部门的意见和建议后几易其稿,不断完善。评审方案获得了省教育行政部门的认可。在评审方案中,对评审的原则、方式、专家遴选、评审标准、评审程序、评审日程安排等进行了详细规定和说明。

(二)明确评审原则与方式

本次评审坚持"公平、平等、竞争、择优"的原则,并注重候选人的实力和水平,重点关注创新精神和团队精神,同时兼顾院校和学科等方面的平衡。评审采用了书面材料集中评审与专家讨论相结合的方式。经过材料预审(初步筛选)、专家投票(二次筛选)、综合平衡(三次筛选)三道程序,得出了最终评审结果。在评审程序上,评估机构与省教育行政部门进行了充分的沟通与交流。

(三)明确选拔条件和标准

在选拔条件和标准上,评估机构严格执行省人事局和省教育行政部门下发的有关文件,在制订评审方案时反复研究与讨论,坚持"道德素质过硬、专业贡献重大、团队效应突出、引领作用显著、发展潜力较大"5 个基本条件,按照 4 个领军人才分类标准进行选拔。

(四)遴选评审专家

此次评审遴选的专家都是有一定的知名度、在各自的学术领域中有较高的学术权威的人员。专家的产生方式是充分利用省教育厅及评估机构的专家库,由省教育厅、省教育评估机构及有关高校共同推荐,省教育厅与评估机构审核与确认。遴选专家时还尽可能兼顾各个学科的研究方向及学校的层次,并遵循同校回避和专业回避的原则,同时还充分考虑了保证各学科组的专家与被评人员研究学科的相关程度,以及各学科组的专家分配比例。最后遴选出来的 35 位专家来自近 20

个不同单位,有高校、专业研究机构、行政和企事业单位等,并以教育部直属高校为主。

（五）组织实施评审

在集中评审前,省教育行政部门及评估机构对评审专家进行了专门培训,就有关评审事项及专家评审纪律进行了详细解释与说明。各学科组专家对申报材料进行了预审,各位专家根据材料预审情况,对照评审条件和标准,对每个申报候选人进行无记名投票并综合排名,给出了书面评审意见和建议。

（六）评审结果整理

评估机构对各组专家的投票、排名进行了汇总统计,并根据专家的书面评审意见和建议以及申报的相关材料,得出了每个申报候选人的最终排名。评估机构还对各学科组专家的书面评审意见和建议进行了汇总与整理,并在规定时间递交至省教育行政部门。

三、该评审项目系统的可靠性计算

根据前面有关章节的介绍,评审项目的可靠性计算需要有三个步骤。首先,需要将该项目的组织实施流程转化为可靠性框图,进行可靠性建模。其次,是对可靠性模型中的每个系统要素赋值,进行参数设计。第三,根据可靠性设计的参数,计算出可靠性量值。教育评估系统的可靠性用 R 表示。

（一）该评审项目总系统的可靠性模型

根据该评审项目实施的流程,该项评审工作的可靠性框图仍包含三个系统,即管理系统 M、信息系统 I 和专家系统 E,其可靠性模型如图 5.3 所示。

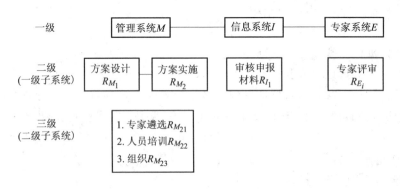

图 5.3　评估工作可靠性框图

（二）可靠性参数设计与计算式

按照简单易用的原则,本案例中的参数设计值如下:

1. 管理系统赋值 R_M 与计算式

（1）方案设计子系统赋值 R_{M_1}

224

设计 \ 审核	单人	多人
无	0.70	0.80
单人	0.80	0.95
会议	0.90	0.98

（2）方案实施子系统赋值 R_{M_2}

假定满足所聘请的专家工作都认真负责的前提条件。

① 专家遴选工作可靠性 $R_{M_{21}}$（权数0.5）

专业 \ 地区	随机选取	考虑专业指向性
无回避	0.60	0.90
有回避	0.90	0.97

② 培训工作的可靠性 $R_{M_{22}}$（权数0.3）

培训力度	少数人培训	不完全培训	完全培训
可靠性	0.65	0.90	0.98

③ 组织评估工作的可靠性 $R_{M_{23}}$（权数0.2）

组织工作 \ 认定	不顺利	较顺利	顺利
无上级认定	0.60	0.70	0.85
有上级认定	0.70	0.88	0.98

管理系统可靠性 R_M 的计算式

$$R_M = R_{M_1} \times R_{M_2} = R_{M_1} \times (R_{M_{21}} \times a_1 + R_{M_{22}} \times a_2 + R_{M_{23}} \times a_3), \sum_{i=1}^{3} a_i = 1$$

2. 信息系统赋值 R_I 与计算式

审核申报材料 R_{I_1}

核查程度	无核查	简单核查	仔细核查
可靠性	0.70	0.88	0.96

$$R_I = R_{I_1}$$

3. 专家系统赋值 R_E 与计算式

第 i 组专家可靠性赋值为 R_{E_i}，其中，$i = 1, 2, \cdots, 7$。

专家人数	3 ~ 5	6 ~ 8	≥9
可靠性	0.88	0.90	0.95

专家系统可靠性 R_E 计算式

$$R_E = \sqrt[k]{\prod_{i=1}^{k} R_{E_i}}$$

（三）该评估项目总系统的可靠性

1. 项目赋值

（1）管理系统

该项目由多人设计，并由多人复审，故方案设计赋值为 0.98；遴选专家考虑回避，且聘请专家均为行家，故方案实施中专家遴选赋值为 0.97；每个聘请专家均接受培训，培训到位，故方案实施中培训赋值为 0.98；该项目组织工作有专人（评估秘书）负责，故方案实施中组织赋值为 0.98。

（2）信息系统

该项目对申报材料进行了非常仔细的审核，故审核申报材料赋值为 0.96。

（3）专家系统

每组聘请了 5 名专家，又有复评，故专家评估系统的赋值为 0.88。

2. 可靠性计算式

（1）总系统的可靠性计算式为

$$R = R_M \times R_I \times R_E$$

其中，R 表示总系统可靠性，R_M 表示管理系统可靠性，R_I 表示信息系统可靠性，R_E 表示专家系统可靠性。

（2）管理系统可靠性 R_M 的计算式

$$R_M = R_{M_1} \times R_{M_2} = R_{M_1} \times (R_{M_{21}} \times a_1 + R_{M_{22}} \times a_2 + R_{M_{23}} \times a_3), \sum_{i=1}^{3} a_i = 1$$

（3）信息系统的可靠性 R_I 计算式

$$R_I = R_{I_1}$$

（4）专家系统的可靠性 R_E 计算式

$$R_E = \sqrt[k]{\prod_{i=1}^{k} R_{E_i}}$$

3. 总系统的可靠性

根据上述各个系统的可靠性赋值与计算式,我们可以计算出该项评估总系统的可靠性。

第一步:分别计算出管理系统可靠性 R_M、信息系统的可靠性 R_I、专家系统的可靠性 R_E。

$$R_M = R_{M_1} \times R_{M_2} = R_{M_1} \times (R_{M_{21}} \times a_1 + R_{M_{22}} \times a_2 + R_{M_{23}} \times a_3)$$

$$= 0.98 \times (0.97 \times 0.5 + 0.98 \times 0.3 + 0.98 \times 0.2) = 0.955\,5$$

$$R_I = R_{I_1} = 0.96$$

$$R_E = \sqrt[k]{\prod_{i=1}^{k} R_{E_i}} = \sqrt[7]{0.88 \times 0.88 \times 0.88 \times 0.88 \times 0.88 \times 0.88 \times 0.88}$$

$$= \sqrt[7]{0.408\,675\,596\,37} = 0.88$$

第二步:计算出总系统的可靠性。

$$R = R_M \times R_I \times R_E = 0.955\,5 \times 0.96 \times 0.88 = 0.807\,206\,4$$

(四)各系统有关因子变化的可靠性

上述评估项目总系统的可靠性是由各系统比较理想和正常的状态下计算出来得到的,它取决于各系统的可靠性,如若各系统或其子系统发生变化,对总系统的可靠性会有什么样的影响呢?以下举例说明。

1. 管理系统赋值 R_M 的变化

(1)方案设计子系统赋值 R_{M_1}

R_{M_1} 由 0.98 变为 0.70。

设计 审核	单人	多人
无	0.70	0.80
单人	0.80	0.95
会议	0.90	0.98

(2)方案实施子系统赋值 R_{M_2}

本子系统只考虑变化以下三个子系统中的一个,如 $R_{M_{21}}$ 由 0.97 变为 0.60,其他不变。

① 专家遴选工作可靠性 $R_{M_{21}}$(权数 0.5)

专业 地区	随机选取	考虑专业指向性
无回避	0.60	0.90
有回避	0.90	0.97

② 培训工作的可靠性 $R_{M_{22}}$（权数 0.3）

培训力度	少数人培训	不完全培训	完全培训
可靠性	0.65	0.90	0.98

③ 组织评估工作的可靠性 $R_{M_{23}}$（权数 0.2）

认定 ＼ 组织工作	不顺利	较顺利	顺利
无上级认定	0.60	0.70	0.85
有上级认定	0.70	0.88	0.98

这样，管理系统可靠性 R_M 为

$$R_M = R_{M_1} \times R_{M_2} = R_{M_1} \times (R_{M_{21}} \times a_1 + R_{M_{22}} \times a_2 + R_{M_{23}} \times a_3)$$

$$= 0.70 \times (0.60 \times 0.5 + 0.98 \times 0.3 + 0.98 \times 0.2) = 0.553$$

而信息系统可靠性 R_I 和专家系统可靠性 R_E 不变，仍然是 $R_I = 0.96$, $R_E = 0.88$ 最后计算出总系统的可靠性为

$$R = R_M \times R_I \times R_E = 0.553 \times 0.96 \times 0.88 = 0.467\ 174\ 4$$

2. 信息系统赋值 R_I 的变化

审核申报材料 R_{I_1} 由 0.96 变为 0.57。

核查程度	无核查	简单核查	仔细核查
可靠性	0.57	0.75	0.96

$$R_I = R_{I_1} = 0.57$$

而管理系统可靠性 R_M 和专家系统可靠性 R_E 不变，仍然是 $R_M = 0.98$, $R_E = 0.88$。最后计算出总系统的可靠性为

$$R = R_M \times R_I \times R_E = 0.98 \times 0.57 \times 0.88 = 0.491\ 568$$

3. 专家系统赋值 R_E 的变化

第 i 组专家可靠性赋值为 R_{E_i}，其中，$i = 1, 2, \cdots, 7$；若每组专家人数为 3 人以下，则 $R_{E_i} = 0.55$, $i = 1, 2, \cdots, 7$。

专家人数	< 3	3 ~ 5	6 ~ 8	≥ 9
可靠性	0.55	0.88	0.90	0.95

专家系统可靠性 R_E 计算式

$$R_E = \sqrt[k]{\prod_{i=1}^{k} R_{E_i}} = \sqrt[7]{0.55 \times 0.55 \times 0.55 \times 0.55 \times 0.55 \times 0.55 \times 0.55} = 0.55$$

而管理系统可靠性 R_M 和信息系统可靠性 R_I 不变,仍然是 $R_M = 0.98, R_I = 0.96$。

最后计算出总系统的可靠性为

$$R = R_M \times R_I \times R_E = 0.98 \times 0.96 \times 0.55 = 0.517\,44$$

四、影响评审系统可靠性的因素分析

通过上述计算得知,该项评审工作总系统在正常情况下的可靠性为 80.72%。这一数据表明,本项评估的可靠性还是比较稳定的,能够真实地反映被评对象的客观实际。一般而言,影响评审工作总系统可靠性的因素有很多,且各系统中的要素对可靠性的影响程度也存在较大差异。从该项评审活动的整体方案制订、组织实施过程、信息采集、专家工作状态和结果处理等方面来看,还是在很大程度上进行了周密思考和精心设计的。下面分别对管理系统、信息系统、专家系统进行分析。

(一)管理系统

该评审项目在制订评估方案时,不仅经过了评估机构项目负责人和分管领导、委托方项目负责人及相关领导等多人的反复磋商,而且征求了有关专家的意见和建议,结合本省的实际,最终确定了评审实施方案。评审方案在评审方式、评审原则、评审标准、评审程序等多个方面体现了委托方与被委托方以及高校有关专家的一致性意见,这为整个评审的顺利组织与实施奠定了良好的基础。在选拔条件和标准上,由于省人事局和省教育行政部门有下发的有关文件,在制订评审方案时我们又反复研究与讨论,使得评审标准具备了良好的认同基础。同时,为了充分体现对被评对象的尊重,争取得到被评对象的积极配合和最大支持,在评审程序上,评估机构与省教育厅、有关专家进行了多次反复研究与讨论,根据一些特殊问题适时进行了相应调整。

在方案实施环节,该项评审充分考虑到了评审专家的科学遴选,包括专家的产生方式、专家资格、专家来源、专家的数量与比例等。特别是在专家来源方面,采取了高教领域与企业界以及科研院所相结合、学科专家与评审专家相结合的原则,同时充分考虑了专家知识领域与被评学科组所有学科的相关程度,并对专家与被评对象的利益关系采取了回避措施。在评审实施前,对所有参与评审的专家进行了全员培训,就评审的目的、评审标准的把握、评审纪律、评审结论的形式等进行了详细介绍和解读。由于是专业性的评估机构实施的评审,因此,评审项目的组织工作也相对比较专业,在评审专家的保密措施、评审材料的分类与整理、评审结果的处理与分析上等都进展顺利。这些都使得评审工作的管理系统显得有理、有序。

（二）信息系统

本次评审的信息采集相对比较简单，主要在材料预审和现场专家审核对申报材料进行了初选和核实。相对而言，材料预审环节十分重要。对于各被评对象申报上来的材料，其真实性和准确性必须得到有效核实。为此，评估机构与委托方进行了沟通，充分利用委托方已有的被评对象数据库，对申报材料中的基础信息部分进行了初步核实。在现场专家审核材料环节，评审专家对被评对象的书面材料进行了详细的核实。应该说，该评审项目的信息系统运行得也相对可靠。

（三）专家系统

专家是评审活动有效实施的关键所在。专家的能力与水平、专家的品德与敬业精神等是评审结果保持公正、客观的重要法宝。专家系统的稳健运转是维持整个评审总系统可靠性的重中之重。在该评审项目中，专家组分成7组，每组保持了5人的数量。这些专家在材料的审核过程中、同组专家的交流中形成了独自的判断，并对该申报人是否评选得上进行了书面评述。专家对被评对象既进行了定量评估（打分、排序），又做出了定性分析（评述）。在评估专家系统的可靠性计算上，我们采用了几何平均数来对各专家组的可靠性进行了计算，以最大限度地避免各专家组在评估结论上产生的误差。应该说，在专家系统，该评估项目也做到了尽可能的尽善尽美。

从上述计算的第（四）部分我们也看到，当各系统有关因子变化以后，该项评审工作总系统的可靠性也相应变化，结果分别为 $R = 0.467\ 174\ 4$（管理系统赋值 R_M 变化），$R = 0.491\ 568$（信息系统赋值 R_I 变化），$R = 0.517\ 44$（专家系统赋值 R_E 变化）。这些数据表明，本项评审总系统的可靠性由于各系统有关因子变化还是受到较大影响的，充分说明各系统各环节都是非常重要、必不可少且相互依存的，都是相关联的。因此，我们在评审工作中应非常重视评审工作的各个环节和细节，决不能够因为某个细节的失误而影响整个评审工作系统的可靠性。

然而在实际评审活动实施过程中，影响评审工作可靠性的因素并不仅限于上述几个方面，可能要比上述的可靠性模型更复杂一些。如上述案例中还有一个重要环节，在可靠性计算中就没有考虑进去，即评审最终结果的确定公布。因为，最终的评选结果或可以入围的名单确定不是由专业性的评估机构作出的，而是由委托方根据评估机构对各学科组专家的书面评审意见和建议的汇总结果，经过综合平衡而确定的。在这一权衡与确定的过程中，专业性的评估机构是不参与的。或者说，评估机构只负责保证评审过程的程序公正合理，评审结果最终由评估机构返回委托方决定如何使用，这样就使得我们对评审最后一个环节的可靠性无法计算。

§5.4 关于中等职业学校课程教材改革特色实验学校遴选评估的可靠性分析

一、项目简介

为了推动中等职业学校课程教材改革的深入开展,促进阶段性课程教材改革成果在基层的落实,挑选出一批在课程教材改革中出类拔萃的学校成为中等职业学校课程教材改革实验的示范基地、课程教材改革成果的展示窗口和课程教材改革师资的培训中心,该省在其立项的42所中等职业教育"课改实验学校"进行了两年多的课改实验后,委托有关教育评估机构开展了"课改特色实验学校"遴选评估。经过学校自评、网上展示与评价、汇报答辩评审、实地评估和综合汇总5个环节,采取学校互评和专家评价相结合的方式,综合考察了"课改实验学校"在课程教材改革的理念、行动、成果和特色等方面的水平,在综合学校互评和专家组评价的综合意见的基础上,最后遴选出16所"课改特色实验学校"。为了切实发挥"课改特色实验学校"在中等职业教育教学改革中示范作用,该省还将委托有关教育评估机构继续对各"课改特色实验学校"完成的课改任务和示范的项目进行跟踪评估或抽查。

二、评估过程

(一)评估指标体系设计和评估方案开发

有关教育评估机构接受委托后,参照该省已颁布的课程教材改革有关文件,制订了评估的方案和指标体系(讨论稿)。在三个月的时间内,有关教育评估机构组织有关人员就方案和指标体系(讨论稿)召开了三次论证会,三批参加论证会的专家分别是参与学校课程教材改革的基层教师、学科带头人;学校教务科长、分管教学副校长、校长等;教育行政部门有关专家、课程教材改革理论研究人员、评估机构专业人员等。每次研讨会前,有关教育评估机构都会提前一周将指标体系和实施方案(讨论稿)交给论证专家,个别校长还在参与论证会前,组织学校有关课改负责人、学科带头人等对征求意见稿进行了讨论,充分酝酿了修改意见。经过三次论证和修改后,形成了指标体系和实施方案最终稿,由省教育行政部门发文公布。

最终公布的指标体系包含课改理念、课改行动、课改成果和课改特色4个一级指标,另有15个二级指标和27个三级指标。为了充分体现学校的特色和指标体系的弹性,各级指标未单独设置权重。最终公布的实施方案采取学校自评、网上展示与评价、汇报答辩评审、实地评估和综合汇总5个环节,每个环节都有学校"直接晋级"、"待定(进入下一环节评审)"和"直接淘汰"。

（二）评估专家的遴选

为了保证评估的公正性，促进课改行动和课改经验在基层的交流，真正达到推进课改精神向基层渗透的目的，本次评估的专家组成突破了传统的限制，由两类成员构成。一类是真正意义上的评估专家，包括课程教材改革的理论研究专家、教育管理部门的行政专家和资深的特级校长等。另一类是学校，包括所有"课改实验学校"以及一般学校。这些学校通过在网上下载并查阅被评学校的相关材料，组织相关教师开展课改实验学校的教研活动，讨论评价结果，并由校长或分管教学副校长行使评价权利，为被评学校打分。两类评估专家同时对被评学校进行评价，最终评估结果综合考察两组的评价结果，并分析对比两组评价结果的相关性。

评估专家遴选后，有关教育评估机构组织有关评估专家进行了培训，解读了评估指标和方案，发放了网上评估操作手册和评价须知，为评估的实施打下了良好的基础。

（三）组织实施评估

1. 学校自评

被评学校对照评估指标体系，认真总结立项为"课改实验学校"以来在创建"课改特色实验学校"方面的课改理念、课改行动、课改成果和课改经验，撰写《自评总结报告》。

2. 网上展示与评价

在有关教育评估机构开发的网上评估系统中，学校上传《自评总结报告》和课改特色佐证材料供专家下载、查阅并评价。计算机软件分别统计了专家组和学校组的评价总分，形成了"网上展示与评价学校分数名次统计表"、"专家组和学校组评价结果对比表"。按照分数排序和一定的比例确定"直接晋级"、"待定（进入下一环节评审）"和"直接淘汰"的学校。

3. 汇报答辩评审

"网上展示与评价"结束后，有关教育评估机构对上一环节待定的学校组织开展了"汇报答辩评审"。汇报答辩评审专家组共 11 人，专家组成员既有来自教育行政部门的有关领导，又有职业教育的理论专家，既有直接规划落实课程教材改革的领导，又有教育评估资深专家。这些学校的校长分别利用 10 分钟对学校课改的成效、特色和今后在课改中能发挥的作用进行了汇报。专家组在查阅"网上展示"材料的基础上，结合校长汇报情况，对学校校长进行了提问，对有关课改问题进行了进一步的了解和探讨。汇报答辩过程中，专家们都填写了《汇报答辩评审·专家工作记录表》。最后，经专家投票，按照专家投票结果的相关比例确定了"直接晋级"、"待定（进入下一环节评审）"和"直接淘汰"的学校。

4. 校长座谈会

为了充分了解优秀学校的课改行动和成效，进一步探讨这批学校在今后课改过程中能承担的任务和可发挥的作用，有关教育评估机构组织第一轮"网上展示与评价"阶段直接晋级的学校校长召开了"校长座谈会"。参与座谈的课程教材改革专家来自教育行政部门、课程教材改革组织实施部门和教育评估机构等。校长们主要汇报了课改的行动和特色，深入思考了课改的重点和难点问题，并对今后课改的发展方向进行了思考。汇报结束后，专家组和校长们进行了座谈，就课改的评价问题、学校的课改特色问题以及课改成果的宣传问题进行了讨论。

5．实地评估

本着进一步深入了解学校课改行动与特色，加强对学校课程教材改革的指导的原则，有关教育评估机构组织两个专家组分别对进入本轮评估的学校进行了实地考察。每个专家组由 3 名专家组成，各专家组都由省课改办负责具体组织课程教材改革的专家领衔，另配两名熟悉中等职业学校课程教材改革的学校校长作为专家组成员。实地评估主要就学校在汇报答辩评审环节中未能明确回答的问题和有待核实的问题进行了考察。专家组与学校有关领导和教师进行了座谈，察看了学校课程教材改革的有关资料。根据实地评估专家组综合评价意见，确定了"直接晋级"和"直接淘汰"的名单。

6．综合汇总

以上评估阶段结束后，有关教育评估机构将所有情况进行了汇总，并将最终评估结果提交省教育行政部门认定，尤其发文公布评估结果。文件中同时明确，在适当的时机，省还将委托有关教育评估机构继续对各"课改特色实验学校"完成的课改任务和示范的项目进行跟踪评估或抽查。

三、该评估项目系统的可靠性计算

根据该评估项目的可靠性框图（图 5.4），可以计算出该评估项目的可靠性。

（一）评估工作可靠性框图

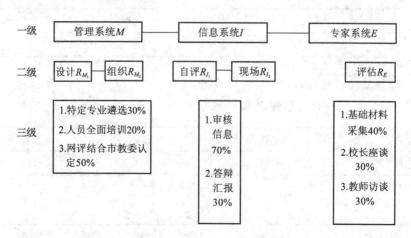

图 5.4　评估工作可靠性框图

（二）可靠性参数设计和计算公式

1. 管理系统的赋值

（1）方案设计子系统赋值 R_{M_1}

审核＼设计	单人	多人
无	0.70	0.80
单人	0.80	0.95
会议	0.90	0.98

（2）方案实施子系统赋值 R_{M_2}

① 专家遴选工作的可靠性 $R_{M_{21}}$

地区＼专业	随机选取	考虑专业指向性
无回避	0.70	0.90
同区回避	0.90	0.95

② 培训工作的可靠性 $R_{M_{22}}$

培训力度	少数人培训	不完全培训	完全培训
可靠性	0.70	0.90	0.98

③ 组织评估工作的可靠性 $R_{M_{23}}$

专家评估	专家评估结合学校互评等
0.95	0.98

2. 信息系统可靠性赋值

（1）自评信息核查可靠性 $R_{I_{11}}$

	简单核查	一般核查	仔细核查
可靠性	0.85	0.90	0.98

（2）面试答辩 $R_{I_{12}}$

专家人数	≤3	3～5	≥6
可靠性	0.85	0.90	0.95

（3）现场信息采集可靠性 R_{I_2}

① 基础材料采集 $R_{I_{21}}$

考察范围	不很全面	较全面	很全面
可靠性	0.85	0.92	0.98

② 校长座谈 $R_{I_{22}}$

群体种类 ＼ 座谈数量	1～2 次	3～5 次	≥6 次
一类群体	0.85	0.92	0.95
二类及以上群体	0.88	0.95	0.98

3. 专家系统的赋值

专家评估系统可靠性 R_E

专家人数	5～9	10～14	≥15
可靠性	0.90	0.95	0.99

（三）该评估项目总系统可靠性计算

1. 项目赋值

（1）管理系统

该项目由多人设计,并通过会议两次审核,因此,方案设计 R_{M_1} 赋值为 0.98;遴选专家项目的专家考虑专业指向性,同区回避,故方案实施中专家遴选 $R_{M_{21}}$ 赋值为 0.95;专家培训项目的培训工作做到了被评对象和评估专家完全培训,$R_{M_{22}}$ 赋值为 0.98;该项目组织工作做到专家评估结合学校互评,整个组织过程非常顺利,$R_{M_{23}}$ 赋值为 0.98。

（2）信息系统

① 对学校申报的自评报告和相关佐证材料进行了一般核查,$R_{I_{11}}$ 赋值为 0.9;面试答辩时,专家组共有 11 名成员,$R_{I_{12}}$ 赋值为 0.95。

② 实地评估时,对学校课程教材改革方面的基础材料进行了较为全面的采集,$R_{I_{21}}$ 赋值为 0.92;分别对教师和学校领导进行了 2 次座谈,$R_{I_{22}}$ 赋值为 0.88。

（3）专家系统

该项目专家人数为 15 人以上,R_E 赋值为 0.99。

2. 评估工作可靠性计算

$$R_M = R_{M_1} \times (R_{M_{21}} \times 30\% + R_{M_{22}} \times 20\% + R_{M_{23}} \times 50\%)$$
$$= 0.98 \times (0.95 \times 0.3 + 0.98 \times 0.2 + 0.98 \times 0.5) = 0.951\ 58$$

$$R_I = (R_{I_{11}} \times 70\% + R_{I_{12}} \times 30\%) \times (R_{I_{21}} \times 40\% + R_{I_{22}} \times 30\% + R_{I_{23}} \times 30\%)$$

$$= (0.9 \times 0.7 + 0.95 \times 0.3) \times (0.92 \times 0.5 + 0.8 \times 0.5) = 0.86$$

$$R = R_M \times R_I \times R_E = 0.951\ 58 \times 0.86 \times 0.99 = 0.810\ 1$$

四、影响本评估项目系统可靠性的因素分析

通过上述计算得知,该项评估工作总系统的可靠性为 81.01%。这一数据表明,本项评估的可靠性还是比较稳定的,能够真实地反映被评对象的客观实际。一般而言,影响评估工作总系统可靠性的因素有很多,且各系统中的要素对可靠性的影响程度也存在较大差异。从该评估项目的整体方案制订、指标设计、组织实施过程、基本信息采集和专家工作状态以及结果处理等方面来看,其精心设计和总体考量是保证本评估项目较高可靠性程度的关键。

(一) 管理系统对评估项目可靠性的影响

1. 方案设计的可靠性

在指标体系的系统设计过程中采用了头脑风暴法,全面而系统地建立了课程教材改革的指标系统;在指标的重要性设计中,为了充分体现学校的特色和指标体系的弹性,各级指标未单独设置权重;在指标的标准设计中,也采用了头脑风暴法,充分听取了不同层次的课程教材改革专家的意见。本次评估的方案和指标体系经过不同类别专家的多次论证和修改,使指标体系设计取得了较好的效果,并使实施方案具有较强的操作性。因此,在方案设计环节,达到了最高的可靠性,为 0.98。但如果采用单人的设计和单人的审核方式,可靠性则只有 0.7,会使评估项目总体可靠性降低。

2. 组织部分的可靠性

从专家遴选看,由于是一次单项的针对课程教材改革的评估,充分考虑了专家的专业性程度,专家组中所有成员都是从事课程教材工作方面的领衔人物,同时也考虑到了学校的回避问题,因此,此部分的可靠性也达到了 0.95。如果不考虑专家的专业指向性而随机选取专家,那么可靠性会降低到 0.7,这一指标也会对评估系统总体可靠性产生影响。

从培训工作看,评估前,所有评价者不仅得到了充分的培训,还获得了评估操作手册文本,随时可以查阅相关信息。在评价的过程中,还可随时向评估组织者电话咨询相关问题。因此,此评估项目采取的是完全培训方式,可以保证 0.98 的可靠性。如果只有部分专家参与培训,可靠性则降低到 0.9。

从评估的组织系统来看,将所有学校纳入评价者的范畴,也提高了评估项目的可靠性。本评估项目为了充分保证评估的科学性和公正性,在专家遴选上不仅选择了传统意义的资深评估专家,同时还发动所有学校进行互评,这样也提高了评估系统的可靠性。另一方面,由于是专业教育评估机构组织开展的评估,其专业评估人员在组织和管理上,从前期的方案设计、专家遴选、专家培训到中期

的项目组织实施,再到后期的评估结果整理与反馈,都遵循了客观、公正的原则,整个评估项目按照实施方案和指标体系的要求,有条不紊地进行。这种组织体系,是保证评估项目可靠性的关键所在。因此,组织评估工作的可靠性上也达到了 0.98。

（二）信息系统对评估项目可靠性的影响

本评估项目的有关信息主要来源于两个渠道。

第一个渠道是学校提供的申报资料。申报材料包括必备的学校自评总结报告和自选的课改特色佐证材料等。这一方式改变了传统的学校统一申报材料格式的情况,给了学校展示课改特色更多的自主权,使申报材料更为立体,专家能够了解的信息更为全面。这种自评信息属于仔细核查范畴,得到了最高的 0.98 的可靠性。

另一个渠道就是评估的不同环节设置,侧重学校在课改方面的不同信息。本评估项目通过层层筛选获取全面信息,提高了评估系统的可靠性。网上评估、汇报答辩、实地评审……通过层层筛选,让评估专家全方位了解学校的情况,深入了解学校参与课程教材改革的原始面貌。网上评估客观、科学,剥离人为因素、人情因素,评估专家多关注评估材料本身;汇报答辩人性互动,充分彰显校长的人格魅力,评估专家能聚焦学校的课改深层的思想因素;实地评估则更加求实、具体,体现了学校教学基层部门的运作情况,评估专家能够明晰学校的课改行动。各个环节配置不同人数和结构要求的专家组,更能体现评估的科学性和公正性。

（三）专家系统对评估项目可靠性的影响

本次评估项目遴选的评估专家的优良资质也提升了评估项目的可靠性。评估专家组人数超过 15 人,可靠性达到 0.99。而且每一环节均有不同专家参与,更加提高了评估最终结果的可靠性。

一方面,所有学校成为评价者,这些学校都认真对待自身在评估项目中的表决权,对其他学校的评价都是慎之又慎。大部分学校都利用评价这一契机,在网上下载其他学校上传的课改自评总结报告和课改特色佐证材料,组织全体教师开展教研活动,专门讨论如何给其他学校评分和排序,然后由分管教学副校长或校长行使投票权。这种评估专家组的组成,既保证了评估的公正性,同时也促进了学校之间的学习和交流,真正达到了推进课改精神向基层渗透的目的,有利于各校落实新的课改精神和要求。

另一方面,从事课程教材改革管理、进行课程教材改革理论研究、策划课程教材改革方向的资深专家在课程教材改革方面具有发言权。他们在评估过程中认真负责,全面搜集相关资料,认真与学校相关领导和教师对话,帮助学校总结课改问题,给他们提供进一步的指导和建议。专家们的敬业精神、专业素养和职业道德也为提高评估项目的可靠性提供了保障。

§5.5 关于示范性高中评估的可靠性分析

一、项目简介

示范性高中应是全面贯彻教育方针,模范执行教育法律、法规和有关政策,办学思想端正,加强德育,积极开展教育教学改革,教师素质与办学条件好,办学有特色,学生德智体等方面全面发展,社会和高等院校对学生的评价好,学校的管理水平高,有较长的办学历史,在省(自治区、直辖市)内外有较高声誉的普通高级中学。

建设一批示范性高中是一项重要的战略举措,对于全面推进素质教育、深化教育改革、推动普通高中教育发展、带动全省教育水平的提升具有积极的作用。根据原国家教委《关于评估验收 1 000 所左右示范性高级中学的通知》和教育部《关于积极推进高中阶段教育事业发展的若干意见》,及《国务院关于〈中国教育改革和发展纲要〉的实施意见》、《国务院关于基础教育改革与发展的决定》的相关精神,某省 1999 年启动示范性高中建设规划评审,至今已评审 50 多所学校。

二、评估过程

(一)申报省示范性高中的程序

申报省示范性高中的程序是在该省范围内的普通高级中学、普通完全中学高中部及综合高中,经所在市(区)教育行政部门审核同意,均可申报省示范性高中的评估。申报学校应首先制订"创建省示范性高中"的规划,填写相应的申报表,经市(区)教育行政部门审核同意,签署审核推荐的意见后,统一将申报学校的规划和申报表报送省教育厅。省教育厅接到申报材料后,组织有关职能部门和专家对材料进行初审,或者委托专业评估机构与学校签订协议进行材料预审。经预审,凡符合申报条件的学校将正式列入省示范性高中的评估名单。省教育厅根据申报的评估名单分期分批对申报学校的发展规划进行评审。规划评审包括书面报告、学校汇报、实地视察、座谈随访等。省教育厅依据专家组的评审意见,作出规划评审"通过"或"暂缓通过"的结论。凡规划评审通过的学校可进行规划实施,未通过的学校继续对学校发展规划进行修订,修订后再进入预审程序。在学校规划的过程中,省教育厅组织专家对学校实施规划的落实情况进行中期检查评估。通过中期检查评估后,规划实施情况良好、发挥示范性辐射作用并且社会反响较好的学校可进入规划实施的总结性评估阶段。通过总结性评估之后,依照程序由省教育厅命名"省示范性高中",并予以公布。

(二)示范性高中的评估过程

从申报示范性高中评估的程序可以看出,示范性高中的评估过程大致包括如下几个阶段:制订评估方案、明确评估原则、研制评估指标、申报资料审定、签订接受评估协议、遴选专家、组织现场评估、提交评估报告、中期检查、总结性评估、公布评估结果。其中,申报材料审定、组织专家组现场评估及公布评估结论是初审过程中最为重要的三个环节,具体阐述如下。

1. 制订评估方案

示范性高中的评审对于全面实施素质教育,提升全省高中阶段教育教学质量及办学水平意义重大。对所有申报参评示范性高中的学校,首先要根据国家及地方政府开展示范性高中评估的意义及建设示范性高中的程序与要求,制定示范性高中的评估方案,规范、科学、有序进行示范性高中的评估,引领高中阶段学校的发展方向,并通过示范性高中的评估,提升高中阶段整体教育质量。

2. 明确评估原则

第一,发展性原则。示范性高中建设既要评估学校现有的办学水平和教育质量,更要引导学校通过学校规划制订、学校教育实验项目确立、教师队伍建设和专业发展、学校课程建设、学校管理等方面形成自我发展、自我完善的机制,促进学校可持续发展。

第二,过程性原则。示范性高中建设要充分关注学校建设和发展过程,要积极引导学校反思现状,调整和修正办学策略,寻找学校发展的新增长点,使示范性高中的评估过程成为学校建设持续发展的过程,以激励学校积极投入到示范性高中的创建过程中去。

第三,示范性原则。示范性高中建设要根据"先实验、后示范"的基本原则,充分注重学校教育实验项目的价值取向,注重全面贯彻党的教育方针,全面实施素质教育,在带动全省高中教育质量和办学水平整体提高方面发挥示范作用和辐射效应。

3. 研制评估指标

示范性高中的评估,要以教育部普通高中发展性评估指标为指导,根据省示范性高中建设要求,实行示范性高中工作社会评价和政府评价相结合的机制,在学校申报和所在市(区)教育行政部门审核推荐的基础上,由省教育厅组织专家或者委托社会专业评估机构,按照"学校规划评审、规划实施中期检查、规划实施总结性评审"的程序,对学校进行全面评估。

4. 申报资料审定

对已经制订"创建省示范性高中"的规划,并填写了相应的申报表,而且经过了市(区)教育行政部门的审核推荐,最后已经被列入省示范性高中评估名单的学校提交的一系列申报材料进行审定。对递交的书面材料上首先进行评估,判断其在申报省示范性高中前期准备过程中的工作,并评估其是否符合申报省示范性高中的基本条件及程序是否合乎要求等。

5. 签订评估协议

申报省示范性高中是学校的自愿行为,在通过了申报资料审定的基础上,申报学校将与省教育厅委托的专业评估机构签订委托评估协议书,从程序上、组织上、制度上进一步规范示范性高中的评估程序及要求。

6. 遴选培训专家

省示范性高中评估的专家来自省示范性高中评估专家库。专家库中的专家组成人员来源比较多元,包括教育主管部门的行政领导、教育科研专家、基层教育管理人员、政府督学等。专家组成人员的多元化有助于从不同的角度来诊断和审视学校的发展状况,作出科学的评估。专家遴选完毕,还要根据评估的要求对专家进行培训,基于评估的要求培训专家,提升评估的质量。

7. 组织专家现场评估

组织专家现场评估是示范性高中评估中非常重要的一环。组织专家现场评估主要是专家进驻学校,根据评估指标,对学校是否具备申报示范性高中作出客观的评估。专家现场评估包括以下几个步骤:听取学校自评汇报,专家依据指标分工采集相关信息、观摩现场活动、查阅资料、实地观察,对学校行政人员、教师及学生进行座谈、访谈及问卷调查。最后专家组汇总情况,形成专家组意见,并为学校提供反馈和指导。

8. 提交评估报告

通过组织专家组现场评估,形成专家组的评估报告,并根据评估的程序及要求,将评估报告提交给省示范性高中评估领导小组办公室或省教育厅。

9. 中期检查评估

对于已经通过专家现场评估,并且评估结论为通过的学校,将根据其申报的学校发展规划落实情况进行中期检查,对规划实施情况、阶段性成果、示范辐射的业绩等情况进行过程性评估。通过过程评估来提升创建省示范性高中的引领价值和意义。

10. 总结性评估

通过中期检查评估后,规划实施情况较好、发挥示范辐射作用良好和社会反响较好的学校可进入规划实施总结性评审阶段。

11. 公布评估结果

对经过省教育厅审定、专家组评审通过的学校进行上网公示,在广泛听取市(区)及学校的意见后,经省示范性高中评估领导小组审核,由省教育厅命名为"省示范性高中",并予以公布。

三、该评估项目系统的可靠性计算

省示范性高中评估的可靠性计算需要经过三个步骤。首先,需要将该项目的组织实施流程转化为可靠性框图,进行可靠性建模。其次,需要对可靠性建模中的每个系统要素赋值,进行参数设计。第三,根据可靠性设计的参数,计算出可靠性量值。教育评估系统的可靠性用 R 表示。

（一）该评估项目总系统的可靠性框图

根据该评估项目实施的流程，该评估项目的可靠性框图包括三个系统，即管理系统 M、信息系统 I 和专家系统 E。其可靠性模型如图 5.5 所示。

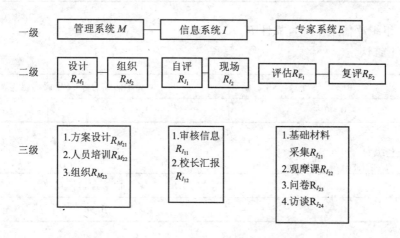

图 5.5　评估工作可靠性框图

（二）可靠性参数设计与计算式

按照简单易用的原则，本案例中的参数设计值如下：

1. 管理系统参数赋值及计算式

（1）方案设计的可靠性 R_{M_1}

审核 ＼ 设计	单人	多人
无	0.70	0.80
单人	0.80	0.95
会议	0.90	0.98

（2）组织部分的可靠性 R_{M_2}

① 专家遴选工作的可靠性 $R_{M_{21}}$

地区 ＼ 专业	随机选取	考虑专业指向性
无回避	0.70	0.90
同区回避	0.90	0.95

② 培训工作的可靠性 $R_{M_{22}}$

培训力度	少数人培训	不完全培训	完全培训
可靠性	0.70	0.90	0.98

③ 组织评估工作的可靠性 $R_{M_{23}}$

无上级认定

专家评估	专家评估结合学校互评等
0.90	0.95

有上级认定

专家评估	专家评估结合学校互评等
0.95	0.98

管理系统 R_M 的计算公式

$$R_M = R_{M_1} \times R_{M_2} = R_{M_1} \times (R_{M_{21}} \times 30\% + R_{M_{22}} \times 20\% + R_{M_{23}} \times 50\%)$$

2. 信息系统赋值及计算公式

（1）自评信息核查可靠性 $R_{I_{11}}$

	简单核查	一般核查	仔细核查
可靠性	0.85	0.90	0.98

（2）面试答辩 $R_{I_{12}}$

专家人数	≤3	3~5	≥6
可靠性	0.85	0.90	0.95

（3）现场信息采集可靠性 R_{I_2}

① 基础材料采集 R_{I_2}

考察范围	不很全面	较全面	很全面
可靠性	0.85	0.92	0.98

② 听课 $R_{I_{22}}$

预先安排听课

听课数量〔听课种类〕	<10%	10%~15%	>15%
少	0.70	0.80	0.90
多	0.80	0.90	0.98

随机抽查听课

听课数量〔听课种类〕	<5%	5%~10%	>10%
少	0.85	0.90	0.95
多	0.90	0.95	0.98

③ 问卷调查 $R_{I_{23}}$

调查数量〔群体种类〕	<3%	3%~6%	>6%
一类群体	0.85	0.92	0.95
二类及以上群体	0.88	0.95	0.98

④ 访谈 $R_{I_{24}}$

座谈数量〔群体种类〕	≤2次	3~5次	≥6次
一类群体	0.85	0.92	0.95
二类及以上群体	0.88	0.95	0.98

信息系统的可靠性 I 的可靠性计算

$$R_I = （R_{I_{11}} \times 70\% + R_{I_{12}} \times 30\%）\times（R_{I_{21}} \times 30\% + R_{I_{22}} \times 30\% + R_{I_{23}} \times 20\% + R_{I_{24}} \times 20\%）$$

3. 专家系统赋值及计算公式

专家评估系统可靠性 R_E

专家人数	5~7	8~9	≥10
可靠性	0.85	0.90	0.95

有复评的计算公式

$$R_E = R_{E_1} + R_{E_2} - R_{E_1} \times R_{E_2}$$

243

（三）该评估项目系统总的可靠性计算

1. 评估工作可靠性计算式

$$R = R_M \times R_I \times R_E$$

$$R_M = R_{M_1} \times (R_{M_{21}} \times 30\% + R_{M_{22}} \times 20\% + R_{M_{23}} \times 50\%)$$

$$R_I = (R_{I_{11}} \times 70\% + R_{I_{12}} \times 30\%) \times (R_{I_{21}} \times 30\% + R_{I_{22}} \times 30\% + R_{I_{23}} \times 20\% + R_{I_{24}} \times 20\%)$$

$$R_E = R_{E_1} + R_{E_2} - R_{E_1} \times R_{E_2}$$

2. 总系统的可靠性计算

（1）项目赋值

① 管理系统

管理系统参数赋值的依据是：方案由多人设计，并通过会议研讨方式加以审核，故方案设计赋值为 0.98；组织部分的可靠性参数赋值的依据分别是：专家遴选不仅考虑到其专业，而且规定了同区回避的原则，所以其赋值是 0.95；专家接受完全培训，赋值是 0.98；方案实施中的组织评估的可靠性是依据由上级认定、专家评估结合学校自评的方式，因此其赋值是 0.98；组织工作开展很顺利，赋值是 0.98。

② 信息系统

信息系统的可靠性涉及自评信息核查、面试答辩、现场信息采集三方面。自评信息仔细核查，其可靠性赋值是 0.98；面试答辩中的专家人数超过或至少是 6 人参加，可靠性参数为 0.95；现场信息采集方式比较多样，其中，基础信息采集很全面，赋值 0.98；问卷调查要求二类及以上群体、大于调查数量的 6%；座谈也是二类及以上群体、座谈人数超过 6 次以上，赋值 0.98；听课种类多，且大于听课总数的15%，赋值 0.98；随机抽查听课类型多，且超过总数的 10%，赋值 0.99。

③ 专家系统

聘请了 10 人以上专家，又有复评，故专家评估系统的可靠性为

$$0.95 + 0.95 - 0.95 \times 0.95 = 0.997\ 5$$

（2）该项目总系统的可靠性计算

根据上述各个子系统的可靠性赋值与计算公式，我们可以算出该项评估总系统的可靠性。具体计算过程如下：

第一步：分别计算出管理系统的可靠性 R_M、信息系统的可靠性 R_I 和专家系统的可靠性 R_E

$$R_M = R_{M_1} \times R_{M_2} = R_{M_1} \times (R_{M_{21}} \times 30\% + R_{M_{22}} \times 20\% + R_{M_{23}} \times 50\%)$$

$$= 0.98 \times (0.95 \times 0.30 + 0.98 \times 0.20 + 0.98 \times 0.50)$$

$$= 0.944$$

$$R_I = (R_{I_{11}} \times 70\% + R_{I_{12}} \times 30\%) \times (R_{I_{21}} \times 30\% + R_{I_{22}} \times 30\% + R_{I_{23}} \times 20\% + R_{I_{24}} \times 20\%)$$

$$= (0.98 \times 0.70 + 0.95 \times 0.30) \times (0.98 \times 0.30 + 0.98 \times 0.30 + 0.98 \times 0.20 + 0.98 \times 0.20)$$

$$= 0.971 \times 0.98 = 0.951\ 58$$

第二步:计算出总系统的可靠性

$$R = R_M \times R_I \times R_E = 0.944 \times 0.951\,58 \times 0.997\,5 \approx 0.90$$

四、影响评估系统可靠性的因素分析

（一）评估系统参数发生变化的影响度分析

通过上述计算得知,该项评估工作总系统的可靠性为90%。这一数据表明,本项评估的可靠性还是比较稳定的,能够比较真实地反映被评对象的客观实际。一般而言,影响评估工作可靠性的因素很多,且各系统中的要素对可靠性影响程度也存在差异。从该项评估的方案设计、组织实施、学校自评、现场信息采集、专家评估及评估结果公布等方面来看,还是在很大程度上进行了周密设计和精心考虑的。这说明,评估系统参数对提高评估项目系统的可靠性至关重要。为此,我们对影响评估项目系统可靠性的参数进行改变,试图再次确认影响评估项目系统可靠性的要素。

1. 管理系统参数发生变化

根据我们最初的计算,设想将方案设计的可靠性 R_{M_1} 改为单人,则其可靠性仅为 0.7;组织部分的可靠性的计算,设想不是考虑专家专业的多元化和人数,而是随机选取并且同区回避,其可靠性为 0.9;对专家的培训由完全培训改为不完全培训,其可靠性由 0.98 调整为 0.9;组织评估工作的可靠性仅依据专家评估,而没有经过学校自评阶段,并且没有经过上级认定,其可靠性为 0.9。为此,

管理系统 R_M 的计算公式

$$R_M = R_{M_1} \times R_{M_2} = R_{M_1} \times （R_{M_{21}} \times 30\% + R_{M_{22}} \times 20\% + R_{M_{23}} \times 50\%）$$
$$= 0.7 \times （0.9 \times 30\% + 0.9 \times 20\% + 0.9 \times 50\%） = 0.63$$

2. 信息系统参数发生变化

信息系统的参数主要包括自评信息的核查、答辩、现场信息的采集。自评信息由仔细核查改变为一般核查,其可靠性系数为 0.9;参评学校接受专家的答辩过程,如果组织评审的专家由多于 6 人变为 6 人以下至 3 人或 3 人以上,其可靠性系数为 0.9;信息的现场采集形式比较多样,包括基础材料采集、听课、问卷调查和访谈,基础材料采集如果由全面采集改变为一般采集、较全面,其可靠性由 0.98 变为 0.92;预先安排听课如果听课数量低于 15%,其可靠性为 0.8;随机抽查听课的数量由大于 10% 变为低于 10%,其可靠性为 0.8;问卷调查同样是采集二类及以上群体,但是调查数量所占调查对象大于 6% 改变为低于 6%,其可靠性为 0.92;访谈还是进行二类及以上群体,但访谈次数减少为 3 ~ 5 次,其可靠性变为 0.95。

管理系统 R_I 的计算公式

$$R_I = （R_{I_{11}} \times 70\% + R_{I_{12}} \times 30\%） \times （R_{I_{21}} \times 30\% + R_{I_{22}} \times 30\% + R_{I_{23}} \times 20\% + R_{I_{24}} \times 20\%）$$
$$= （0.9 \times 70\% + 0.9 \times 30\%） \times （0.92 \times 30\% + 0.8 \times 30\% + 0.92 \times 20\% +$$

$0.95 \times 20\%$ ）$=0.9 \times 0.89 = 0.801$

3. 专家系统参数发生变化

专家系统参数重要是评估专家如小于 10 人,其可靠性则由 0.99 调整为 0.95。

4. 评估系统可靠性参数发生变化后,评估总系统的可靠性则为

$$R = R_M \times R_I \times R_E = 0.63 \times 0.801 \times 0.95 \approx 0.48$$

从这些计算中,我们可以发现,评估系统中的管理系统、信息系统和专家系统一旦参数发生变化,则评估可靠性就会发生重要变化,由之前的超过 80% 变为低至 50%。甚至可以说,一旦评估系统中的管理系统、信息系统及专家系统其中的一个环节出现问题,则整个评估的效果及可靠性都值得怀疑。因此,精心设计和组织管理系统、信息系统和专家系统中的每一个环节都至关重要。

（二）影响评估系统可靠性的因素分析

正是通过改变总评估系统中的管理系统、信息系统、专家系统的参数,我们才发现,参数的改变直接会影响到整个评估系统的可靠性,因此,对影响评估系统可靠性因素的分析,可以从如下三个方面进行。

1. 从管理系统分析

示范性高中的评估对于高中阶段实施素质教育,有效引导高中阶段学校教育的发展方向,整体提升高中阶段教育质量,意义重大。通过示范性高中评估,引导和鼓励高级中学以创新精神和实践精神培养为核心开展素质教育,努力在学校教育、教学、管理等方面积极开展改革实验,并通过对省内区内其他学校的示范、引领和辐射作用,促进全省基础教育整体水平的不断提高有重要意义。因此,省市政府、教育行政部门、学校及专业评估机构高度重视此项工作,多方协商、沟通,最后精心制订实施方案,力求能够通过精心组织和实施达到预期的评估目标。在组织设计方面,也是精心考虑。首先在遴选专家方面,一方面考虑到专家的来源要多元化,有教育行政部门领导、基础教育行政部门领导、资深教师等,而且根据专家的不同研究方向,保证遴选的专家的知识领域和经验背景能够符合评估的目的要求,能够根据指标从不同层面来评估学校的发展状况。遴选专家组成专家组之后,对专家组进行全面培训,在培训的过程中达成共识,明确评估的各项指标、目的要求等,为有效进行评估提供了保障。

2. 从信息系统分析

从信息系统分析评估工作的可靠性,需要对自评工作的可靠性及现场评估的可靠性两个方面进行分析。学校自评是信息分析的重要一环,毕竟示范性高中的评估本身不是目的而是手段,目的是通过示范性高中的评估促进学校找准发展方向,全面实施素质教育,并在此过程中能够自主发展、主动发展。因此,专家组首先需要对学校自评材料进行审核,而后,再听取学校校长对学校自评材料的汇报。在两者结合的基础上,专家组进入学校,进行现场评估。现场评估是管理系统中非常重要的一环。现场评估时,首先需要查阅被评学校的各种基本资料。在对资料审

核的基础上,听取学校校长对学校创建示范性高中相关情况的汇报。而后,专家组进行观摩听课、师生问卷调查及对学校不同层面的人员进行访谈,力求多维度地根据评估指标客观评估学校的发展状况。在此过程中,周密部署、精心组织及环环相扣非常重要,对于有效保障评估工作的顺利实施,起到了关键作用。

3. 从专家系统分析

专家系统是整个评估中重要的一环。专家的评估在某种程度上直接影响到评估的质量以及评估的结论。除了在管理系统中精心遴选专家,并对专家进行全面培训之外,在现场评估中,也应根据专家的不同专长及经验背景,根据不同指标,从不同方面对学校发展规划进行评估。每次评估专家组成均超过 9 人,可以分成几个小组进行评估。最后专家组在对被评学校全面评估的基础上,通过召开内部会议,达成共识,形成对被评学校的全面评估意见,并将意见上报专业评估机构及省示范性高中评估领导小组办公室,力求在专家系统层面提高评估工作的可靠性。

§5.6 关于外籍人员子女学校办学状况
综合评估的可靠性分析

一、项目简介

为了进一步满足外籍人员子女在本地的入学需求,统筹协调本地区外籍人员子女学校的有序发展,努力为吸引和稳定外商在本地投资创造良好的软环境,省教育行政部门决定允许部分外籍人员子女学校增设教学点,但前提是这些学校须通过本省教育评估机构的办学水平综合评估,证明其具有良好的办学状态。在这一政策的引导下,11 所意欲增设教学点的外籍人员子女学校委托本地教育评估机构进行办学评估。

本次评估采用学校自我评估和专家现场评估相结合的办法。依据学校完成自评报告的顺序,评估机构组织专家先后进行了现场评估。根据学校规模,有 3 所学校评估时间为一天半,其余 8 所为一天。每所学校有 4~6 位评估专家,共聘请 17 位专家,每位专家至少参加了其中的两次评估,而负责财务的专家和评估院工作人员作为秘书则参加了所有学校的评估。在所有学校评估结束后,评估机构召集 17 位专家开会,对被评学校进行总体上的平衡和比较。最终,8 所学校顺利通过了本次评估,2 所学校有条件通过,1 所未能通过。

为了对该项评估的可靠性进行分析,我们需要对评估的过程进行熟悉和了解。

二、评估过程

(一) 设计评估方案

为了高效、有序地完成此次评估工作,体现评估工作的专业性和科学性,教育评估机构在接受委托后,制订了详细的评估工作方案,并在听取教育行政部门官员、外籍人员子女学校管理人员和有关专家的意见和建议后几易其稿,不断完善。在评估方案中,对评估的原则、方式、专家遴选、评估标准与指标、评估日程安排等进行了详细说明和规定。另外,还设计了细致的自评手册,引导学校做好自评和写好自评报告。

（二）研制评估标准与操作手册

评估机构充分利用了头脑风暴法和特尔斐法等专业方法来研制评估标准。根据本次评估的目标和我国对于外籍人员子女学校的有关管理规定,评估机构人员会同有关专家研制出了本次评估的标准。整个标准分为常规管理、财务运作、硬件建设、学生服务4个方面;下设运行机制、教学管理、聘用管理、档案管理、财务来源和运作、校舍管理、使用管理、招生、学习生活、引导服务等二级指标及44个具体观测评判条目;并按优、良、中、差和不适用5个等级打分后综合评定。同时,为了进一步增强标准操作性,还设计了评估操作手册,即在评估标准的基础上增设了评定方法,明确如何获取相应的信息。

（三）遴选评估专家

依据评估标准,专家组成员相应地包括学校管理、学生服务、学校基础设施和设备管理以及财会等专业领域的专家。在此基础上,专家还要精通英文,具有海外学习或工作经历,或者具有国际学校或国际部的教学或管理经验。由于外籍人员子女学校办学属于一种市场行为,在安排专家时,也力求回避那些所在学校与被评学校具有明显、强烈的市场竞争关系的专家。同时,考虑到幼儿教育与中小学教育之间有着很大差异,对那些具有幼儿园的外籍人员子女学校相应安排了幼儿教育方面的专家。因此,本次评估专家主要为本地具有国际部的知名中小学和幼儿园的校长或园长、从事外籍人员子女学校研究的科研人员以及具有丰富经验的财会人员等。

（四）组织实施评估

在评估前,评估机构对评估专家进行了专门培训,就专家分工和纪律进行了详细解释与说明。每个专家组组长负责整个评估工作的统筹协调,副组长协助组长,并执笔撰写评估报告;同时还配有1名评估机构工作人员担任秘书,负责与被评学校和评估机构联络。在对每所学校进行现场评估前一周,把该所学校的自评报告寄送给专家审阅。每位专家审阅后需要撰写评议报告,明确现场评估需要关注的重点。进入现场后,专家组采取听取学校负责人汇报、个别访谈、集体座谈等方式采集信息,并且每个环节结束后都进行相互交流和汇总。对照评估标准和指标,对每个被评学校都进行了口头反馈,提出了专家组的意见和建议。

（五）总体平衡

在所有学校评估结束后,评估机构召集所有参评专家开会。由每个学校评估专家组的组长介绍本组对被评学校的评估意见,然后由大家讨论,总体上平衡和比较所有被评学校,对个别学校的小组得分进行了调整。最后,8所学校顺利通过了本次评估,3 所未能通过,评估机构向被评学校出具了正式的书面评估报告。

三、评估项目的可靠性模型

根据前面章节的介绍,评估项目的可靠性计算需要有三个步骤。首先,需要将该项目的组织实施流程转化为可靠性框图,进行可靠性建模;其次,是对可靠性模型中的每个系统要素赋值,进行参数设计;最后,根据可靠性设计的参数,计算出可靠性量值。教育评估系统的可靠性用 R 表示。

根据该评估项目实施的流程,该项评估工作的可靠性框图仍包含三个系统,即管理系统 M、信息系统 I 和专家系统 E。其可靠性模型如图 5.6 所示。

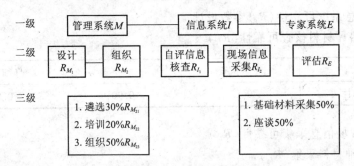

图 5.6 评估工作可靠性框图

四、评估工作的可靠性计算

(一)评估工作的可靠性参数与计算

1. 管理系统可靠性(R_M)参数设计

(1)方案设计的可靠性(R_{M_1})

审核 ＼ 设计	单人	多人
无人	0.70	0.80
单人	0.80	0.85
会议	0.90	0.98

(2)专家遴选工作的可靠性

地区 ＼ 专业	随机选取	考虑专业指向性
无回避	0.60	0.70
同区回避	0.80	0.95

（3）培训工作的可靠性（R_{M_2}）

培训力度	少数人培训	不完全培训	完全培训
可靠性	0.70	0.85	0.98

（4）组织评估工作的可靠性（$R_{M_{23}}$）

组织工作	不顺利	较顺利	很顺利
可靠性	0.60	0.90	0.98

2. 信息系统可靠性（R_I）参数设计

（1）自评材料核查可靠性（R_{I_1}）

	简单核查	一般核查	仔细核查
可靠性	0.85	0.90	0.98

（2）现场信息采集可靠性（R_{I_2}）

① 基础材料采集（R_{I_2}）

考察范围	不很全面	较全面	很全面
可靠性	0.70	0.85	0.98

② 座谈（$R_{I_{22}}$）

座谈数量 / 群体种类	≤3 次	4～10 次	>10 次
一类群体	0.70	0.80	0.85
二类及以上群体	0.80	0.95	0.98

3. 专家系统可靠性参数设计

专家评估系统可靠性 R_E

专家人数	5～7	8～10	≥11
可靠性	0.92	0.95	0.96

（二）项目赋值

1. 管理系统

（1）该项目由单人设计，并有会议审核，故方案赋值为 0.9。

（2）遴选专家考虑回避，且聘请专家均为内行，故方案实施中专家遴选赋值为0.95；每个专家均接收培训，培训到位，故方案实施中培训赋值为0.98；该项目组织工作有专人（专家组组长和评估秘书）负责，故方案实施中组织赋值为0.98。

2. 信息系统

（1）对申报材料进行了仔细审核，故审核申报材料赋值为0.98。

（2）基础材料采集很全面，包括通过查阅网上资料、审阅自评材料，故赋值为0.98；对教师、校长、管理人员、学生和家长等多角度访谈等，故赋值为0.98。

3. 专家系统

聘请了5位专家，又有统筹平衡，故专家系统的赋值为0.92。

（三）评估系统的可靠性计算

1. 管理系统可靠性 R_M 的计算

$$R_M = R_{M_1} \times (R_{M_{21}} \times 30\% + R_{M_{22}} \times 20\% + R_{M_{23}} \times 50\%)$$
$$= 0.9 \times (0.95 \times 30\% + 0.98 \times 20\% + 0.98 \times 50\%)$$
$$= 0.9 \times (0.285 + 0.196 + 0.49)$$
$$= 0.9 \times 0.971 = 0.873\ 9$$

2. 信息可靠性（R_I）计算

$$R_I = R_{I_1} \times (R_{I_{21}} \times 50\% + R_{I_{22}} \times 50\%)$$
$$= 0.98 \times (0.98 \times 50\% + 0.98 \times 50\%) = 0.960\ 4$$

3. 整个评估项目的可靠性计算

$$R = R_M \times R_I \times R_E$$
$$= 0.873\ 9 \times 0.960\ 4 \times 0.92 \approx 0.763\ 8 \approx 77.22\%$$

五、影响评估系统可靠性的因素分析

通过上述计算得知，该项评估工作总系统的可靠性为77.22%。这一数据表明，本项评估的可靠性还是比较稳定的，基本能够真实地反映被评对象的客观实际。一般而言，影响评估工作总系统可靠性的因素有很多，且各系统中的要素对可靠性的影响程度也存在较大差异。从评估活动的整体方案制订、组织实施过程、信息采集、专家工作状态和结果处理等方面来看，本次评估工作还是在很大程度上进行了周密思考和精心设计的。

第一，从管理系统上分析。

该评估项目在制订评估方案时，先由项目负责人制订出方案，然后与分管领导、教育行政部门、委托方项目负责人等多人反复磋商，而且征求了有关专家的意见和建议，结合有关法律法规要求，最终确定了评估实施方案。评估方案在评估方式、评估原则、评估标准、评估程序等多个方面体现了委托方以及外籍人员子女学校管理的特点，这为整个评估的顺利组织与实施奠定了良好的基础。特别是在评估标准的制订与确定方面,评估机构充分利用了制订评估标准的专业方法,即头脑风暴法与特尔斐法来研制遴选评估标准,并在评估标准的基础上增设了评定方法,明确了如何获取相应的信息,进一步增强了评估的操作性。另外,还设计了细致的自评手册,引导学校做好自评和写好自评报告。可以说,在方案设计这一环节的可靠性方面,该评估项目的工作人员考虑得比较成熟。如果由多人制订评估方案,并由多人审核,即管理系统的赋值为0.98,那么整个管理系统的可靠性将会大幅度提高,即95.16%,整个项目的可靠性为84.08%。

在方案实施环节,该项评估充分考虑到了评估专家的科学遴选,包括专家的专业领域、教育和工作背景、英语熟练程度和专家来源等。特别是在专家来源方面,对专家与被评对象的利益关系采取了回避措施。在评估实施前,对所有参与评估的专家进行了全员培训,就评估的目的、评估标准的把握、评估纪律、评估结论、任务分配等进行了详细介绍和解读。虽然大多数专家只参加了11所学校当中的2~3所学校评估,但由于负责财务的专家和评估院工作人员作为秘书全程参加了所有学校的评估;同时,在所有学校评估结束后,所有评估专家又在一起进行了总体平衡。这些措施有效地保证了整个评估工作的一致性和可靠性。

第二,从信息系统上分析。

本次评估的信息采集相对比较简单,主要在自评审议和现场评估两个环节。相对而言,自评审议环节十分重要,它使评估专家对被评学校有了初步了解,并明确了现场评估关注的重点。在现场评估环节,评估专家重点进行了信息采集和信息核实,并相互进行了交流和沟通。应该说,该评估项目的信息系统运行得也相对可靠。如果自评材料只是进行一般审核,即可靠性赋值为0.9,那么整个评估项目的可靠性为70.91%。

第三,从专家系统上看。

专家是评估活动有效实施的关键所在。专家的能力与水平、专家的品德与敬业精神等是评估结果保持公正、客观的重要法宝。专家系统的稳健运转是维持整个评估总系统可靠性的重中之重。根据被评学校规模和特点,专家组成员一般在5~7人,并尽可能做到能力匹配、利益回避的原则。专家不仅参加了小组评估,还参加了最后的总体平衡,并有机会充分表达自己对被评学校的意见。在相互的沟通讨论后,形成了对被评学校相对一致和可靠的意见。如果专家人数进一步增多为8~9人,即专家系统赋值为0.95,那么整个评估项目的可靠性也将提高为79.73%。

从整体来看,评估方案设计、自评材料审核和专家系统对整个评估的可靠性具有很大影响,其中尤其是方案设计和自评材料审核的影响更为明显。如果我们提高项目可靠性,那么在方案设计方面就应当采用多人设计、多人审核,进一步加强对自评材料的审核。在专家系统方面,专家人数的增加可以提高可靠性,同时也会提高成本,应当加以平衡,其中专家人数在8~10人应当比较理想。

§5.7 关于高职高专院校人才培养工作水平评估的可靠性分析

一、项目简介

近年来,在中国特色的社会主义市场经济大背景下,随着高等教育的不断发展,高等职业教育正以一种充满活力、积极改制、多元并存的状态呈现在世人面前。

为了促进我国高等职业教育的持续、健康发展,教育部于 2004 年和 2005 年下发了《教育部办公厅关于全面开展高职高专院校人才培养工作水平评估的通知》(教高厅[2004]16 号)和《教育部关于进一步推进高职高专院校人才培养工作水平评估的若干意见》(教高[2005]4 号),要求在全国范围内开展第一轮高职高专院校人才培养工作水平评估。根据教育部文件精神,省教育委员会下发了《某省教育委员会关于开展本市高职高专院校人才培养工作水平评估的通知》,要求从 2005 年起组织对该省的高职高专(独立设置)院校进行办学水平评估。

该省教育委员会成立了高职高专院校人才培养工作水平评估专家指导委员会(以下简称"专指委"),聘请教育部高职高专院校人才培养工作水平评估委员会一资深委员担任主任。专指委成员来自该省的教育研究机构、教育评估中介机构、高职院校、高校高教所、高校职教所等,均为在高等职业教育领域具有丰富经验和深刻造诣的资深专家。专指委秘书处设在该省一专业性的教育评估机构,并任命了秘书长、副秘书长和项目主管。

至 2008 年底,该省已完成现场考察评估学院 22 所,其中公办学院 9 所,占41%;民办学院 13 所,占 59%。专家组现场考察时间为 4 天,每所学校聘请 7 位专家(含外省专家 2～3 位),1～2 位秘书。评估方案由教育部高等教育司统一制订,该省在执行细则上根据自身的情况进行了微调。

拟对该项评估的可靠性进行分析,我们在此先对评估的过程进行熟悉和了解。

二、评估过程

1. 制订评估细则

该评估方案的制定依据是人民邮电出版社出版的、由教育部高等教育司编的《高职高专院校人才培养工作水平评估》一书。该省根据自身情况又制定了实施细则,主要调整方面有:

(1) 设立回访制度。教育部实施方案的程序为学院自评、专家组现场考察并提供结论建议、省教委审核并向社会公布评估结果。该省为进一步落实"以评促建、以评促改、以评促管、评建结合、重在建设"的方针,在专家组现场考察后增加了一年的整改期,通过一年后的回访,引导学院更加重整改、重建设、重发展。

(2) 聘请外省市专家担任副组长。为使该省人才培养工作水平评估具有开阔的视野,保证其权威性和公正性,专家组成员一般有 2~3 位外地专家,并且聘请其中一位作为副组长。这样的专家组结构对于在评估中消除或减少情感效应、暗示效应等心理因素带来的偏差起到了积极的作用,保证了评估的可靠性和有效性。

(3)修订民办院校指标体系。综合考虑该省民办高职院校的现状后,专指委对评估指标体系进行了局部修订,对部分指标进行了局部调整,使其适应性、科学性和合理性得到了增强,受到了该省民办高职院校的欢迎。

(4)增加(或减少)部分现场考察环节。教育部评估方案中有"听课"这一环节。为了更深入了解教师的授课理念,专指委设立了"说课"这一环节,抽取到的教师可以向专家叙述某一门课怎样去讲,也可以叙述某一节课怎样去讲。另外,由于该省高职学生的计算机水平普遍良好,因此免去了计算机基本技能测试这一环节。

2. 组织评估工作

(1)学院自评自建。学院回顾总结教育教学改革与建设管理发展的成果、经验和特色,找出存在的主要问题,研究解决的对策,制订整改的方案和措施,在自评自建的过程中形成《自评报告》和《特色或创新项目报告》。

(2)组织专家到学院进行现场考察。考察的具体方式有问卷调查、听取学院领导自评报告、参观教学基础设施和实验实训条件、查阅资料、听课、座谈、访谈、学生专题研讨会、专业剖析、技能测试等。

(3)学院自我整改。学院根据专家组现场考察的意见进行不少于一年的自我整改,以达到"以评促建、以评促改、以评促管、评建结合、重在建设"的目的。

(4)专家组回访。通过回访该省的评估工作从现场考察这个"点"延伸为一个建设过程,从而推动学院自觉地按照市场需求和教育规律不断明确办学指导思想,坚持教育创新,深化教学改革,改善办学条件,加强教学基本建设,强化教学管理,全面提高教育质量和办学效益。

(5)公布评估结果。评估机构对专家的评估意见和建议进行汇总与整理,在规定时间递交至省教委审核。省教委核定后正式向社会公布评估结果。

三、该评估项目系统的可靠性计算

根据前面有关章节的介绍,评估项目的可靠性计算需要有三个步骤。首先,需要将该项目的组织实施流程转化为可靠性框图,进行可靠性建模。其次,是对可靠性模型中的每个系统要素赋值,进行参数设计。第三,根据可靠性设计的参数,计算出可靠性量值。教育评估系统的可靠性用 R 表示。

(一)该评估项目总系统的可靠性模型

根据该评估项目实施的流程,该项评估工作的可靠性框图仍包含三个系统,即管理系统 M、信息系统 I 和专家系统 E。其可靠性模型如图 5.7 所示。

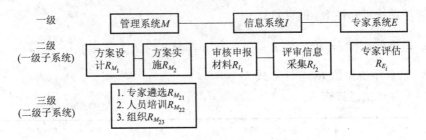

图 5.7　评估工作可靠性框图

（二）可靠性参数设计与计算式

按照简单易用的原则,本案例中的参数设计值如下:

1. 管理系统赋值 R_M 与计算式

（1）方案设计子系统赋值 R_{M_1}

设计 审核	单人	多人
无	0.70	0.80
单人	0.80	0.90
会议	0.95	0.98

（2）方案实施子系统赋值 R_{M_2}

假定满足所聘请的专家工作都认真负责的前提条件。

① 专家遴选工作可靠性 $R_{M_{21}}$（权重 0.3）

专业 地区	随机选取	考虑专业指向性
无回避	0.70	0.80
同区回避	0.90	0.95

② 培训工作的可靠性 $R_{M_{22}}$（权重 0.2）

培训力度	少数人培训	不完全培训	完全培训
可靠性	0.80	0.90	0.98

③ 组织评估工作的可靠性 $R_{M_{23}}$（权重 0.5）

	无上级认定	有上级认定
专家评估	0.70	0.80
专家评估结合学校互评等	0.90	0.98

管理系统可靠性 R_M 的计算式

$$R_M = R_{M_1} \times R_{M_2} = R_{M_1} \times (R_{M_{21}} \times a_1 + R_{M_{22}} \times a_2 + R_{M_{23}} \times a_3), \quad \sum_{i=1}^{3} a_i = 1$$

2. 信息系统赋值 R_I 与计算式

（1）自评信息核查 R_{I_1}

	简单核查	一般核查	仔细核查
可靠性	0.80	0.90	0.98

（2）现场信息采集 R_{I_2}

专家人数	≤3	3～5	≥6
可靠性	0.80	0.90	0.95

信息系统的可靠性 R_I 计算式

$$R_I = R_{I_1} \times R_{I_2}$$

（3）专家系统赋值 R_E 与计算式

专家人数	5～9	10～14	≥15
可靠性	0.90	0.95	0.98

有回访,专家评估系统可靠性

$$R_E = 1 - (1 - R)^2$$

（三）该评估项目总系统的可靠性

1. 可靠性计算式

（1）总系统的可靠性计算式为

$$R = R_M \times R_I \times R_E$$

其中,R 表示总系统可靠性,R_M 表示管理系统可靠性,R_I 表示信息系统可靠性,R_E 表示专家系统可靠性。

（2）管理系统可靠性 R_M 的计算式

$$R_M = R_{M_1} \times R_{M_2} \doteq R_{M_1} \times (R_{M_{21}} \times a_1 + R_{M_{22}} \times a_2 + R_{M_{23}} \times a_3), \quad \sum_{i=1}^{3} a_i = 1$$

（3）信息系统的可靠性 R_I 计算式 $R_I = R_{I_1} \times R_{I_2}$

（4）专家系统的可靠性 R_E 计算式 $R_E = 1 - (1 - R)^2$

2. 总系统的可靠性

根据上述各个系统的可靠性赋值与计算式,我们可以计算出该项评估总系统的可靠性。

第一步:分别计算出管理系统可靠性 R_M、信息系统的可靠性 R_I、专家系统的可靠性 R_E。

$$R_M = R_{M_1} \times R_{M_2} = R_{M_1} \times (R_{M_{21}} \times a_1 + R_{M_{22}} \times a_2 + R_{M_{23}} \times a_3)$$
$$= 0.98 \times (0.95 \times 0.3 + 0.98 \times 0.2 + 0.98 \times 0.5) = 0.951\,58$$
$$R_I = R_{I_1} \times R_{I_2} = 0.98 \times 0.95 = 0.931$$
$$R_E = 1 - (1 - 0.9)^2 = 0.99$$

第二步:计算出总系统的可靠性

$$R = R_M \times R_I \times R_E = 0.951\,58 \times 0.931 \times 0.99 = 87.7\%$$

四、影响评估系统可靠性的因素分析

根据以上计算结果,该项目评估工作系统可靠性最后结果为87.7%。因此,总的来说可靠性还是比较高的。影响评估系统可靠性元素有很多方面,下面我们从管理系统、信息系统、专家系统这三个方面进行分析。

1. 管理系统

(1) 方案设计

① 总体方案:

该项评估是教育部高等教育司委托全国高职高专教育人才培养工作水平评估工作委员会教学评价组完成的"高职高专教育教学质量监控与教学工作评价体系的研究与实践"项目成果,历时3年9个月完成。

课题组的组长和副组长都是全国多年从事高职高专教育理论与实践研究的资深专家。课题组成员也都是全国知名学者和具有丰富经验的高职高专教育工作者。教育部高教司、高职高专处和评估处的领导一直关心支持该项目的研究,各省市教育行政部门的支持与配合也为该项目的完善提供了大量的便利。

教育部高等教育司曾运用该项目的核心成果《高职高专院校人才培养工作水平评估方案(试行)》、《高职高专院校人才培养工作水平评估工作指南(试行)》、《高职高专院校人才培养工作水平评估专家组工作细则(试行)》对全国26所高职高专院校进行试点评估,在此基础上进行了修订完善。此后,《关于全面开展高职高专院校人才培养工作水平评估的通知》(教高厅[2004]16号)文将以上文件作为全国评估的指导性文件。

可见,全国统一的方案是经过科学设计,并且经过试点评估后再全面铺开的,可靠性非常强。

② 该省实施细则:

考虑到该省高职高专院校的现状,为了使评估更加符合该省的省情,该省开始着手制订包括评估原则、评估程序、学校自评、学校和专家组应准备的各项信息等

多项实施细则,以方便被评院校和专家组的实际操作。

该省召开了多次评估工作专指委会议,专指委成员提出了许多针对性强的改进建议,对原有的编写提纲作了一定的修订、充实、补充,最后由教育部评估专家确定了编写框架、章节结构、各章重点。最后形成了《省高职高专院校人才培养工作水平评估工作手册》由省教委对社会颁布,使得该省高职高专院校人才培养工作水平评估的工作规程设计更加科学、严谨,体现了通过评估服务院校发展的指导精神。

可见,该省的实施细则也是经过充分论证和科学设计的,增强了其在该省实施的适应性和合理性,从而进一步增强了方案设计的可靠性。

因此,在方案设计上采用 $R_{M_1} = 0.98$,即多人、会议。

(2) 方案实施

① 专家回避:

根据教育部要求,结合该省实际情况,现场考察专家均为在高等职业教育领域具有丰富经验和深刻造诣的资深专家。该省为使评估具有开阔的视野,保证其权威性和公正性,还聘请 2～3 位外地专家,并且聘请其中 1 位作为副组长。该项评估考虑了专家专业领域与被评学院主要专业的相关程度,专家组成员中有 1～2 位专业专家,侧重于专业剖析与专业技能测试。同时对具有利害关系的专家采取了回避措施。

因此,在专家遴选上采用 $R_{M_{21}} = 0.95$,即考虑专业指向性、同区回避。

② 培训工作:

首先,为了编写《省高职高专院校人才培养工作水平评估工作手册》,专指委成员召开了多次会议统一认识,对评估目的、评估标准的把握、评估的组织实施进行了详细的讨论,达成了共识。

其次,该省教育中介机构组织了针对全省高职高专院校的专家组培训和学院迎评培训,聘请该省高教处分管处长、专指委主任委员、副秘书长、高职院校院长等就高职教育政策、评估过程解读、评估标准把握、高职教育现状等作了相关报告和培训,从专家评估和学院迎评两个角度来理解方案。

最后,现场考察前专家组会召开碰头会,进一步理解教育部和该省有关指导文件,统一认识,并对工作日程和分工等作出详尽的安排。

可见,该项评估还是最大限度地考虑了专家培训方面,增强了评估的可靠性。

因此,在培训工作上采用 $R_{M_{22}} = 0.98$,即完全培训。

③ 组织工作:

该省教委颁布了《省教育委员会关于开展本市高职高专院校人才培养工作水平评估的通知》(教委高[2005]71 号),对评估领导小组、专家指导委员会、评估工作专家组以及专家指导委员会办公室暨评估工作办公室等组织机构和其职责进行了公示。

评估组织严格按照教育部规定的程序进行。由于是委托专业性的评估机构实施的评估,因此其组织工作也相对比较专业,整个程序上的进展都比较顺利,因此评估可靠性也得到了增强。

因此,在培训工作上采用$R_{M_{23}} = 0.98$,即有上级认定、专家评估结合学校互评等。

2. 信息系统

(1) 审核申报材料

进校前,专家组对学院的自评报告、自评材料、特色或创新项目等材料必须进行认真审核,初步提出考察提纲,为考察时开展有针对性的工作作充分准备。

专家组进校后,除继续查阅学院上报的自评报告和相关材料外,主要是查阅学院提供的各项主要信息(侧重于对原始材料的审阅)。信息不够或不清楚时,须向学院索要相关资料查阅,或请相关部门负责人作进一步解释。对学院提出材料中的矛盾之处须加以核实。

因此,在自评信息核查上采用$R_{I_1} = 0.98$,即仔细核查。

(2) 信息采集

① 听取学院领导自评汇报。

② 实地考察:考察学校基础设施和校内外实验实训基地,对校园文化、教风、学风、教研和学生课内外学习活动等方面进行考察。

③ 听课(说课):按学校提供的当日课表随机选择。听课的课程类型包括基础课、专业课、实验课、实训课等。每位专家听(说)课不少于2节次。

④ 学生专题研讨会:由专家组确定专题研讨的题目,抽取两个专业两个班级30名左右(学院推荐15名,专家组抽取15名,不混编)学生参加研讨,以考查学生采集与处理信息、综合分析、表达交流、探索创新等方面的能力与素质。

⑤ 问卷调查:专家组进校前由秘书负责随机抽样调查,要求尽量扩大覆盖面,并进行统计分析,向专家组全体成员报告。

⑥ 访谈:每位专家的访谈对象为4人左右,尽可能与分工一致。

⑦ 技能测试:原则上从学校建立的职业技能库中随机抽取,由专家组成员会同学校教师监考、评定成绩。

⑧ 专业剖析:由专家组抽取学校的一个主体专业和一个新建专业进行重点剖析,以增加考察的深度和可信度。

可见,专家组信息采集方式多样,组织严密,系统运行可靠性较高。

因此,在现场信息采集上采用$R_{I_2} = 0.95$,即专家人数≥6人。

3. 专家系统

根据教育部要求,结合该省实际情况,现场考察专家组每组由7位专家组成,其中外省专家2~3位,秘书1~2位。专家组成员来自教育研究机构、教育评估中介机构、高职院校、高校高教所、高校职教所等。可见,该项评估充分考虑到了评估专家的科学遴选,在专家资历、专家来源、专家数量等方面进行了综合考虑,并且设置了回访环节。

因此,在专家系统上采用 $R_E = 1 - (1 - 0.9)^2 = 0.99$,即专家人数为 5~9 人。

根据已经现场考察的 22 所学院评估的专家打分(还有待回访调整)来看,分数结果呈正态分布,由此可见,该省本项评估的实施可靠性还是比较强的,能够真实地反映被评对象的客观实际。一般而言,影响评估工作总系统可靠性的因素有很多,上述罗列因素只是最主要、最重要的影响因素。评估活动的设计者、组织者也最大限度地考虑了程序的合理性和操作的科学性。

高职高专院校人才培养工作水平评估是一项复杂的教育评价活动,要想对该评价的可靠性进行更为精确的分析必须进行长时间的探讨和反复的研究改进。由于研究时间、研究区域以及笔者知识水平局限,这里仅以某省部分高职高专院校评估作为调研基础,仅在管理系统、信息系统和专家系统三个方面进行了分析。若想提出更完善的解决方案应在更广的范围、更长的时间跨度进行研究,细节上也需要作进一步的探讨和补充。

§5.8　关于研究生优秀论文评选的可靠性分析

一、项目简介

为了建立与完善研究生培养的质量监督和激励机制,促进高层次创造性人才脱颖而出,提高研究生培养和学位授予质量,结合全国优秀博士学位论文评选工作,省教育行政部门多年来一直坚持开展每年一度的研究生优秀成果(学位论文)评选暨全国优秀博士学位论文省级初选工作。本案例是该省 2008 年对所在地区开展的研究生优秀成果评选项目。受省教育行政部门的委托,该评估项目由本省的专业性教育评估机构负责组织实施。

本次评选中,涉及本省高校及科研院所等 50 余家研究生培养单位,总共申报研究生学位论文 517 篇,其中,博士学位论文 238 篇,硕士学位论文 279 篇。内容覆盖除军事学以外的哲学、经济学、法学、教育学、文学、历史学、理学、工学、农学、医学和管理学等 11 个学科门类。本次评选按照学科门类,每篇论文分别聘请 6 位同行专家进行评议。经过评议,最终评选出省级研究生优秀成果 169 篇,并遴选特别优秀的博士学位论文上报参加全国优秀博士学位论文评选。

二、评选过程

(一)制订工作方案

为高效、有序地完成此项评选工作,体现评选工作的专业性和科学性,有关教育评估机构在接受委托后,制订了详细的评选工作方案,并在征求专家、省有关教育行政部门的意见和建议后，不断完善。经省教育行政部门审定后，最后确定实施。在评估方案中，对评估的原则、方式、专家遴选、评估标准和指标、评选程序、评选日程安排等进行了详细规定和说明。

（二）明确评选原则与方式

评选工作遵循"科学公正、注重创新、严格筛选、宁缺毋滥"的原则进行。评选采用专家通讯初评和最终审定的方式。经过资格审查、通讯评议、最终审定三道程序，得出最终评选结果。

（三）研制评选标准与指标

评选标准为选题为本学科前沿，具有重要理论意义或现实意义；在理论或方法上有创新，取得突破性成果，具有较好的社会效果或应用前景；材料翔实，分析严密，文字表达准确。评选指标充分征求了省教育行政部门及知名专家的意见，参考了教育部有关的评价指标，经反复研究与讨论，研制了评选的指标。指标分人文社会科学类和自然科学类两种。两类指标均设置"选题与意义"、"综述与总结"、"创新型及现实意义"、"基础知识"、"科研能力"、"论文规范"6个一级指标。根据类别不同，每一指标的评价要素也相应不同。（评选指标略。）

（四）遴选专家

评选中基本按照申报学校回避、评审单位尽量分散、适当聘请附近省市专家的工作原则，根据论文的学科专业，评估机构初步选定评审单位，再委托评审单位负责遴选其单位的同行专家开展通讯评议。

（五）组织实施通讯评议

通讯评议前须向评审单位的工作负责人就专家须知和工作人员操作须知等评估事项进行详细解释和说明，从而确保评议工作有序开展。专家如遇到问题，评估机构或委托的评审单位的相关部门负责解释。

（六）通讯评议结果整理

委托评审单位回收专家评议表，评估机构对评分有效性进行审核。然后汇总每篇送审论文的有效评分，并自动计算平均分、最高分、最低分等数据。在规定时间内，递交省教育行政部门，同时完成省教育行政部门要求的其他统计和汇总。

（七）最终审定

省教育行政部门根据工作需要聘请专家，根据通讯评议结果，对参选论文进行讨论评议。最后确定省级研究生优秀论文名单和推选参加全国优秀博士学位论文评选的论文。

三、该评选项目系统的可靠性计算

根据前面有关章节的介绍，评估项目的可靠性计算需要三个步骤。首先，需要将该项目的组织实施流程转化为可靠性框图，进行可靠性建模。然后，是对可靠性模型中的每个系统要素赋值,进行参数设计。最后,根据可靠性设计的参数,计算出可靠性量值。教育评估系统的可靠性用 R 表示。

（一）该评选项目总系统的可靠性模型

根据该评选项目实施的流程,该项评选工作的可靠性框图仍包括三个系统,即管理系统 M、信息系统 I 和专家系统 E。其可靠性模型如图 5.8 所示。

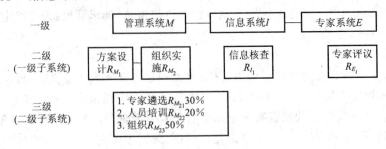

图 5.8　评选工作可靠性框图

（二）可靠性参数设计与计算公式

1. 管理系统赋值 R_M 与计算公式

（1）方案设计子系统赋值 R_{M_1}

设计 审核	单人	多人
无	0.70	0.80
单人	0.80	0.90
会议	0.90	0.98

（2）方案实施子系统赋值 R_{M_2}

假定满足所聘请的专家工作都认真负责的前提条件。

① 专家遴选工作可靠性 $R_{M_{21}}$（权数 0.3）

专业 地区	随机选取	考虑专业指向性
无回避	0.70	0.80
同区回避	0.80	0.95

② 培训工作的可靠性 $R_{M_{22}}$（权数 0.2）

培训力度	少数人培训	不完全培训	完全培训
可靠性	0.70	0.80	0.98

③ 组织评估工作的可靠性 $R_{M_{23}}$（权数 0.5）

组织工作	不顺利	较顺利	很顺利
可靠性	0.70	0.80	0.98

管理系统可靠性 R_M 的计算式

$$R_M = R_{M_1} \times R_{M_2} = R_{M_1} \times (R_{M_{21}} \times a_1 + R_{M_{22}} \times a_2 + R_{M_{23}} \times a_3), \quad \sum_{i=1}^{3} a_i = 1$$

2. 信息系统赋值 R_I

信息核查可靠性 R_{I_1}

	简单核查	一般核查	仔细核查
可靠性	0.80	0.90	0.98

3. 专家系统赋值 R_E 与计算公式

第 i 篇论文所聘请的专家可靠性赋值为 R_{E_i}，其中，$i = 1, 2, \cdots, k$。

专家人数	1 ~ 3	4 ~ 6	≥7
可靠性	0.80	0.90	0.95

专家系统可靠性 R_E 计算公式

$$R_E = \sqrt[k]{\prod_{i=1}^{k} R_{E_i}}$$

（三）该评估项目总系统的可靠性

1. 各一级子系统可靠性公式

（1）管理系统可靠性

$$R_M = R_{M_1} \times R_{M_2} = R_{M_1} \times (R_{M_{21}} \times a_1 + R_{M_{22}} \times a_2 + R_{M_{23}} \times a_3), \text{其中} \sum_{i=1}^{3} a_i = 1;$$

（2）信息系统可靠性 $\quad R_I = R_{I_1}$

（3）专家系统可靠性 $\quad R_E = \sqrt[k]{\prod_{i=1}^{k} R_{E_i}}$

2. 总系统的可靠性公式及计算

总系统的可靠性计算公式为

$$R = R_M \times R_I \times R_E$$

根据上述各个系统的可靠性赋值与计算公式，我们可以计算出该项评估总系统的可靠性。

第一步：分别计算出管理系统可靠性、信息系统可靠性、专家系统可靠性。

263

（1）管理系统

① 该项目的方案设计由会议设计，并由多人复审，故方案设计赋值为0.98。

② 项目组织实施中，专家遴选基本原则就是同区回避并同行，即有专业指向性，故专家遴选可靠性赋值为0.98；培训工作以书面形式对评审事项进行说明，并做到全覆盖，故培训工作可靠性为0.95；组织工作由各送审和评审单位共同协助评估院共同完成，工作衔接紧密，能够顺利开展各项工作，故组织工作的可靠性为0.98。

$$R_M = R_{M_1} \times R_{M_2} = R_{M_1} \times (R_{M_{21}} \times a_1 + R_{M_{22}} \times a_2 + R_{M_{23}} \times a_3)$$

$$= 0.98 \times (0.95 \times 0.3 + 0.98 \times 0.2 + 0.98 \times 0.5) = 0.951\ 58$$

（2）信息系统

该项目对申报材料是否符合要求、专家评议结果是否有效等均进行仔细核查，故信息核查的可靠性赋值为0.98。

$$R_I = R_{I_1} = 0.98$$

（3）专家系统

每篇论文聘请6位同行专家进行通讯评议，故专家系统可靠性赋值为0.90。

$$R_E = \sqrt[k]{\prod_{i=1}^{k} R_{E_i}} = \sqrt[517]{\prod_{i=1}^{517} R_{E_i}} = 0.90$$

第二步：计算出总系统的可靠性

$$R = R_M \times R_I \times R_E = 0.951\ 58 \times 0.98 \times 0.90 = 0.839\ 3$$

四、影响评估系统可靠性的因素分析

通过上述计算得知，该评选系统的可靠性为83.93%。这一数据表明，本评选系统还是比较稳定的，能够真实地反映被评对象的客观实际。多人会议形式共同讨论确定工作方案，确保了该项目各环节工作的科学性和可靠性。认真审核信息、认真遴选专家并进行培训，以及专家的认真评审，都是保证系统具有高可靠性的重要原因。

更深层次地从该系统模型及可靠性计算公式来看，由于各项因子均大于等于0，因此公式中每一项因子在其他因子不变的情况下，对总系统的可靠性的影响均是正向的。也就是说，只改变公式中的某一因子 x 的可靠性，其他因子保持不变，则 x 增大，系统可靠性增大，x 减小，系统可靠性也随之减小。但是在实际工作中，往往并不一定是单一因素的变化。今后工作如果需要达到更高的可靠性，可以从提高模型中各项因素可靠性入手。

我们也知道，影响评选工作可靠性的因素也并不限于上述模型，通常要比上述模型复杂得多。如何在综合考虑时间、人力、物力、经费、可操作性等因素的条件下，将系统的可靠性做到最大化，仍需要更加深入的研究和探索。

§5.9 关于教师进修学院建设水平评估的可靠性分析

一、项目简介

教育部就加快推进县级教师培训机构的改革和建设,构建多功能的区域性教师学习与资源中心,发布了一系列指导性文件,并于 2005 年颁布《教育部关于开展示范性县级教师培训机构评估认定工作的通知》,决定于 2005—2007 年在全国范围内组织评估认定 150 所左右示范性县级教师培训机构。

为促进教师进修院校内涵发展,市教委决定在 2006—2008 年组织实施对该市区县教师进修院校建设水平的评估。开展这项评估工作的目的是贯彻"以评促建,以评促改,评建结合,重在建设"的方针,依据教育部对县级教师培训机构建设的指导意见,加强进修院校的标准化建设,强化区县政府责任,推进机构改革创新,促进内涵建设和功能完善,提高本市区县教师进修院校的建设水平。评估采用"标准引导与自主发展项结合"、"学校自评与专家评估相结合"的模式,将评定出"示范性院校"和"达标性院校",评估结果也将作为报送教育部"示范性县级教师培训机构"的重要依据。

二、评估过程

(一)制订评估方案

该市专业性教育评估机构受市教委委托,承担对该市区县教师进修学院建设水平的评估工作。为了高效、有序地开展此次评估工作,既体现评估的目的和指导思想,又体现评估的专业性和科学性,该教育评估机构在接受委托后,通过与委托部门的沟通,制订了详细的评估工作方案。在该方案的制订过程中,多次征求专家、有关教育行政部门的意见,在反复论证、不断完善的基础上形成最终的方案设计。方案对评估的目的、原则、内容、方法、专家遴选、评估标准与指标、评估程序及日程安排等进行了详细规定和说明。

(二)研制评估标准和指标

在评估标准与指标的设计和研制上,评估机构依照评估的原则和目标,采用专业评估的研制方法制订评估指标和标准,并通过召开指标论证会,反复征求同行专家、教育行政部门以及教师进修院校各级各类人员的意见,力求做到全面性、针对性、平衡性和发展性。评估标准包含 7 个一级指标:领导组织、基础条件、师资队伍、功能发挥、常规管理、工作实绩和特色创新。

(三)遴选评估专家和评估前培训

评估机构根据委托单位要求,依据回避原则遴选专家。专家组成员由 18 名专家组成。根据实际工作需要,18 名专家分为两个评估专家组,每组 9 名专家,并配

2 名工作秘书。专家组成员包括院校管理、教师培训、信息技术、硬件装备和财会等领域的专家,其中专家组组长(负责整个评估工作的统筹协调)和副组长(兼评估报告执笔人)各 1 名。

评估前培训包括组织评估专家参加集中培训,介绍本次评估的指导思想、原则、程序和具体要求,确定专家的评估分工、评估职责和工作规则,为实施评估做好准备工作。

(四)受理并初审申报材料

被评院校根据评估要求,准备并递交申报材料,评估机构受理申报材料,并组织专业评估人员对申报材料进行初审。不合格的申报材料将由评估机构通知被评单位重新填写,初审未通过的单位将不能参加后续评估。

(五)专家组实地考察评估

专家组实地考察评估前一周左右,评估单位工作人员与参评院校就有关评估的方式、工作流程等交换意见,确定评估的日程安排,以便学校作好评估准备。

每所院校实地评估时间为两天。在进校评估前,每位专家在审阅评估院校申报材料的基础上,提出评估预案,并于评估正式开始前交给工作秘书。工作秘书将与评估院校进行沟通协调,为专家组开会研讨及进行查阅资料、访谈、座谈等活动提供必要的场所,为专家听课观摩、问卷调查等提供协助。

每位专家按评估指标体系分工开展评估活动后,记录有关评估信息,并完成《专家评估表》。专家组通过集中讨论充分交流评估信息,并对重点负责的评估指标领域进行等级评定。最后,由专家组组长负责汇总完成《专家评定表》。

(六)评估数据统计和结果整理

工作秘书统计各项指标和标准下的评估结果和得分。在评估后的两周之内,各评估专家组召开全体成员评估信息交流会,交流两组的评估情况,并就被评估院校的评估结果在两组之间进行比较,最终确定各被评估院校的评估结论。评估结论分为三种等级:市级示范性教师进修院校;达标性教师进修院校;不达标,限期整改。

(七)评估报告及评估结果处理

评估机构根据专家汇总意见和统计数据,对每所被评院校出具书面的《评估报告》。若结论为第一种,评估机构将《评估报告》直接呈送市教委主管部门审定。若结论为第二种,相关院校应根据《评估报告》中专家提出的建议,在一周内制订出《整改计划》,由评估机构将《评估报告》和《整改计划》一并报送到市教委主管部门。同时,相关院校应在规定期限内进行整改,整改任务后向评估机构提出验收申请,评估机构组织专家进行验收,并将验收结论报送到市教委主管部门。若结论为第三种,评估机构将《评估报告》呈送市教委主管部门审定,相关院校应根据专家组提出的建议,进一步加强进修院校的建设和整改。待条件成熟了,再向市教委主管部门提出复评申请。评估机构根据市教委主管部门的意见,将择期组织专家组重新进行评估。

三、该评估项目系统的可靠性计算

（一）评估工作可靠性框图（图5.9）

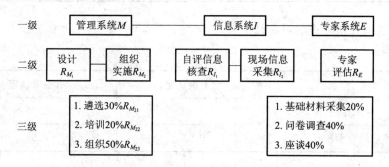

图5.9 评估工作可靠性框图

（二）评估工作可靠性计算式

$$R = R_M \times R_I \times R_E$$

$$R_M = R_{M_1} \times (R_{M_{21}} \times 30\% + R_{M_{22}} \times 20\% + R_{M_{23}} \times 50\%)$$

$$R_I = R_{I_1} \times (R_{I_{21}} \times 20\% + R_{I_{22}} \times 40\% + R_{I_{23}} \times 40\%)$$

（三）参数设计

1. 管理系统可靠性参数设计

（1）方案设计的可靠性 R_{M_1}

审核 ＼ 设计	单人	多人
无	0.70	0.80
单人	0.80	0.95
会议	0.90	0.98

（2）方案实施子系统赋值 R_{M_2}

① 专家遴选工作的可靠性

地区 ＼ 专业	随机选取	考虑专业指向性
无回避	0.70	0.90
同区回避	0.90	0.95

② 培训工作的可靠性

培训力度	少数人培训	不完全培训	完全培训
可靠性	0.70	0.90	0.98

③ 组织评估工作的可靠性

方案一

	无上级认定	有上级认定
专家评估	0.90	0.95
专家评估结合学校互评等	0.95	0.98

方案二

组织工作	不顺利	较顺利	很顺利
可靠性	0.80	0.90	0.98

2. 信息系统可靠性参数设计

（1）自评材料核查可靠性 R_{I_1}

	简单核查	一般核查	仔细核查
可靠性	0.85	0.90	0.98

（2）现场信息采集可靠性 R_{I_2}

① 基础材料采集

考察范围	不很全面	较全面	很全面
可靠性	0.85	0.92	0.98

② 问卷调查

调查数量 群体种类	<3%	3% ~ 6%	>6%
一类群体	0.85	0.92	0.95
二类及以上群体	0.88	0.95	0.98

③ 座谈

座谈数量 群体种类	≤3 次	4 ~ 10 次	>10 次
一类群体	0.85	0.92	0.95
二类及以上群体	0.88	0.95	0.98

3. 专家系统可靠性参数设计

专家评估系统可靠性 R_E

专家人数	5 ~ 9	10 ~ 14	≥15
可靠性	0.90	0.95	0.99

四、该评估项目总系统的可靠性计算

（一）项目赋值

1. 管理系统

（1）该项目通过多人会议制订方案,故方案设计赋值为 0.98。

（2）项目在遴选专家时,考虑考虑专业指向性,采取同区回避,故专家遴选工作的赋值为 0.95。

（3）项目对评估专家采取完全培训方式,故专家培训工作的赋值为 0.98。

（4）项目采取专家评估与专家评估结合学校互评的方式,并经上级认定,故评估组织工作的赋值为

$$(0.95 + 0.98)/2 = 0.965$$

2. 信息系统

（1）项目对自评材料进行了仔细核查,故自评材料核查赋值为 0.98。

（2）项目对基础材料的采集较全面,故基础材料采集赋值为 0.92。

（3）项目问卷调查涉及二类及以上群体,并大于被调查对象总数的 6%,故问卷调查赋值为 0.98。

（4）项目座谈涉及二类及以上群体,座谈次数大于 10 次,故专家座谈赋值为 0.98。

3. 专家系统

聘请专家人数在 15 人以上,故专家评估系统的可靠性赋值为 0.99。

（二）评估系统可靠性计算

$$R = R_M \times R_I \times R_E$$

$$R_M = R_{M_1} \times (R_{M_{21}} \times 30\% + R_{M_{22}} \times 20\% + R_{M_{23}} \times 50\%)$$

$$R_I = R_{I_1} \times (R_{I_{21}} \times 20\% + R_{I_{22}} \times 40\% + R_{I_{23}} \times 40\%)$$

其中，

$$R_{M_1} = 0.98, R_{M_{21}} = 0.95, R_{M_{22}} = 0.98, R_{M_{23}} = (0.95 + 0.98) / 2 = 0.965$$

$$R_{I_1} = 0.98, R_{I_{21}} = 0.92, R_{I_{22}} = 0.98, R_{I_{23}} = 0.98$$

$$R_E = 0.99$$

$$R_M = R_{M_1} \times (R_{M_{21}} \times 30\% + R_{M_{22}} \times 20\% + R_{M_{23}} \times 50\%)$$
$$= 0.98 \times (0.95 \times 30\% + 0.98 \times 20\% + 0.965 \times 50\%)$$
$$= 0.98 \times (0.285 + 0.196 + 0.482\ 5) = 0.944\ 7$$

$$R_I = R_{I_1} \times (R_{I_{21}} \times 20\% + R_{I_{22}} \times 40\% + R_{I_{23}} \times 40\%)$$
$$= 0.98 \times (0.92 \times 20\% + 0.98 \times 40\% + 0.98 \times 40\%)$$
$$= 0.98 \times 0.968 = 0.948\ 6$$

$$R_E = 0.99$$

$$R = R_M \times R_I \times R_E$$
$$= 0.945 \times 0.949 \times 0.99 = 0.887\ 8$$

五、影响评估系统可靠性的因素分析

通过上述计算得知,该项评估工作总系统的可靠性为 88.8%。这一数据表明,本项评估的可靠性比较稳定,能够真实地反映被评对象的客观实际。一般而言,影响评估工作总系统可靠性的因素很多,各系统中的要素对可靠性的影响程度也存在较大差异。从该项评估活动的整体方案制订、组织实施过程、信息采集、专家工作状态和结果处理等方面来看,与参数设计相对照,每个过程都反映了评估前的精心设计和周密思考。

第一,从管理系统分析。评估机构在接受委托制订该评估项目评估方案时,反复与委托机构沟通,在准确了解评估的目的和原则后,经过多次专家论证会,制订出评估实施方案。评估方案在评估指导思想、评估目的、评估原则、评估标准、评估程序、评估方法、评估结果的使用等多个方面体现了委托方与被委托方以及被评院校的一致性意见,这为整个评估的顺利组织与实施奠定了良好的基础。良好的方案设计和充分的准备是方案顺利实施的基础。该评估项目在组织实施中,除了前期在方案设计时做了精心设计和充分准备外,还吸取了其他评估项目中可取的经验,以优化组织实施和协调实际评估。首先,在专家遴选工作的可靠性方面,充分考虑专业指向性,并兼顾同区回避的原则,一定程度上避免了专家评估中人为的偏见和主观性。其次,组织实施时充分考虑了专家的来源不一和评估背景差异,对专家进行了完全培训,一定程度上保证了专家的同一性和合作协调性。再次,在组织实施评估时,除了确保专家组工作的一致性和积极性外,还通过与被评对象的不断沟通,保证了评估材料的及时递交、评估信息的准确可靠和及时,确保了被评对象在实际评估时的积极配合。评估从方案设计到组织实施,始终严守评估工作的组织纪律,对于评估专家信息、评估材料、评估结果的处理与分析等都严格遵守保密制度,避免了评估中的纰漏和差错,保证了评估工作的有序和顺利进展,从管理环节保证了评估的效度和信度。

第二,从信息系统分析。信息系统分为自评材料核查和现场信息采集。由于该项评估前期准备充分,被评院校通过与评估机构的沟通,准确了解了需提交材料和信息的内容及方式,确保了信息的真实性。在对提交材料进行预审时,评估机构指定由一直参与方案制订并负责上下沟通、熟知递交材料要求的工作秘书分别负责每组的预审工作,预审材料经过专家认真审查,从形式和内容上都保证了材料的合格度。在进行现场信息采集时,除了保证基础材料信息的可靠性和全面性外,评估项目还设计了针对教师和学生两类人员的问卷调查,且调查数量大于6%。另外,为了保证信息来源的全面性,该项目还安排专家分别与各级各类领导及教师、学生进行专题座谈,分别利用专家所长,有针对性地设计座谈内容,力求对院校各级的真实感受和所反映的问题有一个真实全面的了解。座谈、问卷调查以及基础信息采集等综合方式的使用,在很大程度上保证了现场信息采集的全面性和真实性,为评估的可靠性打下了基础。

第三,从专家系统分析。该评估项目十分重视专家的遴选与培训。专家组构成有针对性地与进修院校一般管理人员班子挂钩,便于实地座谈时对院校各级领导班子和一线教师的了解。专家共18人,每组9人,在数量和结构上做到了合理化和科学化配置。评估机构为了避免专家评估时的随意性和经验性,还专门对专家进行了评估前培训,使专家能够透彻了解本项评估的指导思想、目的、原则,掌握评估的方法和程序,了解自己的角色和任务,这在一定程度上从专家自身保证了该项评估的方向性。

参考文献

[1] 苗东升. 系统科学精要. 北京:中国人民大学出版社,1998.

[2] 宋健. 现代科学技术基础知识. 北京:科学技术出版社,1994.

[3] 胡显章,曾国屏. 科学技术概论. 北京:高等教育出版社,1998.

[4] 吴兴祥,卜宅成. 现代科技概论. 上海:世界图书出版公司,2002.

[5] 魏凤文,王士平,申先甲. 当代物理学进展. 南昌:江西教育出版社,1997.

[6] 郝柏林. 从抛物线谈起——混沌动力学引论. 上海:上海科技教育出版社,1993.

[7] 中国人民大学等"三论"应用课题研究组编. 系统论控制论信息论在经济管理中的应用. 沈阳:辽宁科学技术出版社,1987.

[8] 中国人民大学管理系统工程教研室. 管理系统工程教程. 北京:经济出版社,1987.

[9] 侯光文. 教育评价概论. 石家庄:河北教育出版社,1996.

[10] 陈玉琨. 教育评价学. 北京:人民教育出版社,1999.

[11] 吴钢. 现代教育评价基础. 上海:学林出版社,1996.

[12] 王孝玲. 教育评价的理论与技术. 上海:上海教育出版社,1999.

[13] 张德才,陈虹岩. 比较与借鉴——中外高等教育评估体系研究. 哈尔滨:哈尔滨工程技术大学出版社,2008.

[14] 刘本固. 教育评价的理论与实践. 杭州:浙江教育出版社,2000.

[15] 张远增. 高等教育评价方法研究. 上海:复旦大学出版社,2002.

[16] 孙祝岭. 概率统计. 上海:上海交通大学出版社,2003.

[17] 孙祝岭,徐晓岭. 数理统计. 北京:高等教育出版社,2009.

[18] 卢明银,徐人平. 系统可靠性. 北京:机械工业出版社,2008.

[19] 邹桂根. 仪器仪表可靠性设计. 上海:上海交通大学出版社,1990.

[20] 蒋仁言,左明健. 可靠性模型与应用. 北京:机械工业出版社,1999.

[21] 周源泉,翁朝曦. 可靠性评定. 北京:科学出版社,1990.

[22] 蒂尔曼 F A,黄清莱,郭威. 系统可靠性最优化. 刘炳章,译. 北京:国防工业出版社,1980.

[23] 夏迪. 高等教育评估系统的可靠性分析. 上海交通大学学士学位论文,2008.

[24] 杨栋. 教育评估系统可靠性分析. 上海交通大学学士学位论文,2008.

[25] 赵睿之. 教育评估可靠性建模与优化分析. 上海交通大学学士学位论文,2008.

郑 重 声 明

高等教育出版社依法对本书享有专有出版权。任何未经许可的复制、销售行为均违反《中华人民共和国著作权法》，其行为人将承担相应的民事责任和行政责任，构成犯罪的，将被依法追究刑事责任。为了维护市场秩序，保护读者的合法权益，避免读者误用盗版书造成不良后果，我社将配合行政执法部门和司法机关对违法犯罪的单位和个人给予严厉打击。社会各界人士如发现上述侵权行为，希望及时举报，本社将奖励举报有功人员。

反盗版举报电话：(010)58581897/58581896/58581879

反盗版举报传真：(010)82086060

E - mail：dd@hep.com.cn

通信地址：北京市西城区德外大街 4 号
高等教育出版社打击盗版办公室

邮　　编：100120

购书请拨打电话：(010)58581118